“十三五”高等职业教育规划教材

基于移动机器人的嵌入式开发

刘业辉　方水平　主　编

张明伯　石　浪　副主编

中国铁道出版社
CHINA RAILWAY PUBLISHING HOUSE

内 容 简 介

本书根据高职学生的特点，以嵌入式智能车型机器人为项目载体，结合嵌入式工程开发的实际工作能力要求编写而成。主要内容包括：认识车型机器人、搭建 STM32 开发环境、STM32 总线结构和存储器及应用、STM32 异常和中断处理、STM32 中 GPIO 的输入与输出配置、嵌入式智能车型机器人串口通信的实现、Android 开发环境搭建、UI 设计、颜色识别、NFC 识别、二维码识别、无线监控、嵌入式车型机器人综合实践等。

本书适合作为高职院校的嵌入式开发和 Android 应用程序设计课程教材，也可作为移动应用开发爱好者的自学参考用书。

图书在版编目（CIP）数据

基于移动机器人的嵌入式开发/刘业辉，方水平主编．—北京：中国铁道出版社，2018.8

“十三五”高等职业教育规划教材

ISBN 978-7-113-24698-3

Ⅰ．①基… Ⅱ．①刘… ②方… Ⅲ．①移动终端-应用程序-程序设计-高等职业教育-教材 Ⅳ．①TN929.53

中国版本图书馆 CIP 数据核字（2018）第 143573 号

书　　名：基于移动机器人的嵌入式开发
作　　者：刘业辉　方水平　主编

策　　划：王春霞　　　　**读者热线：**（010）63550836
责任编辑：王春霞　徐盼欣
封面设计：付　巍
封面制作：刘　颖
责任校对：张玉华
责任印制：郭向伟

出版发行：中国铁道出版社（100054，北京市西城区右安门西街 8 号）
网　　址：http:// www.tdpress.com/51eds/
印　　刷：三河市燕山印刷有限公司
版　　次：2018 年 8 月第 1 版　2018 年 8 月第 1 次印刷
开　　本：787mm×1092mm　1/16　**印张：**15　**字数：**353 千
书　　号：ISBN 978-7-113-24698-3
定　　价：39.00 元

前言

本书以嵌入式智能车型机器人为项目载体，结合嵌入式技术应用开发、移动互联应用技术、物联网应用技术、移动应用开发等专业的核心知识和核心技能，详细介绍嵌入式智能车型机器人软硬件功能的实现流程以及 Android 应用软件系统的开发。通过实际项目的实施，培养学生嵌入式技术应用开发的工程实践能力和创新能力，加强学生对嵌入式技术相关知识的理解、掌握和应用，培养学生的动手实操能力、团队协作能力、创新意识和职业素养；促进理论与实践相结合，增强技能型人才的就业竞争力。

本书围绕 ARM 底层驱动程序开发、Android 应用程序开发、机器视觉与图像处理等，详细讲解了电路调试技术、传感器技术、红外通信技术、无线组网通信技术、单片机控制技术、机器视觉与图像处理技术、语音控制技术、RFID 技术、现场总线技术、Android 应用开发技术等。初步展示了未来物（车）联网的基本功能，对于系统构建学生知识、掌握实际应用系统编程开发能力是非常有效的。

嵌入式智能车型机器人开发的流程包括系统需求分析、系统体系结构设计、硬件/软件协同设计、系统集成、系统测试等，本书只介绍系统结构和系统软件设计。本书通过工学结合、校企合作，以理论、实训相融合的编写形式，边学边做、做中学、学中做。本书分为 3 篇 20 章，第 1 篇入门，主要介绍嵌入式智能车型机器人的结构和硬件连线，让学生认识嵌入式智能车型机器人；第 2 篇 STM32 基础应用，主要让学生掌握 STM32 开发环境的搭建，熟悉 STM32 总线结构和存储器及应用，掌握 STM32 异常和中断处理及应用方法；第 3 篇 Android 应用，主要让学生掌握 Android UI 设计，实现颜色识别、二维码识别，并对嵌入式智能车型机器人进行无线控制。通过教学让学生掌握必要的知识和技能，为其今后从事嵌入式开发、移动应用开发等方面的工作打下良好的基础。

本书编者团队与企业人员合作，共同完成教材的编写，使教材的内容符合工程任务的需要，符合教学规律和课堂要求，很好地反映了移动互联应用领域 Android 应用开发中的实际问题，适合作为高职院校的嵌入式开发和 Android 应用程序设计课程教材，也可作为移动应用开发爱好者的自学参考用书。

本书由刘业辉、方水平任主编，张明伯、石浪任副主编。具体编写分工如下：赵元苏和张明伯编写第 1 章～第 3 章；刘业辉和方水平编写第 4 章～第 8 章；杨洪涛和朱贺新编写第 9 章～第 12 章；郭蕊和王笑洋编写第 13 章～第 15 章；宋玉娥和王英卓编写第 16 章～第 18 章；石浪编写第 19 章、第 20 章。在编写过程中，得到北京百科荣创教学仪器设备有限公司等企业专家的指点和帮助，他们提出了宝贵的修改建议，在此表示感谢。

由于编者水平有限，加上技术也在不断发展，书中难免有疏忽和错误之处，敬请读者批评指正。

编　者

2018 年 4 月

目 录

第1篇 入 门

第 2 篇 STM32 基础应用

第 3 篇 Android 应用

第1篇

入　门

本篇包括两章，介绍了嵌入式智能车型机器人的核心板、任务板、循迹板、驱动板以及云台摄像头等，详细介绍了电机与驱动板的连线方式、循迹板与任务板的连线方式、核心板与驱动板的连线方式、核心板与任务板的连线方式。

本篇旨在让学生对嵌入式智能车型机器人的结构和功能有一个直观的了解和认识。

认识车型机器人

1.1 嵌入式智能车型机器人简介

随着科技的进步，机器人得到了快速的发展，并广泛应用于各行各业。但目前机器人的智能水平并不高，仍处于初级阶段。智能机器人研究面临两个核心问题：一是提高机器的自主性，即希望机器进一步独立于人，具有更为友善的人机界面；二是提高机器的适用性，即希望加强机器与环境的交互关系。

为了促进智能机器人研究和应用，迫切需要开发“具有开放式结构、模块化、标准化的嵌入式智能机器人平台”。这种智能机器人平台具有硬件体积小、模块化、易扩展、功耗低，软件实时性、可定制、可靠性高等优点，可以广泛地应用于自主式移动机器人，将有着广泛的应用背景。

一般来说，嵌入式系统是执行专用功能并被内部计算机控制的设备或者系统，即嵌入对象体系中的专用计算机系统。嵌入性、专用性与计算机系统是嵌入式系统的 3 个基本要素。它主要完成信号控制的功能，体积小，结构紧凑，可作为一个部件隐藏于控制装置中。它提供用户接口、管理有关信息的输入/输出、监控设备工作，使设备及应用系统有较高智能和性价比。嵌入式系统由嵌入式硬件与嵌入式软件组成，硬件以芯片、模板、组件、控制器形式埋藏于设备内部，软件是实时多任务操作系统和各种专用软件，一般固化在 ROM 或闪存中。嵌入式计算机系统起源于微机时代，很快进入独立发展的单片机时代，随后又迅速进入电子技术领域。

嵌入式系统通常包括构成软件的基本运行环境的硬件和操作系统两部分。嵌入式处理器可以分为三类：嵌入式微处理器、嵌入式微控制器、嵌入 DSP。嵌入式微处理器是和通用计算机的微处理器对应的 CPU。在应用中，一般将微处理器装配在专门设计的电路板上，在母板上只保留和嵌入式相关的功能即可，这样可以满足嵌入式系统体积小和功耗低的要求。

本书介绍的嵌入式智能车型机器人主要有以下几个优点：

（1）它摒弃了以往遥控的无线通信方式，采用当前最稳定、技术最成熟的无线网络通信 Wi-Fi 技术。嵌入式智能车型机器人可称为 Wi-Fi Robot，顾名思义，就是通过 Wi-Fi 控制的机器人。

（2）它使用户不用再为丢失遥控器而烦恼，一部 Android 智能手机就可以对其控制。通过对 Android 应用开发技术的学习与掌握，可以开发出属于自己的“遥控器”。

（3）嵌入式智能车型机器人可以检测外部环境。车型机器人携带多种传感器设备，可以测量外部环境数据。例如，携带的超声波传感器可用于距离测量；携带的光照强度传感器可用于测量周围环境光照强度。

（4）嵌入式智能车型机器人拥有坚固、轻便的外甲。嵌入式智能车型机器人采用全钢制底盘，可以更好地保护配有的 4 个电动机。同时，为减轻车身质量对全钢制底盘进行了开槽处理。

（5）可扩展性强。嵌入式智能车型机器人采用了可重构架构设计，任务板可自由更换，从而只要对任务板进行修改，就可以在原有的基础上添加传感器，使其拥有新的功能。

（6）拥有一颗可环视四周的“眼睛”。在嵌入式智能车型机器人上拥有一个可环视四周的云台摄像头，能够时时监控周边的情况。

根据上面对嵌入式智能车型机器人的优点描述，可以想象一个其大致轮廓。第一，它应该有 4 个轮子以供其移动，为了驱动轮子的移动，还需有 4 个电动机。第二，它有着一个全钢制的底盘，为了减轻车身质量，对全钢制底盘进行了开槽处理。这样汽车的雏形已经出现了。第三，在这个雏形之上，嵌入式智能车型机器人上还拥有一个“眼睛”,可以用来观察四周。第四，一个集成有各种传感器的 PCB 板，可以用来探查周围的环境。至此，嵌入式智能车型机器人的雏形已经出现了。其实物图如图 1.1 所示。

图 1.1　嵌入式智能车型机器人实物图

1.2　嵌入式智能车型机器人的功能单元

如果用一个东西来比喻嵌入式智能车型机器人,最好的比喻对象就是我们自己——“人”。我们都知道，骨架构成了人的最基本形态，大脑控制着人的基本行动，身体中的各个器官则提供各种重要的功能，血液提供着动力。

上一节介绍了嵌入式智能车型机器人的骨架。本节将介绍嵌入式智能车型机器人的几个重要器官，它们分别是：神经中枢——核心板；感觉器官——任务板；心脏——驱动板；行动器官——循迹板；视觉器官——云台摄像头。

1.2.1　嵌入式智能车型机器人的神经中枢

神经中枢在人的大脑中负责调度人体中某一项相应的生理功能，如运动、语言、感觉等。嵌入式智能车型机器人的核心板就好比人的神经中枢，负责调度嵌入式智能车型机器人的运动以及功能。图 1.2 所示为嵌入式智能车型机器人核心板实物图。

如图 1.2 所示，在嵌入式智能车型机器人核心板上采用的是基于 ARM Cortex-M3 的 STM32F103VCT6 微处理器。通过该微处理器，可以调度嵌入式智能车型机器人的各个功能。

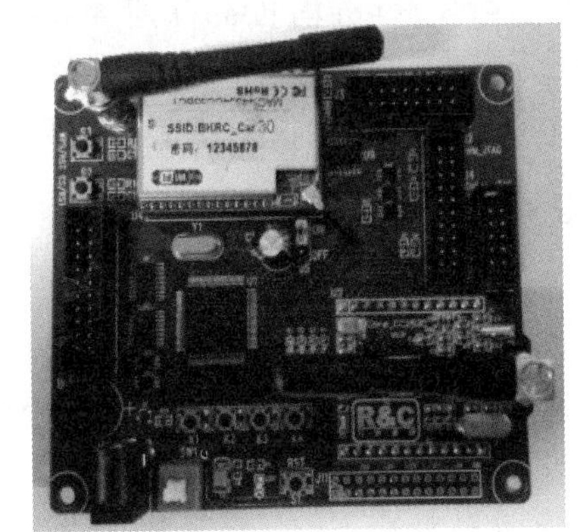

图 1.2　嵌入式智能车型机器人核心板实物图

在核心板上还有 Wi-Fi 和 ZigBee 两个无线通信模块，用户可以通过无线方式控制嵌入式智能车型机器人上的 STM32 微处理器进行调度和接收信息的反馈。

1.2.2 嵌入式智能车型机器人的感觉器官

人可以通过各种感觉器官对周围的环境有一个感官的认识，嵌入式智能车型机器人毕竟不是真正的人类，它如果要对周围的环境有一个感官的认识就必须依靠各种传感器。在嵌入式智能车型机器人上，各种传感器都集成到一块任务板上。图 1.3 所示为嵌入式智能车型机器人任务板实物图。

如图 1.3 所示，嵌入式智能车型机器人任务板上集成了多种传感器。例如，超声波传感器、红外发射传感器、光敏传感器以及光照度采集传感器等，并且为其配置了 LED 灯和蜂鸣器等可控制对象。为了便于对可控制对象进行控制，任务板还集成有多种逻辑芯片，以及方载波发生单元和电压比较电路。

图 1.3　嵌入式智能车型机器人任务板实物图

1.2.3 嵌入式智能车型机器人的心脏

心脏是人体中的一个重要器官，它为人体的所有活动提供着必要的动力。在嵌入式智能车型机器人上，为嵌入式智能车型机器人提供所有活动所需动力的是驱动板。图 1.4 所示为嵌入式智能车型机器人驱动板实物图。

图 1.4　嵌入式智能车型机器人驱动板实物图

如图 1.4 所示，在嵌入式智能车型机器人的驱动板上有两组电源输入口，这两组电源输入口，为嵌入式智能车型机器人提供了运动和各种功能所需要的动力。驱动板上的两组 L298N 驱动单元是用于给 4 个电动机供电的，同时，配有 3 个光耦电路，用于电路隔离，这样做可以有效地防止电动机转动时所存在的电磁感应产生的电流对其他芯片和电路造成的伤害。驱动板上的 3 个 5 V 稳压单元，则是用于为光耦、核心板以及云台摄像头供电。

1.2.4 嵌入式智能车型机器人的行动器官

嵌入式智能车型机器人有一种特殊的移动方式，那就是它会按照地图上的黑线进行运动。而控制嵌入式智能车型机器人这种奇特运动方式的就是循迹板。图 1.5 所示为嵌入式智能车型机器人循迹板正面实物图，图 1.6 所示为嵌入式智能车型机器人背面实物图。

图 1.5　嵌入式智能车型机器人循迹板正面实物图

图 1.6　嵌入式智能车型机器人循迹板背面实物图

如图 1.5 和图 1.6 所示，在嵌入式智能车型机器人的循迹板背面有 8 路红外对管，每一路对应一个 LM358 电压比较器，共配有 8 个 LM358 电压比较器，这些电压比较器的基准电压都是可以调节的。为了方便循迹板的调试，每一个 LM358 电压比较器旁都有一个 LED 灯。这样，就可以根据 LED 灯的亮灭，通过调节 LM358 电压比较器来调试循迹板。

1.2.5　嵌入式智能车型机器人的视觉器官

在嵌入式智能车型机器人上有一颗可以观察四周的“眼睛”，它就是嵌入式智能车型机器人上配的云台摄像头，它的像素为 300 万，采用 5 V 供电。而它可以水平旋转接近 360°，竖直旋转接近 180°。因此，可以观察到四周的环境。图 1.7 所示为嵌入式智能车型机器人云台摄像头实物图。

这里不对云台摄像头进行讨论，只介绍在平常使用摄像头时，需要注意的事项。

（1）不要将电源插入云台摄像头的耳机口内。

（2）云台摄像头在启动时，首先会进行自检，这时云台摄像头会先水平旋转接近 360°，然后竖直旋转接近 180°。自检过程会持续接近 1 min。在云台摄像头进行自检时，请不要对云台摄像头进行任何的操作。

图 1.7　嵌入式智能车型机器人云台摄像头实物图

本章小结

本章简单介绍了什么是嵌入式智能车型机器人，在此基础之上，介绍了嵌入式智能机器人的各个功能单元。

希望通过对本章的学习，大家能够对嵌入式智能车型机器人有一个感性的认识。

强化练习

一、填空题

1. 嵌入式智能车型机器人上的功能单元有________、________、________、________以及________。

2. 嵌入式智能车型机器人核心板上采用的是基于__________的微处理器。

二、简答题

1. 通过对本章的学习，简单描述嵌入式智能车型机器人是什么。
2. 嵌入式智能车型机器人与遥控汽车有什么区别？
3. 简单描述嵌入式智能车型机器人的各个功能单元都有什么作用。
4. 在日常使用嵌入式智能车型机器人上的云台摄像头时，需要注意哪几点？

第2章 嵌入式智能车型机器人的连线

通过上一章的学习，想必大家对嵌入式智能车型机器人及其功能单元有了一定的了解。在本章中，将介绍嵌入式智能车型机器人的连线方法，从而加深对嵌入式智能车型机器人的了解。

嵌入式智能车型机器人上共有5个功能单元。它们分别是核心板、任务板、循迹板、驱动板以及云台摄像头。嵌入式智能车型机器人功能单元连接图如图2.1所示。

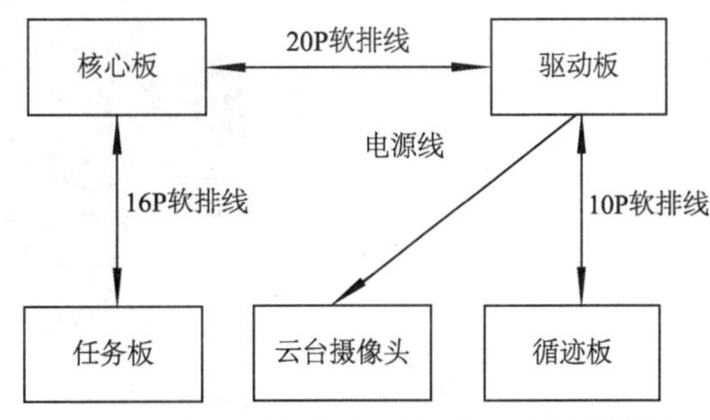

图2.1　嵌入式智能车型机器人功能连接图

通过图2.1，可以看到嵌入式智能车型机器人的核心板与驱动板之间是通过一根20P的软排线进行连接的，其核心板与任务板之间是通过一根16P的软排线进行连接，其驱动板与循迹板之间是通过一根10P的软排线进行连接的，其驱动板通过一根电源线为云台摄像头供电。

现在，大家对嵌入式智能车型机器人各个功能单元的连线有了一个简单的了解。接下来，具体介绍嵌入式智能车型机器人各功能单元以及功能单元与外设硬件的连线方式。

2.1 电动机与驱动板的连线方式

可以在嵌入式智能车型机器人的驱动板上找到JP3、JP4、JP5、JP6这4个接口。其中，JP3接口和JP4接口的作用是负责控制嵌入式智能车型机器人的左侧电动机，JP5接口和JP6接口的作用是负责控制嵌入式智能车型机器人的右侧电动机。图2.2所示为嵌入式智能车型机器人上电动机与驱动板的具体连线方式。

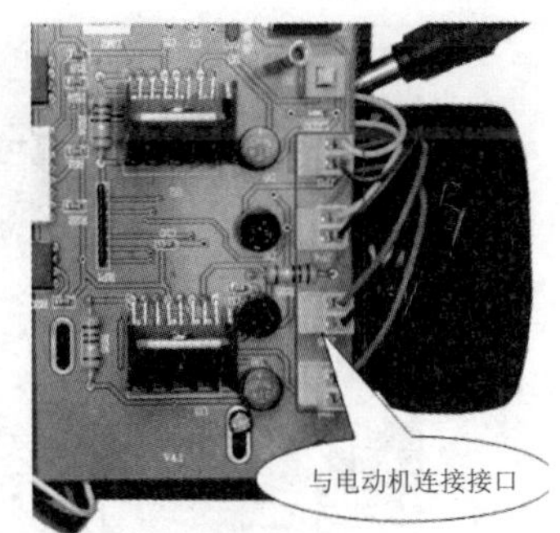

图2.2　嵌入式智能车型机器人上电动机与驱动板的具体连线方式

2.2 循迹板与任务板的连线方式

嵌入式智能车型机器人的循迹板与驱动板之间是通过一根10P的软排线进行连接的，连接的方式为驱动板上的P1接口与循迹板上的Sensor接口进行连接。嵌入式智能车型机器人上的循迹板共分为两层，上层是贴片LED灯与LM358电压比较器，以及与驱动板的Sensor接口；下层为8路红外对管。图2.3所示为嵌入式智能车型机器人循迹板与任务板的具体连线方式。

图2.3　嵌入式智能车型机器人循迹板与任务板的具体连线方式

2.3 核心板与驱动板的连线方式

嵌入式智能车型机器人核心板与驱动板之间的连线方式，主要是指嵌入式车型机器人驱动板上的底部电动机控制线和核心板的电动机控制线之间的连线方式。嵌入式智能车型机器人的电动机控制线为核心板的PE8、PE13，它们控制着嵌入式智能车型机器人的运动速度。核心板上的PE9～PE12位使能控制线，控制着嵌入式智能车型机器人的运动使能。图2.4所示为嵌入式智能车型机器人核心板与驱动板的具体连线方式。

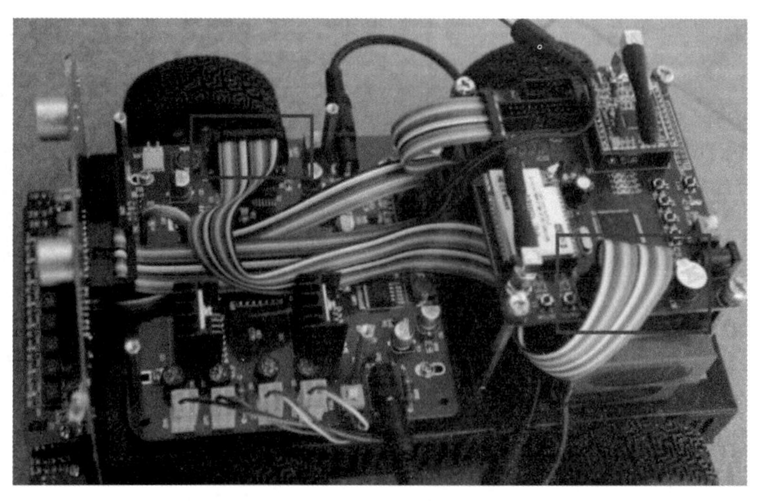

图2.4　嵌入式智能车型机器人核心板与驱动板的具体连线方式

2.4 核心板与任务板的连线方式

嵌入式智能车型机器人核心板与任务板之间的连线，是通过一根 16P 的软排线进行连接的，其具体的连接方式为嵌入式智能车型机器人核心板的 J3 接口与任务板的 P2 接口进行连线。图 2.5 所示为嵌入式智能车型机器人核心板与任务板的具体连线方式。

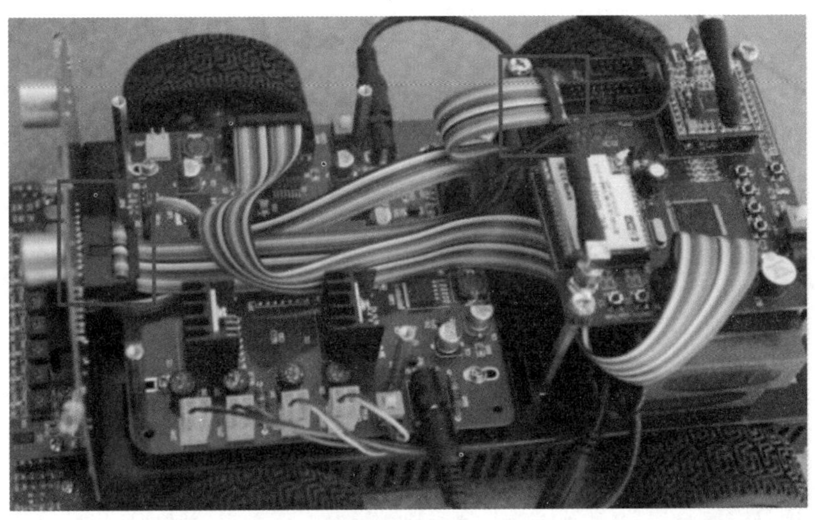

图 2.5　嵌入式智能车型机器人核心板与任务板的具体连线方式

本章小结

本章详细介绍了嵌入式智能车型机器人各个功能单元间的连线方式，以及功能单元与外围硬件的连线方式。

希望通过对本章的学习，大家能够掌握嵌入式智能车型机器人的连线方式。

强化练习

动手实践

按照本章所学内容，动手试一试嵌入式智能车型机器人的连线方式。

第2篇

STM32 基础应用

本篇包括 7 章，介绍了 STM32 的特性、STM32 芯片命名规则、集成开发平台选择、STM32 芯片程序烧录以及调试、STM32 总线结构和存储映射、STM32 异常和中断处理等。结合嵌入式智能车型机器人的开发，将一些常用函数（如时钟初始化、延迟函数、中断管理函数等）融入实际应用开发之中。

本篇旨在让学生掌握 STM32 的基本开发过程，为进一步学习嵌入式开发打下坚实的基础。

第3章 了解 STM32

长久以来，单片机一直占据着低端微控制器的市场，而主流的微控制器则一直被基于 ARM7、ARM9 内核架构的微控制器所占据。STM32 是 ST（ST Microelectronics）推出的第一款基于 ARM Cortex-M3 的微控制器，该款处理器凭借着低廉的价格和高性能，被广泛地应用于低功耗、硬实时控制的场合。

本章将介绍 STM32，使读者对 STM32 有一个初步的了解。

3.1 认识 ARM Cortex-M3

要想了解 STM32，就要从 ARM Cortex-M3 说起。

ARM Cortex-M3 是 32 位的处理器内核。其内部的数据路径是 32 位的，寄存器是 32 位的，存储器接口也是 32 位的。Cortex-M3 采用了哈佛体系结构，并选择了适合于微控制器应用的三级流水线，但增加了分支预测功能。

现代处理器大多采用指令预取和流水线技术，以提高处理器的指令执行速度。流水线处理器在正常执行指令时，如果碰到分支（跳转）指令，由于指令执行的顺序可能会发生变化，指令预取队列和流水线中的部分指令就可能作废，而需要从新的地址重新取指、执行，这样就会使流水线"断流"，处理器性能因此而受到影响。特别是在经编译器优化生成的 C 语言目标代码中，分支指令所占的比例可达 10%~20%，对流水线处理器的影响会更大。为此，现代高性能流水线处理器中一般都加入了分支预测部件，就是在处理器从存储器预取指令时，当遇到分支（跳转）指令时，能自动预测跳转是否会发生，再从预测的方向进行取指，从而提供给流水线连续的指令流，流水线就可以不断地执行有效指令，保证了其性能的发挥。ARM Cortex-M3 内核的预取部件具有分支预测功能，可以预取分支目标地址的指令，使分支延迟减少到一个时钟周期。

针对业界对 ARM 处理器中断响应的问题，Cortex-M3 首次在内核上集成了嵌套向量中断控制器（NVIC）。Cortex-M3 的中断延迟只有 12 个时钟周期（ARM7 需要 24~42 个时钟周期）；Cortex-M3 还使用尾链技术，使得背靠背（back-to-back）中断的响应只需要 6 个时钟周期（ARM7 需要大于 30 个时钟周期）。Cortex-M3 采用了基于栈的异常模式，使得芯片初始化的封装更为简单。

Cortex-M3 加入了类似于 8 位处理器的内核低功耗模式，支持 3 种功耗管理模式：通过一条指令立即睡眠、异常/中断退出时睡眠，深度睡眠，使整个芯片的功耗控制更为有效。

3.2 认识 STM32

STM 32 最初发布的时候共推出了 14 个不同的型号，它们分为两个版本：最高的 CPU 时钟为 72 MHz 的“增强型”和最高 CPU 时钟为 36 MHz 的“基本型”。不同版本的 STM32 器件之间在引脚功能和应用软件上是兼容的。这些不同的 STM32 型号中的内置 Flash 最大可达 128 KB，SRAM 最大为 20 KB，而且在 STM32 最初发布之时，配备更大 Flash、RAM 容量和更多复杂外设的版本就已经在规划之中了。

嵌入式智能车型机器人上所使用的是 STM32F103xx 系列的芯片。该芯片按片内 Flash 的大小可分为三大类：小容量（16 KB 和 32 KB）、中容量（64 KB 和 128 KB）、大容量（256 KB、384 KB 和 512 KB）。在该系统芯片上集成了定时器、CAN 总线、ADC、SPI 总线、I2C 总线、USB、USART 等多种功能。

3.3 STM32 的特性

STM32 主要有以下特性：

（1）内核：ARM 32 位 Cortex-M3 CPU，最高工作频率 72 MHz，0.25 MIPS/MHz 单周期乘法和硬件除法。

（2）存储器：片上集成 32 ~ 512 KB 的 Flash 存储器；6 ~ 64 KB 的 SRAM 存储器。

（3）时钟、复位和电源管理：2.0 ~ 3.6 V 的电源供电和 I/O 接口的驱动电压，4 ~ 16 MHz 的晶振；内嵌出厂前调校的 8 MHz RC 振荡电路；内部 40 kHz 的 RC 振荡电路；带校准用于 RTC 的 32 kHz 的晶振。

（4）低功耗：休眠、停止、待机模式 3 种低功耗模式。

（5）调试模式：串行调试和 JTAG 接口。

（6）DMA：12 通道 DMA 控制器。支持的外设包括定时器、ADC、DAC、SPI、I2C 和 USART。

（7）两个 12 位的 uS 级的 A/D 转换器（16 通道）：A/D 测量范围为 0 ~ 3.6 V；双采样和保持能力；片上集成一个温度传感器。

（8）两通道 12 位 D/A 转换器：STM32F103xC、STM32F103xD、STM32F103xE 独有。

（9）最多高达 112 个快速 I/O 端口：根据型号的不同，有 26、37、51、80 和 112 的 I/O 端口，所有的端口都可以映射到 16 个外部中断向量。除了模拟输入，所有的接口都可以接收 5 V 以内的输入。

（10）最多多达 11 个定时器：4 个 16 位定时器，每个定时器有 4 个 PWM 或者脉冲计数器。两个 16 位的 6 通道高级控制定时器：最多 6 个通道可用于 PWM 输出。两个看门狗定时器（独立看门狗和窗口看门狗）。SysTick 定时器：24 位倒计数器，两个 16 位基本定时器（用于驱动 DAC）。

（11）最多多达 13 个通信接口；2 个 I2C 接口；5 个 USART 接口（IrDA 兼容，调试控制）；3 个 SPI 接口（18 Mbit/s），两个和 IIS 复用；CAN 接口；USB 接口。

（12）ECOPACK 封装：STM32F103xx 系列微控制器采用 ECOPACK 封装形式。

3.4 STM32 芯片命名规则

时至今日，STM32 芯片已经发展出多种型号。通过各型号的名字可以简单地知道其封装、管脚数、Flash 闪存容量等信息。表 3.1 中是一款 STM32 芯片的型号命名划分，将其分为 9 部分。

表 3.1　STM32 命名划分表

部分	1	2	3	4	5	6	7	8	9
划分	STM32	F	103	R	C	T	6	B	XXX

以下是对每一部分的说明：

（1）表 3.1 中 1 表示产品系列，例如，表中所示的 STM32 代表的就是 ST 品牌 Cortex-Mx 系列内核 32 位 MCU。

（2）表 3.1 中 2 表示产品类型，一般常用的表示有：

- F：通用闪存（Flash Memory）；
- L：低电压（1.65~3.6 V）；
- W：无线系统芯片，开发板。

（3）表 3.1 中 3 表示产品子系列，一般常用的表示有：

- 050：ARM Cortex-M0 内核；
- 051：ARM Cortex-M0 内核；
- 100：ARM Cortex-M3 内核，超值型；
- 101：ARM Cortex-M3 内核，基本型；
- 102：ARM Cortex-M3 内核，USB 基本型；
- 103：ARM Cortex-M3 内核，增强型；
- 105：ARM Cortex-M3 内核，USB 互联网型；
- 107：ARM Cortex-M3 内核，USB 互联网型、以太网型；
- 108：ARM Cortex-M3 内核，IEEE 802.15.4 标准；
- 151：ARM Cortex-M3 内核，不带 LCD；
- 152/162：ARM Cortex-M3 内核，带 LCD；
- 205/207：ARM Cortex-M3 内核，不加密模块；
- 215/217：ARM Cortex-M3 内核，加密模块；
- 405/407：ARM Cortex-M4 内核，不加密模块；
- 415/417：ARM Cortex-M4 内核，加密模块。

（4）表 3.1 中 4 表示管脚数，一般常用的表示有：

- F：20PIN；
- G：28PIN；
- K：32PIN；
- T：36PIN；
- H：40PIN；
- C：48PIN；
- U：63PIN；
- R：64PIN；
- O：90PIN；
- V：100PIN；
- Q：132PIN；
- Z：144PIN；
- I：176PIN。

（5）表 3.1 中 5 表示 Flash 闪存容量，一般常用的表示有：

- 4：16 KB Flash（小容量）；
- 6：32 KB Flash（小容量）；

- 8：64 KB Flash（小容量）；
- B：125 KB Flash（中容量）；
- C：256 KB Flash（大容量）；
- D：384 KB Flash（大容量）；
- E：512 KB Flash（大容量）；
- F：768 KB Flash（大容量）；
- G：1 MB Flash（大容量）。

（6）表 3.1 中 6 表示封装，一般常用的表示有：

- T：LQFP；
- H：BGA；
- U：VFQFPN；
- Y：WLCSP/WLCSP64。

（7）表 3.1 中 7 表示温度范围，一般常用的表示有：

- 6：-40~85℃（工业级）；
- 7：-40~105℃（工业级）。

（8）表 3.1 中 8 表示内部代码，一般常用的表示有：

- A：48/32 脚封装；
- Blank：28/20 脚封装。

（9）表 3.1 中 9 表示包装方式，一般常用的表示有：

- TR：带卷；
- XXX：盘装；
- D：电压范围 1.65~3.6 V 且 BOR 无使能；
- 无特性：电压范围 1.8~3.6 V 且 BOR 使能。

本章小结

本章简单介绍了什么是 STM32 芯片、STM32 芯片的特性以及 STM32 芯片的命名规则。通过本章学习，希望大家能够对 STM32 芯片有一个简单的了解。

强化练习

简答题

1. 简述 STM32 有哪些特性。
2. 按照 STM32 芯片的命名规则，简述从 STM32F103ZET6 芯片名字上获得的信息。

第4章 搭建 STM32 开发环境

开发个人计算机上的软件时，可以在计算机上编写程序、编译程序、对程序进行调试，调试成功后最终发布的软件也是在计算机上运行的。但是，对于嵌入式的开发，则需要通过计算机为嵌入式设备构建基本的软件系统，构建好以后，还需要将程序烧录到设备中去。

嵌入式智能车型机器人使用的是意法半导体公司的 STM32F103VCT6 微处理器，针对 STM32 微处理器开发的软硬件开发工具可谓是百花齐放。

本章将简述如何选择集成开发平台，详细介绍 Keil μVision4 软件的安装以及使用，最后讲解如何烧录程序到 STM32 芯片以及调试。

4.1 开发平台的选择

随着 ARM7 和 ARM9 内核越来越深入微处理器领域，越来越多的开发工具开始支持这些 CPU。其中，主要的开发编译平台包括广泛使用的 GCC、Greenhills，以及国内众多单片机开发者所熟悉的 Keil、IAR 等。自 ARM 公司推出 Cortex-M3 微处理器以来，很多开发工具也开始更新以支持 Thumb-2 指令集。因此，开发人员至少需要获取以上几种开发工具中的一种。所幸，大部分开发工具免费，并且有的还是开源的。

一般情况下，开发人员都是使用芯片提供商所推荐的开发平台。但由于一款芯片往往被多个开发平台所支持，而每个开发工具又有各自的优缺点，所以往往会让开发人员一时之间难以选择。抛开芯片提供商所推荐的开发平台，开发人员又应如何去选择另一个开发平台呢？开发人员可根据项目的需求、项目的成本限制、自身的开发习惯等因素去选择一个开发平台进行项目开发。就目前来说，开发平台主要分为两类：一类是具有免费开源性质的开发工具，而另一类是收费的、不开源的开发平台。

免费的开发平台，首选无疑是基于 GCC 或 GNU 编译器的开发平台，因为它们是完全免费并且开源的，开发人员可以任意下载，在任何场合使用，而且 GCC 编译器使用时的可靠性与稳定性也是大家有目共睹的。不过由于其效率比商业平台低，使用时遇到问题也无法得到有效的技术支持，因此，在进行商业项目开发时，出于对项目进度、时间成本的考虑，一般不会选择基于 GCC 或 GNU 编译器的开发平台。但如果是对某一款芯片进行编程学习，则可以考虑选择使用基于 GCC 或 GNU 编译器的开发平台。

在商业开发平台方面，ARM 公司推出的 ARM RealView 开发平台与其他开发平台相比，其强大的功能具有压倒性的优势，备受众多开发人员青睐。本书所使用的是 Keil μVision4 开发平台，这是一个整合了 RealView 编译器的开发平台，也被称作 ARM MDK。该平台是一个完全基于 ARM 核心的微处理器开发平台。其优点是功能完整，易于使用，并且国内正在被大部分的开发人员所使用。除此之外，IAR 公司的 Embedded Workbench for ARM 商业集成开发平台也是非常不错的选择。与免费开发平台相比，选择商业开发平台有助于缩短开发周期，提升开发人员工作效率，降低成本，有助于实现开发平台标准化。

4.2 Keil μ Vision4 安装

工欲善其事必先利其器，想要进行 STM32 开发，必须要在计算机上安装 Keil μVision4。本节将介绍 Keil μVision4 的安装。

大家可从 www.keil.com 下载最新版本的 Keil 开发平台进行安装。具体安装步骤如下：

步骤 1 双击可执行文件（建议在安装之前关闭所有的应用程序），弹出图 4.1 所示对话框，单击 Next 按钮。

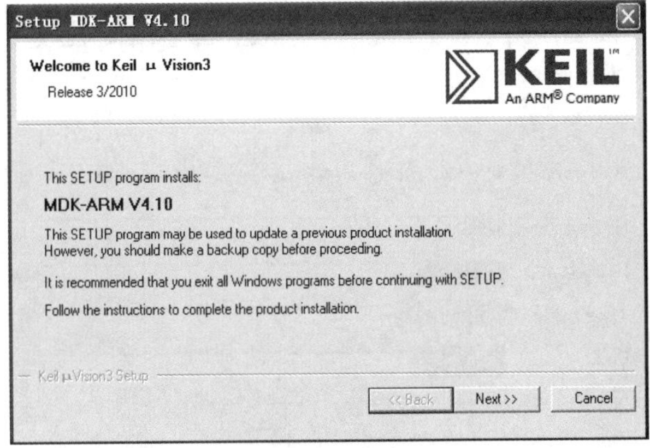

图 4.1　确认安装对话框

步骤 2 弹出图 4.2 所示对话框，选中 I agree to all the terms of the preceding License Agreement 复选框，然后单击 Next 按钮。

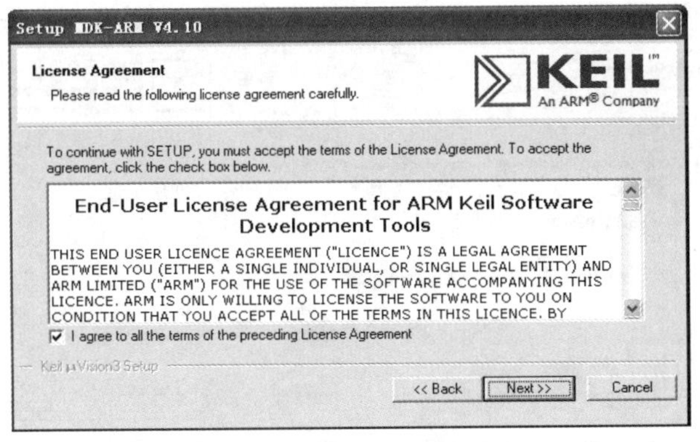

图 4.2　协议确认对话框

步骤 3 弹出图 4.3 所示对话框，单击 Browse 按钮选择软件安装位置。选择完成后，单击 Next 按钮。

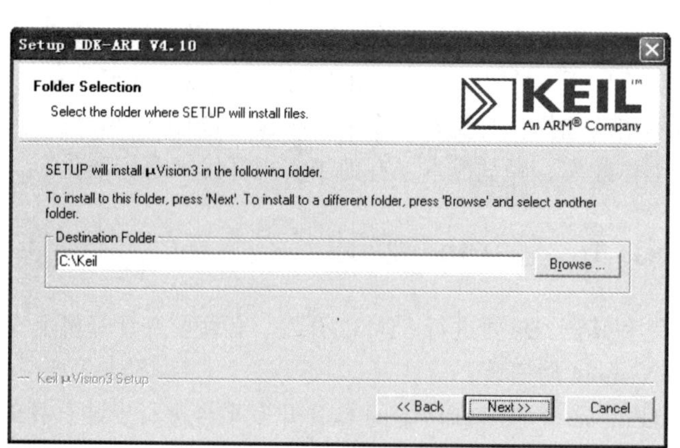

图 4.3　安装路径设置对话框

步骤 4 弹出图 4.4 所示对话框，在该对话框中输入个人信息。完成后单击 Next 按钮。

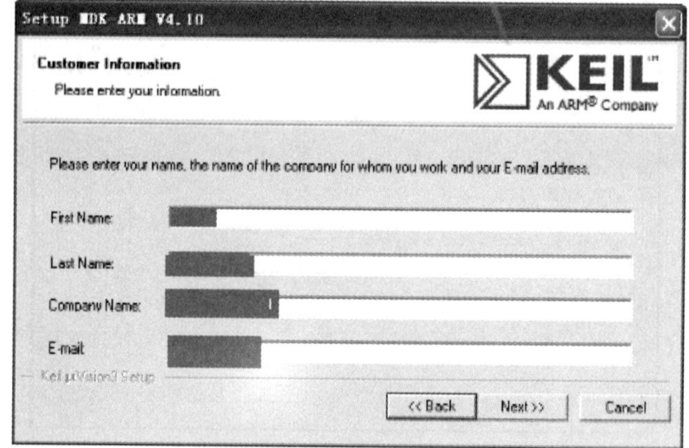

图 4.4　个人信息输入对话框

步骤 5 弹出图 4.5 所示对话框，在该对话框中显示了目前软件的安装进度。安装完成后，单击 Next 按钮。

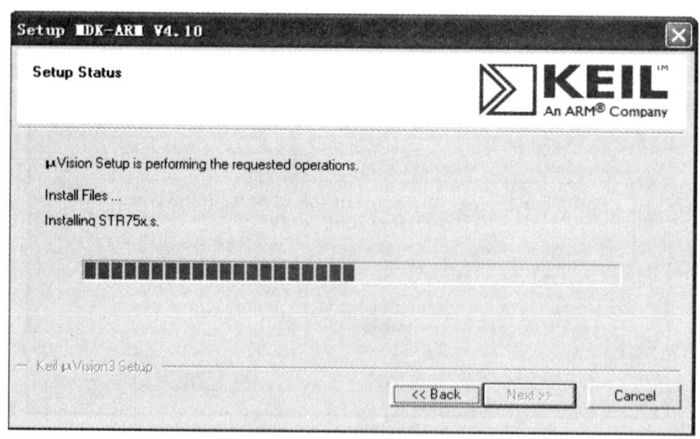

图 4.5　安装进度显示对话框

步骤 6 弹出图 4.6 所示对话框，单击 Finish 按钮。

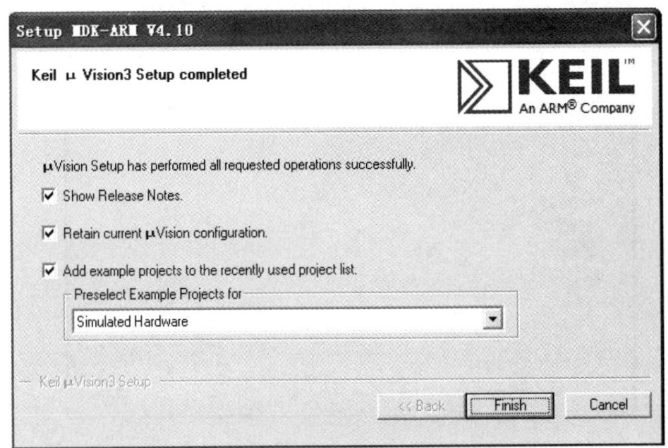

图 4.6　安装完成对话框

至此，Keil µ Vision4 软件安装完成。桌面上会生成可执行软件快捷方式图标，名为 Keil µ Vision4。

4.3　新建一个工程

上一节介绍了如何安装 Keil µ Vision4，本节介绍如何在 Keil µ Vision4 上新建一个工程。

在 Keil µ Vision4 上新建一个工程的步骤如下：

步骤 1 打开 MDK 软件。选择 Project→New µ Vision Project 命令，如图 4.7 所示。

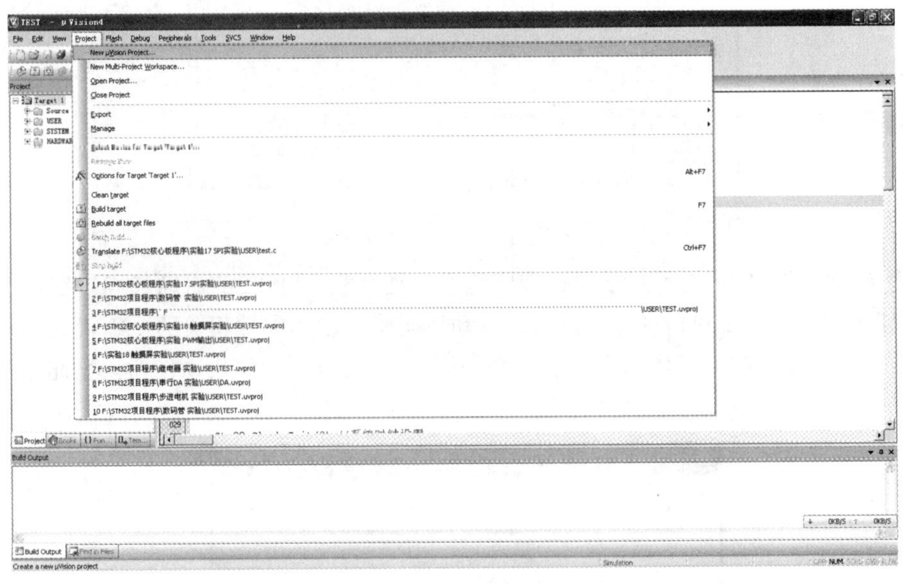

图 4.7　新建工程选择界面

步骤 2 弹出图 4.8 所示对话框，在其中可以选择工程的保存位置。选择完以后，单击“保存”按钮。

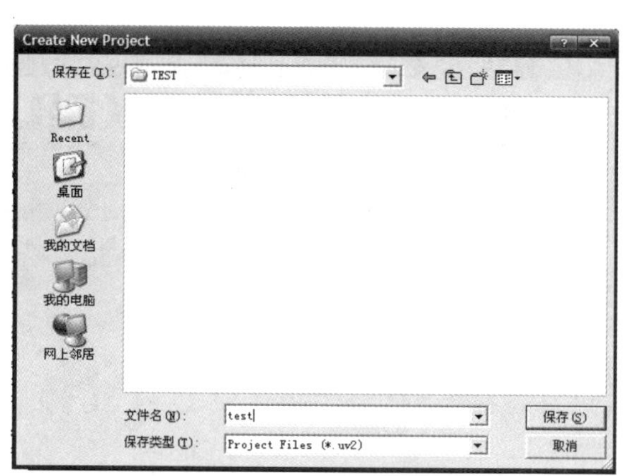

图 4.8　工程保存位置对话框

步骤 3 弹出图 4.9 所示的对话框，在其中可以选择 CPU 型号，因为嵌入式智能车型机器人所使用的芯片为 STM32VCT6，所以此处选择 STMicroelectronics 下面的 STM32F103VC。如果使用其他系列的芯片，只要选择相应的型号即可。然后单击 OK 按钮。

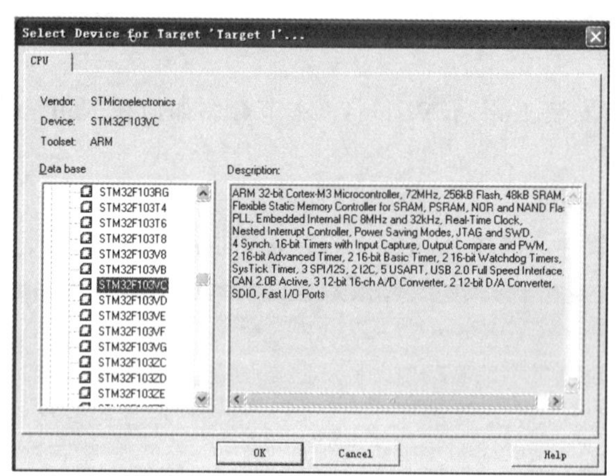

图 4.9　芯片型号选择页面

步骤 4 弹出图 4.10 所示对话框，询问是否自动加载 STM32 的启动代码。在这里单击“是”按钮（记住一定要单击“是”按钮，启动代码是一段和硬件相关的汇编代码，是必不可少的，至于这段是如何工作的则可以不必关心），即可自动加载启动按钮。至此，新工程创建完毕。

图 4.10　询问是否自动加载 STM32 启动代码对话框

4.4 开发前的软件设置

在上一节中已经创建好了一个新工程，但是，在进行实际开发及编写代码之前，需要做一些准备工作。

1. 编译整个工程

如图 4.11 所示，可以看到两个按钮被标注为 1 号和 2 号，1 号表示“编译当前目标”按钮，2 号表示“全部重新编译”按钮。如果工程比较大，建议少使用“全部重新编译”按钮，因为大工程比较耗时。所以，这里选用“只编译当前目标”按钮。

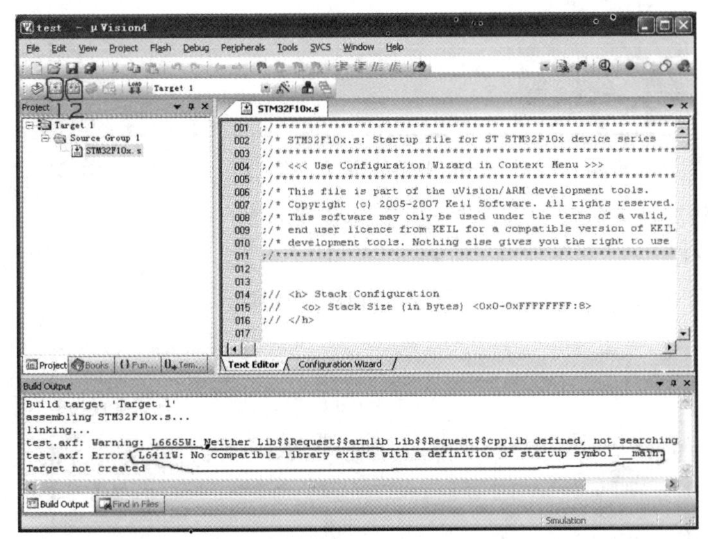

图 4.11 工程界面

编译完成后，会发现在 Build Output 窗口中有警告和错误信息提示。如图 4.11 所示，提示工程中没有 main()函数。因为在进行 STM32 开发时是基于 C 语言的开发，所以工程中一定要有程序的入口 main()函数。

2. 新建文件夹

编译工程完毕后，在工程文件夹下多出图 4.12 所示的 10 个文件，其中 STM32F10x.s 的启动代码也在该目录下，那是因为在创建新的工程时，选择了自动加载启动代码到工程中，故该文件是由 MDK 自动加载到工程文件中去的。除此之外，在工程文件夹下还会有一些其他过程文件，同时在后期开发时可能还会向工程中添加文件，如果将所有文件都添加到一个文件夹下，会发现文件杂乱，难于管理。所以，需要在工程文件夹下新建 3 个文件夹。第 1 个是 USER 文件夹，它主要用于保存图 4.12 中所示的文件以及拥有 main 函数的.c 文件和.h 文件。第 2 个是 SYSTEM 文件夹，该文件夹主要用于保存和 STM32 系统相关的.c 文件和.h 文件。第 3 个是 HARDWARE 文件夹，该文件夹主要用于保存自己编写的硬件驱动程序等。创建完 3 个文件夹后，可将图 4.12 所示的 10 个文件全部移到 USER 文件夹下。

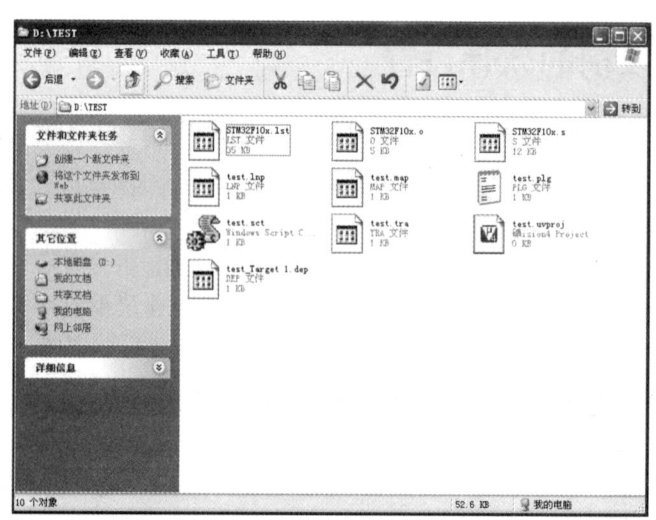

图 4.12　工程文件

接下来需要将文件夹添加到工程中去。具体步骤如下：

步骤 1 在 USER 文件夹下找到 test.Uv2，打开它，然后在 Target 目录树上右击，在弹出的快捷菜单中选择 Manage Components 命令，如图 4.13 所示。

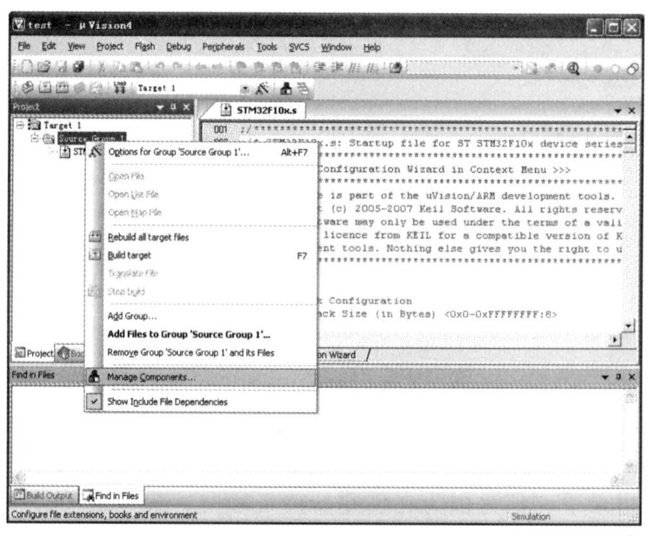

图 4.13　向工程中添加文件夹

步骤 2 在进入 Manage Components 界面之后，会弹出图 4.14 所示对话框，在图中的中间栏，单击“新建”按钮（即图中的圆圈标注处），新建 USER、SYSTEM 以及 HARDWARE 组。

如果需要往某一个组中添加.c 文件，此时先选择需要添加的组，然后单击 Add Files 按钮，把相应的文件加入到其中即可。

步骤 3 单击 OK 按钮，退出该界面，返回到工程界面，这时，会发现在 Target 树下多了 3 个组名，即新建的 USER、SYSTEM 以及 HARDWARE 组。

至此，所有准备工作都已做完。

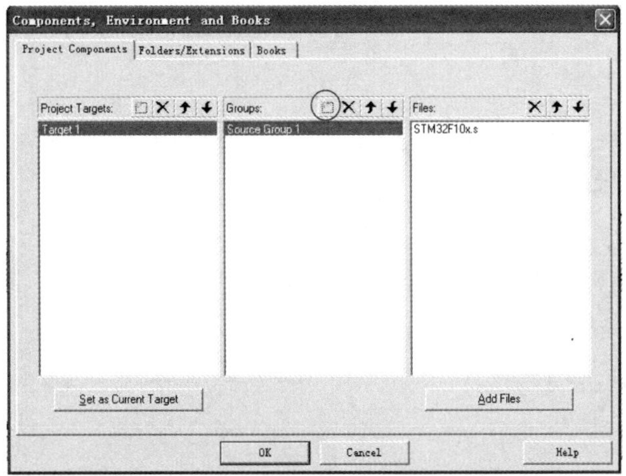

图 4.14　弹出对话框

4.5　程序编译

在具体下载程序到嵌入式智能车型机器人之前，需要新建一个 test.c 文件，并将其保存在 USER 目录下。然后双击 USER 组，在 USER 文件夹下选择 test.c 文件，加入到 USER 组下，如图 4.15 所示。至于 SYSTEM 文件夹和 HARDWARE 文件夹下的文件，可自行添加。

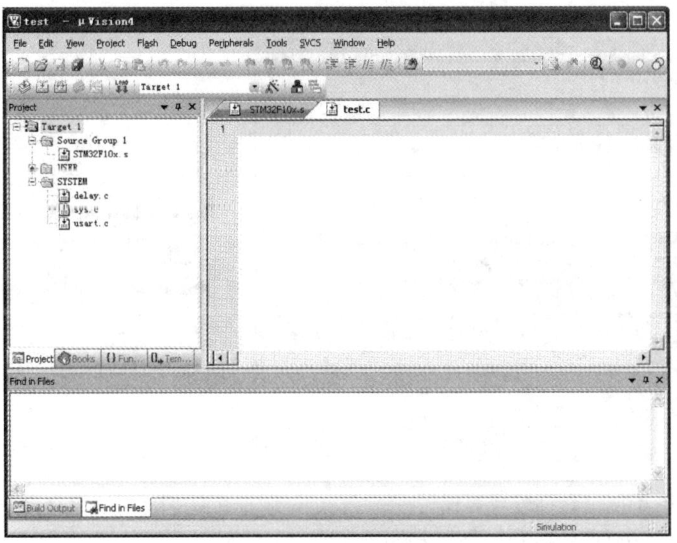

图 4.15　工程目录

此时，可以在 test.c 中输入如下代码：

```
/*程序包含的头文件*/
#include <stm32f10x_lib.h>
#include "sys.h"
#include "usart.h"
```

```
#include "delay.h"
/*程序入口主函数*/
int main(void)
{
    u8 t = 0;
    /*初始化系统时钟*/
    Stm32_Clock_Init(9);
    /*初始化延迟*/
    delay_init(72);
    while(1)
    {
        printf("t:%d\n",t);
        delay_ms(500);
        t++;
    }
}
```

输入完以上代码以后，需要进一步设置软件，单击 Options for Target 按钮，弹出图 4.16 所示的对话框，选择 C/C++选项卡，添加所要编译文件的路径。这一步是非常重要的，否则编译会出现错误。

添加编译文件的方法如下：

（1）在图 4.16 中 Include Paths 处（标注 1 处）是编译文件的路径。添加时，需要单击标注 2 处的按钮，弹出图 4.17 所示的对话框，在弹出的对话框中加入 SYSTEM 文件夹下的 3 个文件夹名字，把这几个路径都加进去。这一步操作的目的是设定编译器的头文件包含路径，以后会经常用到。

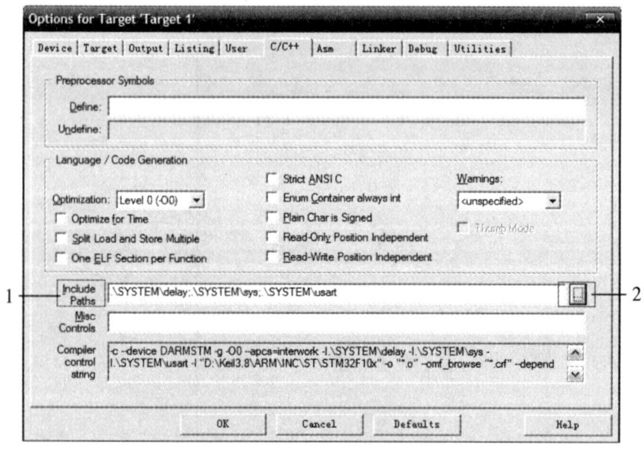

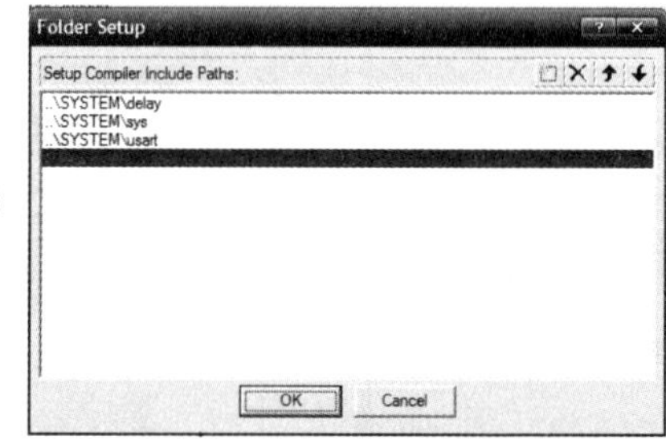

图 4.16　软件设置界面　　　　图 4.17　头文件包含路径设置

（2）添加完头文件路径以后，在 TEST 工程文件夹中新建一个名为 Output 的文件夹，在弹出的 Options for Target ‘Target 1’对话框中选择 Output 选项，然后选择 Select Folder for Objects...，在弹出的对话框中选择刚才新建的 Output 文件夹，如图 4.18 所示。以后工程编译的垃圾文件全部装在 Output 文件夹里，保持了工程简洁不乱。

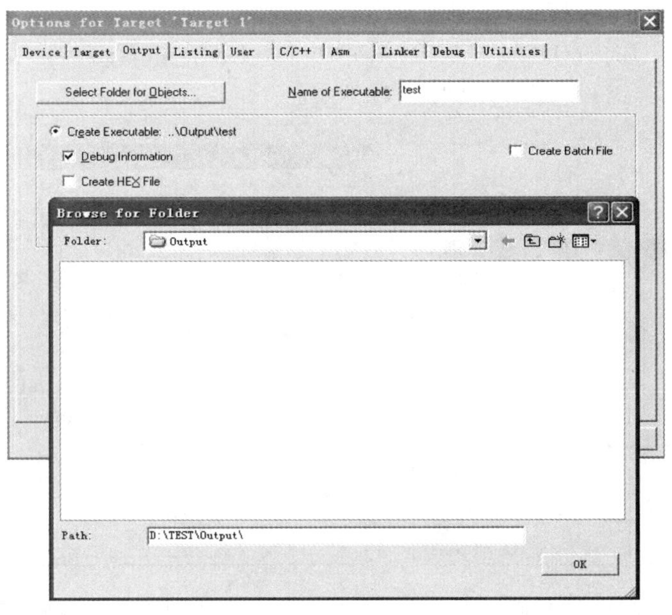

图 4.18　软件编译输出路径设置

（3）回到 IDE，此时单击“编译”按钮，再编译一次，如果编译没有错误，会得到图 4.19 所示界面。

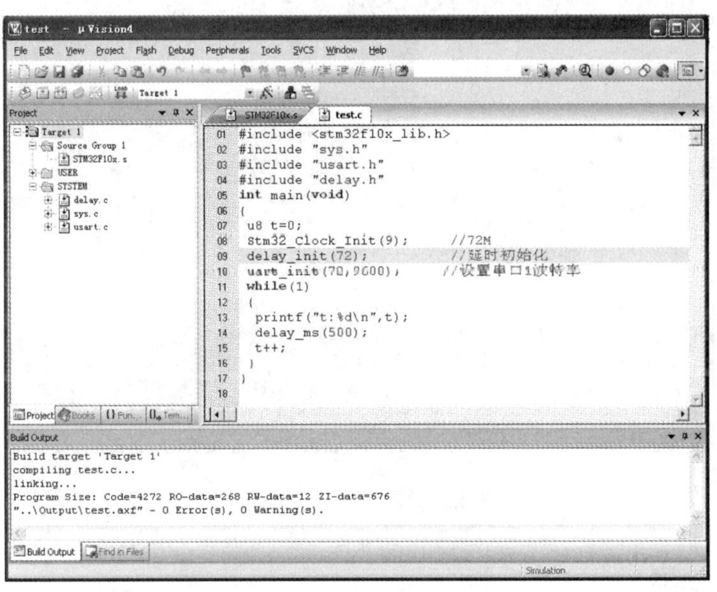

图 4.19　编译结果界面

4.6 程序下载

在进行程序下载前，因为要使用 J-Link V8 仿真器，所以需要先在计算机中安装 J-Link V8 仿真器的驱动程序。在正确安装完驱动之后，右击“我的电脑”，在弹出的快捷菜单中选择“设备管理器”命令，打开图 4.20 所示窗口。

回到 IDE，单击 Target Options…按钮，弹出 Options for Target ‘Target 1’对话框，选择 Debug 选项卡，选择 Cortex-M3 J-LINK，如图 4.21 所示。

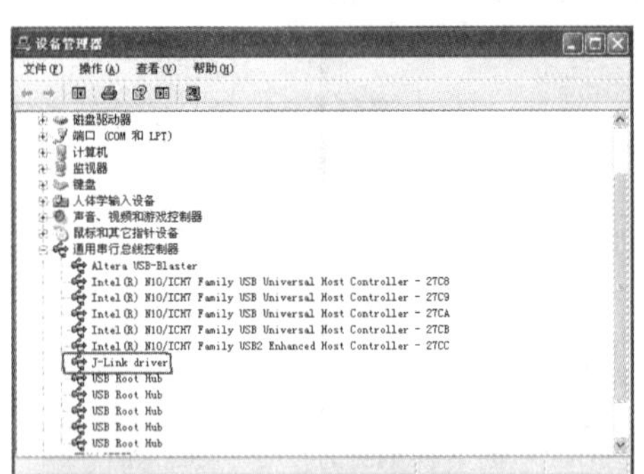

图 4.20　设备管理器界面

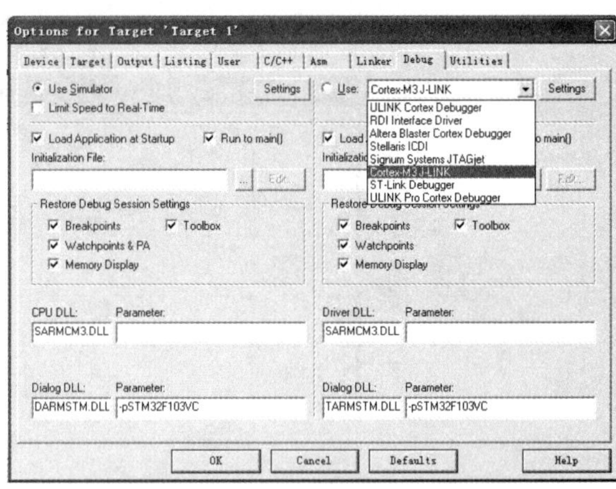

图 4.21　J-Link 下载设置

接下来，选择 Utilities 选项卡，选择 Use Target Driver for Flash Programming 单选按钮，同样选择 Cortex-M3 J-LINK，如图 4.22 所示。

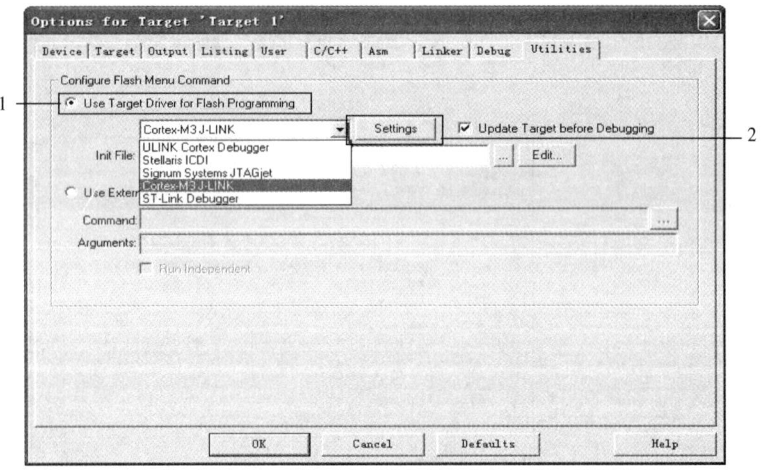

图 4.22　J-Link　下载设置

如图 4.22 所示，单击标注 2 处的 Settings 按钮，弹出 Flash Download 对话框，选择 Reset and Run 复选框，然后单击 Add 按钮，选择芯片的 Flash 容量，即 STM32F10x Connectivity Lin… On-chip Flash 256K，单击 Add 按钮，如图 4.23 所示，最后单击图 4.24 中的 OK 按钮，即完成 J-Link V8 下载设置。

最后，将 J-Link V8 仿真器的 USB 口与计算机相连，另一端与嵌入式智能车型机器人的 J3 口相连。回到 IDE 界面，单击 Download 按钮，即可完成程序下载。

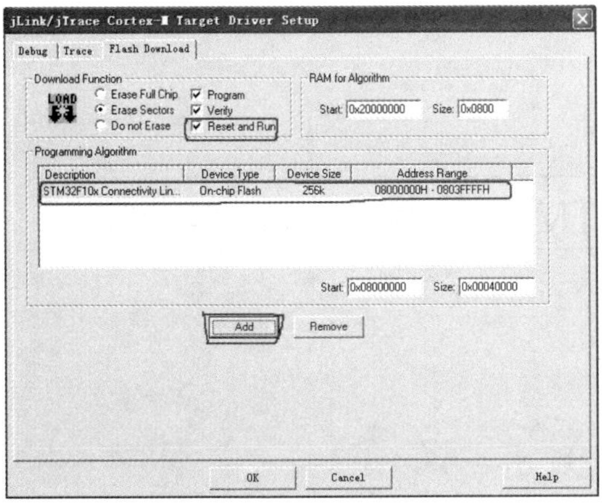

图 4.23　J-Link 下载设置

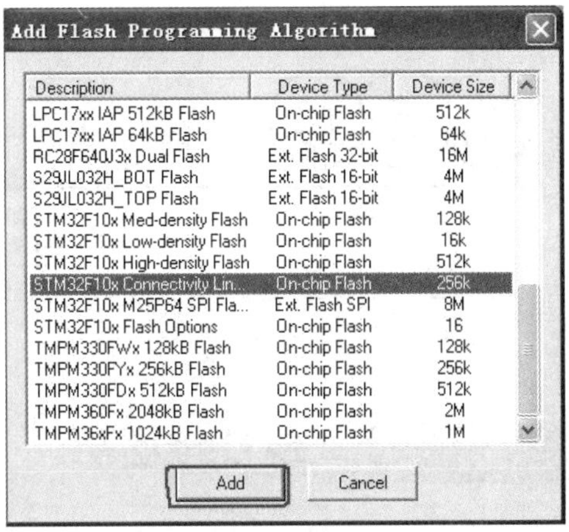

图 4.24　J-Link 下载设置

本章小结

本章主要介绍了 STM32 开发环境的搭建以及 STM32 开发环境的使用。

通过本章的学习，希望大家能够熟练掌握如何搭建以及配置 STM32 的开发环境。

强化练习

一、简单题

为什么要使用 Keil μVision4 软件作为 STM32 的开发平台？

二、动手实践

下载 STM32 程序至嵌入式智能车型机器人中，观察程序运行结果。

STM32 总线结构和存储映射

5.1 系统总线构架

（1）STM32F103xx 微处理器内部由以下部分构成：

- 4 个主动单元：Cortex-M3 内核的 ICode 总线（I-bus）、DCode 总线（D-bus）、System 总线（S-bus）和通用 DMA（GP-DMA）。
- 3 个被动单元：内部 SRAM、内部 Flash 存储器、AHB 到 APB 的桥（AHB2APBx，连接所有的 APB 设备）。

这些部分都是通过一个多层的 AHB 总线构架相互连接的，如图 5.1 所示。

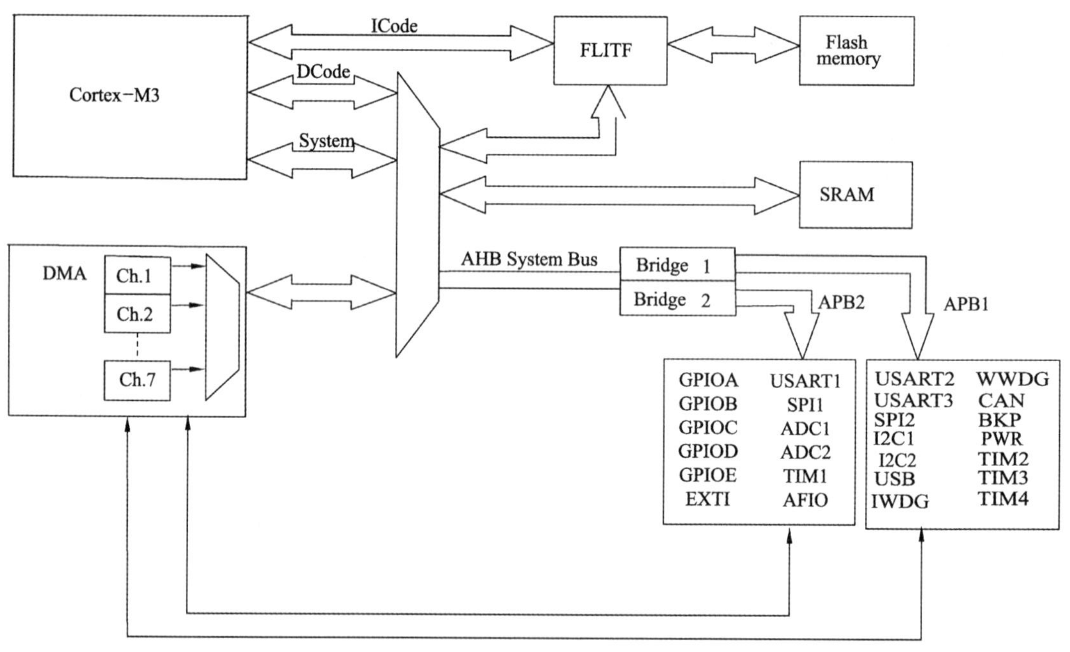

图 5.1　STM32F103xx 微处理系统总线结构

（2）在图 5.1 所示的系统总线结构图中，各单元的功能如下：

- ICode 总线：将 Flash 存储器指令接口与 Cortex-M3 内核的指令总线相连接，用于指令预取。
- DCode 总线：将 Flash 存储器的数据接口与 Cortex-M3 内核的 DCode 总线相连接，用于常量加载和调试访问。

- System 总线：将 Cortex-M3 内核的 System 总线（外设总线）连接到总线矩阵。
- DMA 总线：将 DMA 的 AHB 主控接口与总线矩阵相连。
- 总线矩阵：用于连接 3 个主动单元部件（Cortex-M3 内核的 DCode 总线、System 总线和 DMA 总线）和 3 个被动单元（Flash 存储器、SRAM 和 AHB2APB 桥），负责协调和仲裁 Cortex-M3 内核和 DMA 对 SRAM 的访问，仲裁采用轮换算法。AHB 外设通过总线矩阵与系统总线相连，允许 DMA 访问。
- AHB/APB 桥（APB）：2 个 AHB/APB 桥在 AHB 和 2 个 APB 总线之间提供完全同步连接。APB1 操作速度限于 36 MHz，而 APB2 则可操作于全速（最高 72 MHz）。

5.2 存储器的组织与映射

5.2.1 存储器组织

Cortex-M3 微处理器的存储系统采用统一编址方式，程序存储器、数据存储器、寄存器以及输入/输出端口被组织在同一个 4 GB 的线性地址空间内，以小端方式存放，如图 5.2 所示。在图中左侧上部所列出的地址范围已固定分配给处理器系统控制寄存器、位段区域、位段别名等。

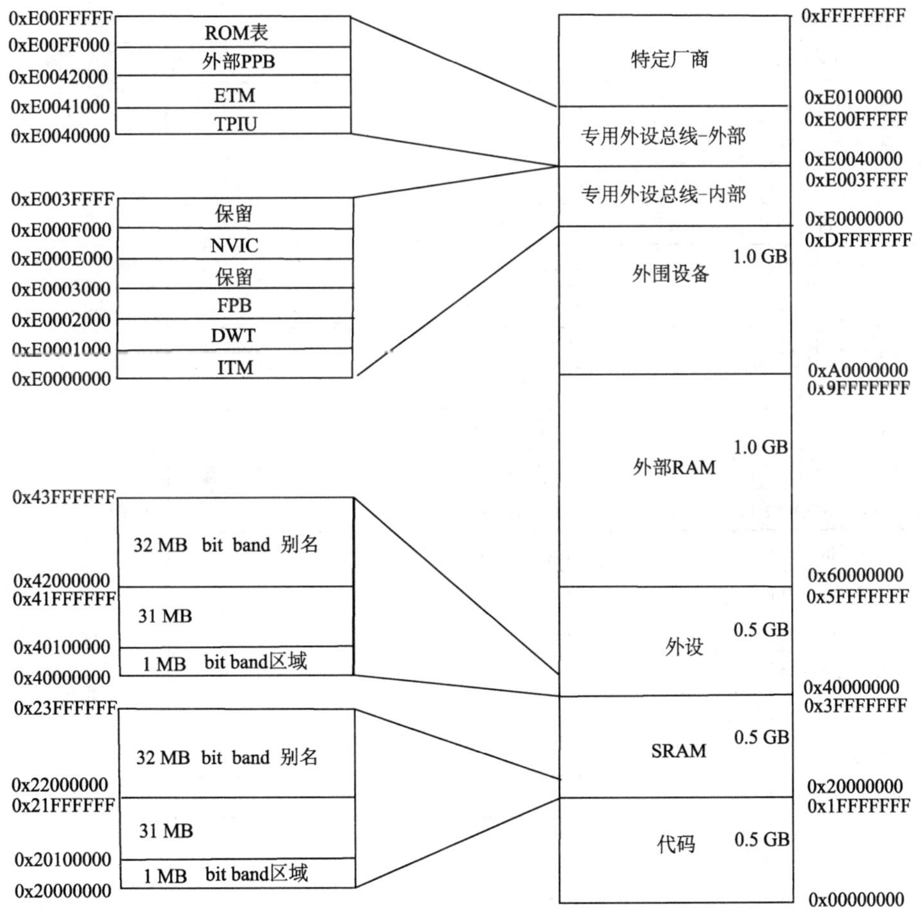

图 5.2 Cortex-M3 微处理器的存储映射

其中：

- 片内 Flash 的起始地址为 0x00000000；
- 片内 SRAM 的起始地址是 0x20000000。

5.2.2 STM32 微处理器存储器映射

STM32 系列微处理器将可以访问的存储器空间分成 8 个主块，每个块为 512 MB。其中分配给片上各个外围设备的地址空间列在表 5.1 中。如果某款处理器不带有某个片上外围，则该地址范围保留。

表 5.1 STM32 微处理器片上外围设备地址映射表

起始地址	外 设	总 线
0x40022400-0x40023FFF	保留	AHB
0x40022000-0x400223FF	闪存存储器接口	
0x40021400-0x40021FFF	保留	
0x40021000-0x400213FF	复位和时钟控制	
0x40020400-0x40020FFF	保留	
0x40020000-0x400203FF	DMA	
0x40013C00-0x40013FFF	保留	APB1
0x40013800-0x40013BFF	USART1	
0x40013400-0x400137FF	保留	
0x40013000-0x400133FF	SPI1	
0x40012C00-0x40012FFF	TIM1 时钟	
0x40012800-0x40012BFF	ADC2	
0x40012400-0x400127FF	ADC1	
0x40012000-0x40011FFF	保留	
0x40011800-0x40011BFF	GPIO 端口 E	
0x40011400-0x400117FF	GPIO 端口 D	
0x40011000-0x400113FF	GPIO 端口 C	
0x40010C00-0x40010FFF	GPIO 端口 B	
0x40010800-0x40010BFF	GPIO 端口 A	
0x40010400-0x400107FF	EXTI	
0x40010000-0x400103FF	AFIO	
0x40008000-0x400077FF	保留	
0x40007000-0x400073FF	电源控制	
0x40006C00-0x40006FFF	后备寄存器（BKP）	
0x40006800-0x40006BFF	保留	
0x40006400-0x400067FF	bxCAN	
0x40006000-0x400063FF	USB/CAN 共享的 SRAM 512 B	
0x40005C00-0x40005FFF	USB 寄存器	
0x40005800-0x40005BFF	I2C2	

续表

起始地址	外　设	总　线
0x40005400–0x400057FF	I2C1	APB1
0x40005000–0x40004FFF	保留	
0x40004800–0x40004BFF	USART3	
0x40004400–0x400047FF	USART2	
0x40004000–0x40003FFF	保留	
0x40003800–0x40003BFF	SPI2	
0x40003400–0x400037FF	保留	
0x40003000–0x400033FF	独立看门狗（IWDG）	
0x40002C00–0x40002FFF	窗口看门狗（WWDG）	
0x40002800–0x40002BFF	RTC	
0x40002400–0x40000FFF	保留	
0x40000800–0x40000BFF	TIM4 定时器	
0x40000400–0x400007FF	TIM3 定时器	
0x40000000–0x400003FF	TIM2 定时器	

5.2.3　位段

Cortex–M3 存储器空间中包括 2 个位段（bit Band）区，它们分别为 SRAM 区的最低 1 MB 空间和外设存储区的最低 1 MB 空间。这 2 个位段区分别与 2 个 32 MB 的位段别名(bit band alias) 区对应，位段区中的每一位映射到位段别名区中的一个字，通过对别名区中某个字的读/写操作可以实现对位段区中某一位的读/写操作。位段区与位段别名区的映射关系如图 5.3 所示。

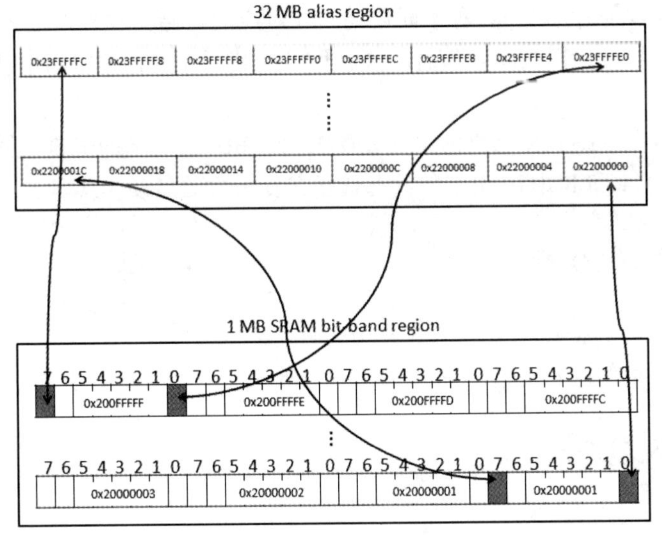

图 5.3　位段区与别名区的映射关系

下面的映射公式给出了位段别名区中的每个字是如何与位段区的每位相对应的。

```
bit_word_addr = bit_band_base+(byte_offset × 32) + bit_number × 4
```

其中：

bit_world_addr：别名区中字的地址，它映射到位段区的某个目标位；

bit_band_base：别名区的起始地址；

byte_offset：包含目标位的字节在位段里的序号；

bit_number：目标位所在（0~31）。

例如，SRAM 位段区中地址为 0x20000300 的字节中的位 2 映射到别名区中的地址为 0x22006008（即 0x22000000+(0x300 × 32)+ (2 × 4)）的字。

对别名区中某个字进行写操作，该字的第 0 位将影响位段区中对应的位，例如，写 0xFF 或 0x01 则对应的位将置为 1，写 0xFE 或 0x00 则对应的位置为 0。对别名区中某个字进行读操作，若位段区中对应的位为 0，则读的结果为 0x00；若位段区中对应的位为 1，则读的结果为 0x01。

位段别名区的地址段并无实际的物理存储器与之对应，它只是位段区的别名而已。通过对别名区的读/写可以实现对位段区中每一位的原子操作，而且仅只需要一条指令即可实现。

5.2.4 启动配置

STM32 系统启动之后，CPU 从位于 0x00000000 地址处的启动区开始执行代码，对于 STM32F10x 系列处理器，可以通过配置 BOOT[1:0]引脚选择 3 种不同启动模式，如表 5.2 所示。

表 5.2 STM32 启动配置

启动模式选择引脚		启动模式	说 明
BOOT1	BOOT0		
X	0	用户 Flash 存储器	用户 Flash 存储器被作为启动区域
0	1	系统存储器	系统存储器被作为启动区域
1	1	内嵌 SRAM	内嵌 SRAM 被作为启动区域

通过设置 BOOT[1:0]引脚，各种不同启动模式对应的存储器物理地址将被映像到第 0 块（启动区）。即使某块存储区被映像为启动区，仍可在其原先的存储空间地址内访问相关的存储单元。

系统复位后，在 SYSCLK 引脚的第 4 个上升沿，BOOT 引脚的值将被锁存。因此，用户可以通过设置 BOOT1 和 BOOT0 引脚的状态选择在复位后的启动模式。

本章小结

本章着重介绍了 STM32 系统的总线架构和映射。

希望大家通过本章的学习对 STM32 的系统总线架构以及存储映射有一个深入认识。

强化练习

简答题

1. STM32 系统总线有哪几个单元？其功能分别是什么？
2. 简述 STM32 启动配置。
3. 位段的作用是什么？

STM32 异常和中断处理

6.1 异常的类型

在 ARM Cortex-M3 内核中将复位、不可屏蔽中断、外部中断、故障都统一为异常，异常有多种类型。故障（Fault）是指令执行时由于错误的条件所导致的异常。故障可以分为同步故障和异步故障。同步故障是指当指令产生错误时同时报告错误，而异步故障则是指当指令产生错误时无法保证同时报告错误。

ARMv7-M 体系结构支持同步故障和异步故障。一般的故障都是同步的，ARMv7-M 结构支持不精确总线异步故障。

表 6.1 中列出了异常的类型、位置和优先级。位置是指中断向量在中断向量表中的位置，是相对中断向量表开始处的字偏移。优先级的值越小，优先级越高。

表 6.1　异常类型、位置和优先级

异常类型	偏　移	优 先 级	描　　述
—	0	—	复位时，加载向量表中第一项作为栈顶地址
复位	1	-3（最高）	电源开启和热复位时调用，在执行第一条指令时，优先级下降到最低，异步故障
不可中断屏蔽	2	-2	除了复位，它不能被其他任何中断中止或抢占，异步故障
硬故障	3	-1	如果故障由于优先级或可配置的故障处理程序被禁止而不能激活，此时所有这些故障均为硬故障，同步故障
存储管理	4	可配置	存储保护单元不匹配，包括不可访问和不匹配，同步故障；也用于 MPU 不可用或不存在的情况，以支持默认存储映射的从不执行区域
总线故障	5	可配置	预取出错，存储器访问错误，以及其地址/存储器相关的错误；当为精确的总线故障时是同步故障，不精确时为异步故障
应用故障	6	可配置	应用错误，如执行未定义的指令或试图进行非法的状态转换，同步故障
—	7~10	—	保留
SVCall	11	可配置	使用 SVC 指令进行系统服务调用，同步故障
调试监视异常	12	可配置	调试监视异常，同步故障，但只在允许时有效；如果它的优先级比当前激活的处理程序的优先级更低，则它不能激活
—	13	—	保留
PendSV	14	可配置	系统服务的可挂起请求，异步故障，只能由软件挂起
SysTick	15	可配置	用于系统滴答定时器，异步故障
外部中断	≥16	可配置	由核外发出的中断，INTISR[239:0]，传递给 NVIC，都为异步故障

6.2 异常的优先级

在处理器处理异常时，优先级决定了处理器何时以及如何进行异常处理。可以给中断设置软件优先级以及对其进行分组。

6.2.1 优先级

NVIC 支持通过软件设置优先级。通过写中断优先级寄存器的 PRI_N 字段可以设置优先级，范围为 0~255。硬件优先级随着中断号的增加而减小，优先级 0 为最高优先级，255 为最低优先级。

通过软件设置的优先级权限高于硬件优先级。例如，如果设置 IRQ[0]的优先级为 1，IRQ[31]的优先级为 0，则 IRQ[31]的优先级比 IRQ[0]的高。但通过软件设置的优先级对复位、不可屏蔽中断和硬故障没有影响。

当多个中断具有相同的优先级时，拥有最小中断号的挂起中断优先执行。例如，IRQ[0]和 IRQ[1]的优先级都为 1，则 IRQ[0]优先执行。

6.2.2 优先级分组

为了能更好地对大量的中断进行优先级管理和控制，NVIC 支持优先级分组。通过设定应用中断和复位控制寄存器中的 PRIGROUP 字段，可以将 PRI_N 字段分成两部分：抢占优先级和次要优先级，如表 6.2 中所列。抢占优先级可认为是优先级分组，当多个挂起的异常具有相同的抢占优先级时，次要优先级就起作用。优先级分组和次要优先级共同作用确定了异常的优先级。当两个挂起的异常具有完全相同的优先级时，硬件位置编号低的异常优先被激活。

表 6.2　优先级分组

PRIGROUP[2:0]	分隔点位置	抢占优先级字段	次要优先级字段	占先优先级数量	次占优先级数量
000	xxxx xxx . y	[7:1]	[0]	128	2
001	xxxx xx . yy	[7:2]	[1:0]	64	4
010	xxxx x . yyy	[7:3]	[2:0]	32	8
011	xxxx . yyyy	[7:4]	[3:0]	16	16
100	xxx . yyyyy	[7:5]	[4:0]	8	32
101	xx . yyyyyy	[7:6]	[5:0]	4	64
110	x . yyyyyyy	[7]	[6:0]	2	128
111	.yyyyyyyy	无	[7:0]	0	256

这里需要注意，表 6.2 中只是说明了 8 位优先级的配置。对于少于 8 位的优先级配置，寄存器的地位通常为 0。例如，使用 4 位优先级，则通过 PRI_N[7:4]设置优先级，而 PRI_N[3:0]为 0000。一个中断只能在其抢占优先级高于另一个中断的抢占优先级时才能发生抢占。

6.2.3 优先级对异常处理的影响

异常的处理与优先级有很大关系，异常处理中与优先级相关操作如下所述。

（1）抢占 Pre-emption：当新异常比当前异常或任务有更高优先级时，则中断当前操作流，响应新的中断，并执行新的 ISR，于是就产生了中断嵌套。异常产生时，处理器的状态将自动入栈保存；与此同时，相对应的中断向量被取出，保存处理器状态后，将执行 ISR 的第一条指令，进入处理器流水线的执行阶段。

（2）尾链 Tail-chain：这是用于加快中断服务处理的机制。如果有一个新的 ISR 或任务比即将返回的 ISR 拥有更高优先级，则处理器状态出栈被跳过而直接执行新的 ISR。

（3）返回 Return：如果没有挂起的异常，或没有比栈中的 ISR 优先级更高的异常，则处理器执行出栈返回操作。ISR 完成时，将自动通过出栈操作恢复进入 ISR 之前的处理器状态。在恢复处理器状态的过程中，如果有一个新到的中断比正在返回的 ISR 或任务拥有更高优先级，则抛弃当前的操作并对新的中断作尾链处理。

（4）迟到 Late-arriving：这是用于加快抢占速度的机制。当正在为先前到达的中断保存处理器状态时，如果有一个更高优先级的中断到达，则处理器选择处理更高优先级的中断，并为该中断获取向量。但状态保存不会因为晚到而受到影响，因为对于两个中断来说，保存处理器状态操作都是一样的，故保存状态不被中断而是继续进行，但保存完状态之后会执行迟到中断的 ISR 的第一条指令，返回时，则使用通常的尾链规则。

6.2.4 异常活动等级

当没有异常发生时，处理器处在 Thread 模式下，当进入中断处理或故障处理激活时，处理器将进入 Handler 模式。不同类型异常处理所对应的处理器工作模式、访问特权级别以及栈的使用是有所不同的，也就是活动等级不同。表 6.3 列出了不同异常的活动等级、特权级别和栈的使用情况。

表 6.3 不同异常的活动等级、特权级别和栈

异　常	活动等级	特权级别	栈
无	Thread 模式	特权或用户	主栈或进程栈
ISR	异步抢占等级	特权	主栈
故障处理	同步抢占等级	特权	主栈
复位	Thread 模式	特权	主栈

所有异常类型的转换规则，包括触发异常的事件、转换类型、特权级别以及栈的使用情况如表 6.4 和表 6.5 所示。

表 6.4 异常转换

激活异常	触发事件	转换类型	特权级别	栈
复位	复位信号	Thread	特权或用户	主栈或进程栈
ISR 或 NMI	设置挂起的软件指令或硬件信号	异步抢点	特权	主栈
故障： 硬故障 总线故障 无 CP 故障 非法指令故障	 逐步升级 存储器访问出错 访问不存在的 CP 非法指令	同步抢点	特权	主栈

续表

激活异常	触发事件	转换类型	特权级别	栈
调试监视异常	中止未允许时的调试事件	同步	特权	主栈
SVC	SVC 指令			
外部中断				

表 6.5　次要异常转换

次要异常	触发事件	激　活	优先作用
Thread	复位信号	异步	立即，优先级最高
ISR/NMI	HW 信号或设置挂起位	异步	根据优先级进行抢占或尾链
监视异常	调试事件	同步	如果优先级低于或等于当前事件，硬故障
SVCall	SVC 指令	同步	如果优先级低于或等于当前事件，硬故障
PendSV	软件挂起请求	链	根据优先级进行抢占或尾链
用法故障	非法指令	同步	如果优先级高于或等于当前事件，硬故障
无 CP 故障	访问不存在的 CP	同步	如果优先级高于或等于当前事件，硬故障
总线故障	存储器访问出错	同步	如果优先级高于或等于当前事件，硬故障
存储管理	MPU 不匹配	同步	如果优先级高于或等于当前事件，硬故障
硬故障	逐步升级	同步	高于所有的 NMI 异常
故障扩展	从可配置的故障处理中逐步升级请求	链接	将 local 处理的优先级提高到与硬故障一样，故可返回并链接到可配置的故障处理

6.3 异常处理

6.3.1 异常处理的进入与处理

当处理器处理异常发生时，会将 PC、处理器状态寄存器（xPSR）、r0~r3、r12、LR 等 8 个寄存器的信息一次保存到堆栈指针 SP 所指之处。完成操作后，SP 指针后移 8 个字。

如果 NVIC 配置控制寄存器的 STKALLGN 位已经被设置，则在压栈之前会插入一个额外的字。从 ISR 返回后，处理器自动弹出 8 个寄存器。中断返回是通过 LR 寄存器传递数据，故 ISR 可以是通常的 C/C++函数，而且不需要修饰符。

寄存器入栈之后，处理器将读取向量表中的向量、更新 PC、开始执行 ISR。Cortex-M3 处理器处理异常的详细步骤如表 6.6 所示。

表 6.6　处理器处理异常的详细步骤

操　作	是否可重新开始	描　　述
8 个寄存器入栈	否	将 xPSR、PC、r0~r3、r12 和 LR 保存到选定的栈中
读取向量表	可以，迟到异常可导致重新开始	从内存中读取向量表，通过 ICode 总线实现，与 DCode 总线上的栈操作并行
从向量表中读取 SP	否	只有在复位情况下，SP 才回指到栈顶；除了选择栈、入栈和出栈外，其他操作不修改 SP

续表

操　作	是否可重新开始	描　　述
更新 PC	否	通过读取向量表的特定位置来更新 PC；只有在第一条指令开始执行后，迟到的异常才开始被处理
载入指令到流水线	可以，抢占可以导致新的向量表读取并载入流水线	从向量表项所指的位置载入指令，与寄存器入栈同时进行
更新 LR	否	LR 被设成 EXC_RETURN，以便退出异常

为提高处理器异常处理的效率和速度，Cortex-M3 提供了抢占、尾链及迟到等处理机制。

当发生异常时，根据处理器当前的行为，进入异常处理 ISR 的过程是有所不同的。处理器在不同情况下进入异常处理 ISR 的过程如下所述。

（1）非存取指令：在完成当前指令周期之后，在下一条指令之前进入异常处理。

（2）单加载/存取指令：根据总线状态完成或丢弃当前指令；根据总线等待状态，确定是否在下个指令周期进入异常处理。

（3）批量加载/存储指令：完成或丢弃当前寄存器传输并将连续计数器设给 EPSR；根据总线允许或中断可继续指令（ICI）规则，确定是否在下个指令周期时进入异常处理。

（4）异常入口点：这是一个 Late-arriving 异常。如果有比正在被处理的异常优先级高，处理器取消异常入口点并执行后到的异常；后到的异常在中断处理时会使用新的中断向量；当执行一个新的处理程序，也就是第一个 ISR 指令时，会应用普通抢占规则，并不作为 Late-arrival。

（5）异常处理中：如果新异常比处理器当前处理的异常有更高的优先级，则处理器处理新异常。

6.3.2 异常处理的退出

ISR 的最后一条指令将 PC 的值更新为 0xFFFFFFFX，也就是进入异常时的 LR 值，这告诉处理器，ISR 的工作已经完成了，接下来要执行异常退出步骤。

（1）当从异常中返回时，处理器可能会处于以下情况之一：

- 尾链到一个已挂起的异常，该异常比栈中所有异常的优先级都高；
- 如果没有挂起的异常，或是栈中最高优先级的异常比挂起的最高优先级异常具有更高的优先级，则返回到最近一个已压栈的 ISR；
- 如果没有异常已经挂起或位于栈中，则返回到 Thread 模式。

（2）当异常退出时将执行下述操作：

- 弹出 8 个寄存器：如果没有抢占，则从 EXC_RETURN 指定的栈中弹出 PC、XPSR、r0 ~ r3、r12 和 LR，并更新 SP。
- 载入当前活动的中断号，反向栈对界调整：从栈中 IPSR 的位[8:0]中载入当前活动的中断号，处理器利用它确定跟踪哪个异常返回，并在返回时清除相应位。当位[8:0]为零时，处理器返回到 Thread 模式。
- 选择 SP：如果返回到一个异常，SP 为 Main_SP；如果返回到 Thread 模式，SP 为 Main_SP 或 Process_SP。

（3）在 ISR 中可用以下指令作为最后一条指令将值 0xFFFFFFFX 加载到 PC，以发送异常返回：

- POP/LDM，载入 PC。
- LDR，PC 作为目的地址。
- BX，使用任何寄存器进行跳转。

（4）当采用这种方法返回时，写入到 PC 的值被截取，并且作为 EXC_RETURN 的值。下面描述了 EXC_RETURN[3:0]提供的返回信息以及说明：

- xxx0：保留。
- 0001：返回到 Handler 模式，异常返回时从主栈中读取状态，返回操作使用主栈。
- 0011：保留。
- 01x1：保留。
- 1001：返回到 Thread 模式，异常返回时从主栈中读取状态；返回操作使用进程栈。
- 1101：返回到 Thread 模式，异常返回时从进程栈中读取状态；返回操作使用进程栈。
- 1x11：保留。

（5）返回时如果出现保留项，将导致一个应用故障的异常。

在 Thread 模式下，如果 EXC_RETURN 的值被 PC 载入，或是该值来自向量表或其他任何指令，则将该值看成地址，而非一个特殊的值。该地址区间被定义为不可执行区间，并导致一个内存管理故障。

6.4 复位过程

Cortex-M3 处理器复位时，NVIC 同时复位并控制内核从复位中释放出来。复位的过程是可完全预知的。下面是对复位过程的描述。

（1）NVIC 复位，控制内核：NVIC 清除其大部分寄存器。处理器处于 Thread 模式，特权访问方式执行代码，堆栈使用 Main 栈。

（2）NVIC 从复位中释放内核：NVIC 从复位中释放内核。

（3）内核配置堆栈：内核从向量表开始处读取初始 SP、Main_SP。

（4）内核设置 PC 和 LR：内核从向量表偏移中读取初始 PC，LR 设置为 0xFFFFFFFF。

（5）运行复位程序：禁止 NVIC 中断，并允许 NMI 和硬故障。

6.4.1 向量表

在向量表的位置 0 处，仅需要包含 4 个值：

（1）栈顶地址。

（2）复位程序的入口地址。

（3）非屏蔽中断（NMI）ISR 的入口地址。

（4）硬故障 ISR 的入口地址。

当中断运行时，不管向量表放在何处，向量总是指向所有可屏蔽异常的处理。同样，如果使用 SVC 指令，则 SVCall ISR 的位置也被定位。

6.4.2 启动过程

正常情况，系统复位之后会按如下步骤启动，一个 C/C++程序在运行时能完成最初的 3

步，然后调用 main()函数。

（1）初始化变量：任何全局/静态变量必须被设置，这包括初始化 BSS 变量为 0，将非 constant 变量从 ROM 复制到 RAM 中。

（2）设置栈：如果使用一个以上的栈，其他栈的分组 SP 必须被初始化；当前 SP 可以被从 Process 改变成 Main。

（3）初始化运行时：可选择地调用 C/C++运行时初始化代码，以运行堆的使用、浮点或其他功能；通常是由 C/C++库中的 main()函数实现。

（4）初始化所有外设：在中断允许之前设置外设，初始化每个将要在应用程序中使用的外设。

（5）转换 ISR 向量表：可选择性地将向量表从代码段（@0）转到 SRAM 中的某个地方，这仅在优化性能或允许动态转换时进行。

（6）设置可配置错误：允许可配置故障，设置它们的优先级。

（7）设置中断：设置中断的优先级和屏蔽。

（8）允许中断：允许 NVIC 进行中断处理，但在设置中断允许的过程中不能发生中断，如果超过 32 个中断，将会使用不止一个的中断允许设置寄存器。可以通过 CPS 或 MSR 指令使用 PRIMASK 寄存器，来屏蔽中断直到准备好。

（9）改变特权访问方式：如果需要，在 Thread 模式下可将特权访问方式改为用户访问方式，这通常必须调用 SVCall 处理程序进行处理。

（10）循环：如果允许 Sleep-on-exit，在第一个中断或异常被处理后，不需要控制返回；如果 Sleep-on-exit 被选为允许或禁止，则这个循环可以实现清除和执行任务；如果没有使用 Sleep-on-exit，则循环将不受限制，当有必要时可使用 WFI（Sleep-now）。

复位服务子程序用来启动应用程序和允许中断。在中断处理完成后，有 3 种方式可调用复位服务子程序，分别可参阅如下 3 个例子。

例 1：纯粹 Sleep-on-exit 的复位服务子程序（复位程序不进行主循环）。

```
void reset()
{
  /*配置(初始化变量，如果需要初始化运行时，设置外设等)*/
  /*允许中断*/
  nvic[INT_ENA] = 1;
  /*在第一个异常后通常不会返回*/
  nvic_regs[NV_SLEEP] |= NVSLEEP_ON_EXIT;
  while(1)
  wfi();
}
```

例 2：带有通过 WFI（Wait For Interrupt）选择睡眠模式的复位服务子程序。

```
void reset()
{
  extern volatile unsigned exc_req;
  //配置（初始化变量，如果需要初始化运行时，设置外设等）
  //允许中断
  nvic[INT_ENA] = 1;
  while(1)
  {
```

```
        //为（exc_req = FALSE;exc_req == FALSE;）作相关工作
        //进入睡眠模式，等待中断
        wfi();
        //执行一些异常处理之后的检查和清除工作
    }
}
```

例 3：选定的 Sleep-on-exit，可被要求的 ISR 唤醒而产生复位子程序。

```
void reset()
{
    //配置（初始化变量，如果需要初始化运行时，设置外设等）
    //允许中断
    nvic[INT_ENA] = 1;
    while(1)
    {
        //系统处于睡眠状态直到一个异常来清除 Sleep-on-exit 状态，然后可进行异常之后的
        //处理和清除
        nvic_regs[NV_SLEEP] |= NVSLEEP_ON_EXIT;
        while(nvic_regs[NV_SLEEP] & NVSLEEP_ON_EXIT)
        //Sleep-now 等待中断来唤醒
        wfi();
        //执行一些异常处理之后的检查和清除工作
    }
}
```


6.5 多堆栈的设置

根据处理器的工作模式不同，应用程序可以使用 Main 和 Process 两个不同的栈。处理器在进入异常处理和退出异常处理时，通常要在不同的工作模式、不同的代码访问方式、不同的堆栈之间切换。为了实现多堆栈，应用程序需执行下面的操作：

- 用 MSR 指令设置 Process_SP 寄存器。
- 如果使用 MPU（Memory Protection Unit），可适当地保护栈。
- Thread 模式下初始化栈和访问方式。

如果 Thread 模式下的访问方式由特权方式变成用户方式，仅可通过其他 ISR（例如 SVCall），才能使之从用户方式返回到特权方式。

在 Thread 模式下所用的栈可在 Main 栈和 Process 栈之间切换，但是这样做会影响对线程局部变量的访问。因此，在 Thread 模式下最好通过一个 ISR 来改变所使用的栈。下面是一个切换过程：

（1）调用设置程序，完成：

- 用 MSR 指令设置其他栈。
- 如果有 MPU，则允许 MPU 以支持基区。
- 调用启动程序。
- 从设置程序中返回。

（2）将 Thread 模式的访问方式改为非特权方式（用户方式）。

（3）使用 SVC 调用内核，内核将：

- 使用 MRS 指令为当前用户线程读取 SP，并将其保存在 TCB（线程控制块）中。
- 使用 MSR 指令为下个线程设置 SP，通常是 Process_SP。
- 如果需要，为新的当前线程设置 MPU。
- 返回到新的当前线程。

6.6 Abort 模式

（1）在异常种类中有一些称为故障，有 4 种事件能产生故障：

- 取指令或从向量表加载向量时总线出错。
- 数据访问时总线出错。
- 内部检查错误，如未定义指令或试图用 BX 指令改变状态。在 NVIC 中的故障状态寄存器将指出故障的原因。
- 超越访问方式特权或未管理区导致 MPU 故障。

（2）当处理器发生故障后，进入 Abort 模式，故障处理可分为两类：

- 固定优先级硬故障。
- 优先权可设定的 Local 故障。

6.6.1 硬故障

如果故障由于优先级或可配置的故障处理程序被禁止而不能激活，此时所有这些故障均为硬故障。所有异常中，仅有复位和 NMI 能抢占固定优先硬故障。硬故障可以抢占复位、NMI 和其他硬件之外的任何异常。

第二个总线故障不能逐步升级，因为一个同类型的故障不能抢占自身。这意味着如果被损坏的栈产生了一个故障，即使为处理程序进行的压栈失败了，故障处理程序仍能执行，但是栈中的内容已经被毁坏了。

6.6.2 Local 故障和升级

Local 故障根据其产生的原因分类，可分成以下几类：

- 复位：任何形式复位。
- 读取向量错误：读取向量表入口地址——返回总线错误。
- uCode 进栈错误：当使用硬件保存现场产生故障——返回总线错误。
- uCode 进栈错误：当使用硬件保存现场产生故障——MPU 访问违规。
- uCode 出栈错误：当使用硬件恢复现场时产生故障——返回总线失败。
- uCode 出栈错误：当使用硬件恢复现场时产生故障——MPU 访问违规。
- 升级为硬故障：故障发生时，当前异常处理程序的优先级等于或高于新故障，或此故障优先级还没有允许时，或可配置故障禁止。包括 SVC、BKPT 和其他各种故障。
- MPU 不匹配：因为数据访问产生 MPU 错误。
- MPU 不匹配：因为指令地址产生 MPU 错误。
- 预取指令错误：由于取指令而产生的总线错误。仅当此指令被执行时，才会产生故障。如果此指令被跳转过，则该故障被屏蔽。

- 精确数据总线错误：因为数据访问而返回的总线错误，并且是准确地指向指令。
- 不精确数据总线错误：因数据访问而返回的迟来总线错误，无法精确知道哪条指令。这样挂起且不同步。它不引起 FORCED。
- 无协处理器：不存在此协处理器，或无当前位。
- 未定义指令：未知指令。
- 在无效 ISA 状态时试图去执行一个指令：试图去执行一个无效的 EPSR 状态。
- 当被禁止或带有无效参数时，返回到 PC=EXC_RETURN：非法退出，由非法 EXC_RETURN 值，或 EXC_RETURN 值和压栈的 EPSR 值不匹配而引起。若当前有效异常列表中不包含当前 EPSR，也会导致非法退出。
- 非法不对齐载入和存储：当任何批量加载或存储指令试图去访问一个非字对齐位置时，通过使用 UNALIGN_TRP 位，可以实现任意非对齐的载入或存储。
- 被 0 除：当执行 SDIV 或 UDIV 指令且用 0 做除数时发生，且置 DIV_0_TRP 位。
- SVC：系统服务请求（Service Call）。

6.6.3 故障状态寄存器

（1）每个故障都有一个故障状态寄存器，用以对该故障的状态进行标志。Cortex-M3 处理器共有 5 个故障状态寄存器（Fault Statue Register，FSR）：

- 3 个可配置的故障状态寄存器（Mem Manage SR，MMSR；Bus Fault SR，BFSR；Usage Fault SR，UFSR），与 3 个可配置的故障处理相对应；
- 1 个硬故障状态寄存器（Hard Fault SR，HFSR）；
- 1 个调试故障状态寄存器（Debug Monitor or Halt SR，DFSR）。

根据故障种类不同，其分别设置以上 5 个状态寄存器中的某个对应位。

（2）Cortex-M3 处理器有两个错误地址寄存器（FAR）：

- 总线故障地址寄存器（BFAR）；
- 内存故障地址寄存器（MFAR）。

当地址在故障地址寄存器中有效时，在相应的错误状态寄存器中会由相应的标志进行指示。BFAR 和 MFAR 实际上是相同物理寄存器，因此 BFARVALID 位和 MFARVALID 位是互斥的。

本章小结

本章着重讲解了 STM32 微处理器的异常和中断处理。

希望大家通过本章的学习可以掌握 STM32 微处理器的异常和中断，这一部分在 STM32 实际开发中是非常重要的。

强化练习

一、简答题

1. 简述 STM32 的异常类型。

2. 在处理器处理异常时，优先级的作用是什么？
3. 在从异常中返回时，处理器可能会处于哪几种情况？
4. 在向量表的位置 0 处，仅需要包含 4 个值，这 4 个值都是什么？
5. 简单叙述什么是硬故障。
6. 当遇到哪几种情况时，Local 故障将升级到硬故障？

二、动手实践

1. 通过查询资料，了解故障状态寄存器和故障地址寄存器的具体标志位的设置。
2. 通过查询资料，了解什么是 EXC_RETURN。

第7章 STM32 常用方法

在进行 STM32 开发时，为了提高开发的效率，我们会将一些常用、使用范围广、改动较少的程序进行封装，以供后续开发使用。

在嵌入式智能车型机器人中，为了提高开发的效率，需要将一些常用的函数进行封装，例如，时钟初始化、延迟函数、中断管理函数等。

7.1 与底层硬件相关的设置函数

在 STM32 开发时，需要做的第一个任务是对底层硬件进行相应的设置，编写相应的代码。但是，如果每做一个新的项目都对底层硬件的设置进行相应编码，那么开发效率就会非常低。为了提高效率，最有效的做法是将与底层硬件相关的设置代码封装成函数，以提高代码的可复用性。

7.1.1 IO 口位操作的实现

在 ARM Cortex-M3 中提供了位操作，使得用户可以像 51 单片机一样对 STM32 的 IO 口进行操作。但是在实际开发中，需要用户自己实现对 STM32 各个 IO 口的位操作，其中包括输入和输出。以下便是 IO 口位操作的具体实现步骤。

（1）创建一个新文件夹 SYS，该文件夹中需要创建一个 sys.h 文件。sys.h 文件的主要作用是宏定义 IO 口的位操作，以及添加一些底层硬件相关的设置函数的声明。

（2）在 sys.h 文件中添加如下代码，实现 IO 口位操作。

```
    #define BITBAND(addr , bitnum) ((addr &
0xF0000000)+0x2000000+((addr&0xFFFFF)<<5)+(bitnum<<2))
    #define MEM_ADDR(addr)  *((volatile unsigned long  *)(addr))
    #define BIT_ADDR(addr, bitnum)   MEM_ADDR(BITBAND(addr, bitnum))
    //IO 口地址映射
    #define GPIOA_ODR_Addr    (GPIOA_BASE+12)       //0x4001080C
    #define GPIOB_ODR_Addr    (GPIOB_BASE+12)       //0x40010C0C
    #define GPIOC_ODR_Addr    (GPIOC_BASE+12)       //0x4001100C
    #define GPIOD_ODR_Addr    (GPIOD_BASE+12)       //0x4001140C
    #define GPIOE_ODR_Addr    (GPIOE_BASE+12)       //0x4001180C
    #define GPIOF_ODR_Addr    (GPIOF_BASE+12)       //0x40011A0C
    #define GPIOG_ODR_Addr    (GPIOG_BASE+12)       //0x40011E0C
    #define GPIOA_IDR_Addr    (GPIOA_BASE+8)        //0x40010808
    #define GPIOB_IDR_Addr    (GPIOB_BASE+8)        //0x40010C08
    #define GPIOC_IDR_Addr    (GPIOC_BASE+8)        //0x40011008
    #define GPIOD_IDR_Addr    (GPIOD_BASE+8)        //0x40011408
```

```
#define GPIOE_IDR_Addr    (GPIOE_BASE+8)          //0x40011808
#define GPIOF_IDR_Addr    (GPIOF_BASE+8)          //0x40011A08
#define PBout(n)    BIT_ADDR(GPIOB_ODR_Addr,n)   //输出
#define PBin(n)     BIT_ADDR(GPIOB_IDR_Addr,n)   //输入
#define PCout(n)    BIT_ADDR(GPIOC_ODR_Addr,n)   //输出
#define PCin(n)     BIT_ADDR(GPIOC_IDR_Addr,n)   //输入
#define PDout(n)    BIT_ADDR(GPIOD_ODR_Addr,n)   //输出
#define PDin(n)     BIT_ADDR(GPIOD_IDR_Addr,n)   //输入
#define PEout(n)    BIT_ADDR(GPIOE_ODR_Addr,n)   //输出
#define PEin(n)     BIT_ADDR(GPIOE_IDR_Addr,n)   //输入
#define PFout(n)    BIT_ADDR(GPIOF_ODR_Addr,n)   //输出
#define PFin(n)     BIT_ADDR(GPIOF_IDR_Addr,n)   //输入
#define PGout(n)    BIT_ADDR(GPIOG_ODR_Addr,n)   //输出
#define PGin(n)     BIT_ADDR(GPIOG_IDR_Addr,n)   //输入
```

以上代码中仅仅是对IO口进行了输入和输出的控制，在调用这些函数之前不要忘记先进行IO口时钟的使能和IO口功能定义。

例如，要使GPIOB的第1个引脚输出1，那么就需要先使能GPIOB口的时钟以及定义GPIOB口，然后使用PBout(0)=1;实现。如果是判断GPIOC的第8个引脚输出是否等于1，使用if(PCout(7)==1);即可以实现。

7.1.2 初始化系统时钟的实现

众所周知，微处理器的运行必须依赖周期性的时钟脉冲来驱动——往往由一个外部晶体振荡器提供时钟输入为始，最终转换为多个外围设备的周期性运作为末。这种时钟“能量”扩散流动的路径，犹如大树的养分通过主干流向各个分支，因此常称为“时钟树”。在51、AVR、PIC等单片机中，其自身也具备一个时钟树系统，但其中的绝大部分是不受用户控制的，即在单片机上电后，时钟树就固定在某种不可更改的状态。例如，51单片机使用典型的12 MHz晶振作为时钟源，则外设如IO口、定时器、串口等设备的驱动时钟速率便已经是固定的，用户无法更改，除非更换晶振。而STM32为控制器的时钟树则是可配置的，其时钟输入源与最终达到外设处的时钟速率不再有固定的关系。本节将介绍初始化系统时钟的基本步骤以及程序实现。

1. 系统时钟的初始化配置过程

（1）将RCC寄存器重新设置为默认值，配置中断向量表。

（2）打开外部高速时钟晶振HSE。

（3）等待外部高速时钟晶振工作。

（4）设置AHB时钟。

（5）设置高速AHB时钟。

（6）设置低速AHB时钟。

（7）设置PLL。

（8）打开PLL。

（9）等待PLL工作。

（10）设置系统时钟。

（11）判断是否是 PLL 系统时钟。

2. 系统时钟的程序实现过程

（1）在文件夹 SYS 下创建 sys.c 文件。

（2）依照系统时钟的初始化配置过程，首先需要在 sys.c 中添加 MYRCC_DeInit()函数，该函数的作用是复位 RCC 寄存器以及配置中断向量表。具体实现代码如下：

```
void MYRCC_DeInit(void)
{
  RCC->APB1RSTR = 0x00000000;      //复位结束
  RCC->APB2RSTR = 0x00000000;
  RCC->AHBENR = 0x00000014;        //睡眠模式闪存和 SRAM 时钟使能.其他关闭
  RCC->APB2ENR = 0x00000000;       //外设时钟关闭
  RCC->APB1ENR = 0x00000000;
  RCC->CR |= 0x00000001;           //使能内部高速时钟 HSION
  RCC->CFGR &= 0xF8FF0000;
  //复位 SW[1:0],HPRE[3:0],PPRE1[2:0],PPRE2[2:0], ADCPRE[1:0], MCO[2:0]
  RCC->CR &= 0xFEF6FFFF;           //复位 HSEON, CSSON, PLLON
  RCC->CR &= 0xFFFBFFFF;           //复位 HSEBYP
  RCC->CFGR &= 0xFF80FFFF;  //复位 PLLSRC, PLLXTPRE, PLLMUL[3:0] and USBPRE
  RCC->CIR = 0x00000000;           //关闭所有中断
  //配置向量表
  #ifdef  VECT_TAB_RAM
     MY_NVIC_SetVectorTable(NVIC_VectTab_RAM, 0x0);
  #else
      MY_NVIC_SetVectorTable(NVIC_VectTab_FLASH, 0x0);
  #endif
}
```

其中，配置向量表的 MY_NVIC_SetVectorTable(u32 NVIC_VectTab, u32 Offset)函数的实现代码如下，同时，也需要输入到 sys.c 文件中。

```
void MY_NVIC_SetVectorTable(u32 NVIC_VectTab, u32 Offset)
{
  //检查参数合法性
  assert_param(IS_NVIC_VECTTAB(NVIC_VectTab));
  assert_param(IS_NVIC_OFFSET(Offset));
  //设置 NVIC 的向量表偏移寄存器
  SCB->VTOR = NVIC_VectTab|(Offset & (u32)0x1FFFFF80);
  //用于标识向量表是在 CODE 区还是在 RAM 区
}
```

该函数用来配置中断向量表基址和偏移量，决定是在哪个区域。当在 RAM 中调试代码时，需要把中断向量表放到 RAM 里，这就需要通过这个函数来配置。

（3）编写初始化系统时钟函数 Stm32_Clock_Init(u8 PLL)函数，具体代码如下：

```
void Stm32_Clock_Init(u8 PLL)
{
  unsigned char temp=0;
  MYRCC_DeInit();                     //复位并配置向量表
  RCC->CR|=0x00010000;                //外部高速时钟使能 HSEON
  while(!(RCC->CR>>17));              //等待外部时钟就绪
  RCC->CFGR=0X00000400;               //APB1/2=DIV2;AHB=DIV1;
```

```
  PLL-=2;                               //抵消 2 个单位
  RCC->CFGR|=PLL<<18;                   //设置 PLL 值 2~16
  #define GPIOG_IDR_Addr    (GPIOG_BASE+8)            //0x40011E08
  //IO 口操作，只对单一的 IO 口!
  //确保 n 的值小于 16!
  #define PAout(n)   BIT_ADDR(GPIOA_ODR_Addr, n)    //输出
  #define PAin(n)    BIT_ADDR(GPIOA_IDR_Addr, n)    //输入
  RCC->CFGR|=1<<16;                     //PLLSRC ON
  FLASH->ACR|=0x32;                     //FLASH 2 个延时周期
  RCC->CR|=0x01000000;                  //PLLON
  while(!(RCC->CR>>25));                //等待 PLL 锁定
  RCC->CFGR|=0x00000002;                //PLL 作为系统时钟
  while(temp!=0x02)                     //等待 PLL 作为系统时钟设置成功
  {
     temp=RCC->CFGR>>2;
     temp&=0x03;
  }
}
```

该函数只有一个参数 PLL，是用来配置时钟的倍频数的。例如，当前所用的晶振为 8 MHz，PLL 的值设为 9，那么 STM32 将运行在 72 MHz 的速度下。

7.1.3 软复位的实现

在 STM32 中，需要自己动手编写代码实现软复位。

```
void Sys_Soft_Reset(void)
{
   SCB->AIRCR =0X05FA0000|(u32)0x04;
}
```

SCB 为 MDK 定义的一个寄存器组，里面包含了很多与系统相关的控制器，具体的定义如下所示：

```
typedef struct
{
  vuc32 CPUID;                      //CM3 内核版本号寄存器
  vu32 ICSR;                        //中断控制及状态控制寄存器
  vu32 VTOR;                        //向量表偏移量寄存器
  vu32 AIRCR;                       //应用程序中断及复位控制寄存器
  vu32 SCR;                         //系统控制寄存器
  vu32 CCR;                         //配置与控制寄存器
  vu32 SHPR[3];                     //系统异常优先级寄存器组
  vu32 SHCSR;                       //系统 Handler 控制及状态寄存器
  vu32 CFSR;                        //MFSR+BFSR+UFSR
  vu32 HFSR;                        //硬件 fault 状态寄存器
  vu32 DFSR;                        //调试 fault 状态寄存器
  vu32 MMFAR;                       //存储管理地址寄存器
  vu32 BFAR;                        //硬件 fault 地址寄存器
  vu32 AFSR;                        //辅助 fault 地址寄存器
} SCB_TypeDef;
```

在 Sys_Soft_Reset 函数里，只是对 SCB _ AIRCR 进行了一次操作，即实现了 STM32 的软复位。AIRCR 寄存器的各位描述如表 7.1 所示。

表 7.1 AIRCR 寄存器各位描述

位 段	名 称	类 型	复位值	描 述
31:16	VECTKEY	RW	–	访问钥匙，任何对该寄存器的写操作，都必须同时把 0x05FA 写入此段，否则写操作被忽略
15	ENDIANESS	R	–	指示断设置，1=大端（BS8），0=小端，此值是在复位时确定的，不能更改
10:8	PRIGROUP	R/W	0	优先级分组
2	SYSRESETREQ	W	–	请求芯片控制逻辑产生以此复位
1	VECTCLRACTIVE	W	–	清零所有异常的活动状态信息，通常只在调试时用，或者在 OS 从错误中恢复使用
0	VECTRESET	W	–	复位处理器内核（调试逻辑除外），但是此复位不影响芯片上内核以外的电路

从表 7.1 所列的位定义可以看出，要实现 STM32 的软复位，只要置位 BIT2 即可。这里要注意 bit31 ~ 16 的访问钥匙，要将访问钥匙 0X05FA0000 与要进行的操作相或，然后写入 AIRCR，才被 Cortex-M3 接收。

7.1.4 睡眠模式

STM32 提供了 3 种低功耗模式，以达到不同层次的降低功耗的目的。这 3 种模式如下：

- 睡眠模式（Cortex-M3 内核停止工作，外设仍在运行）；
- 停止模式（所有的时钟都停止）；
- 待机模式。

Sys_SleepDeep()函数用来使 STM32 进入待机模式，在该模式下，STM32 所消耗的功耗最低。表 7.2 所示是 STM32 的低功耗一览表。

表 7.2 STM32 的低功耗一览表

模 式	进入操作	唤 醒	对 1.8 V 区域时钟的影响	对 VDD 区域时钟的影响	电压调节器
睡眠	WFI	任一中断	CPU 时钟关，对其他时钟和 ADC 时钟无影响	无	开
	WFE	唤醒事件			
停机	PDDS 和 LPDS 位+SLEEPDEEP 位+WFI 或 WFE	任一外部中断(在外部中断寄存器中设置)	所有使用 1.8 V 的区域的时钟都已关闭，HIS 和 HSE 的振荡器关闭		在低功耗模式下可进行开/关设置（依据电源控制寄存器（PWR_CR）的设定）
待机	PDDS 位 + SLEEPDEEP 位+WFI 或 WFE	WKUP 引脚的上升沿、RTC 警告事件、NRST 引脚上的外部复位、IWDG 复位			关

表 7.3 列出了如何进入和退出待机模式。

表 7.3　进入和退出待机模式

待机模式	说　　明
进入	在以下条件下执行 WFI 或 WFE 指令： · 设置 Cortex-M3 系统控制寄存器中的 SLEEPDEEP 位 · 设置电源控制寄存器（PWR_CR）中的 PDDS 位 · 清除电源控制/状态寄存器（PWR_CSR）中的 WUF 位
退出	WKUP 引脚的上升沿、RTC 闹钟、NRST 引脚上外部复位、IWDG 复位
唤醒延时	复位阶段时电压调节器的启动

根据上面的内容，就可以写出进入待机模式的代码。Sys_Standby 的具体实现代码如下：

```
void Sys_Standby(void)
{
  SCB->SCR|=1<<2;              //使能 SLEEPDEEP 位 (SYS->CTRL)
  RCC->APB1ENR|=1<<28;         //使能电源时钟
  PWR->CSR|=1<<8;              //设置 WKUP 用于唤醒
  PWR->CR|=1<<2;               //清除 Wake-up 标志
  PWR->CR|=1<<1;               //PDDS 置位
  WFI_SET();                   //执行 WFI 指令
}
```

进入待机模式后，系统将停止工作，此时 JTAG 会失效，这一点在使用的时候要注意。

7.1.5　中断管理函数

ARM Cortex-M3 内核支持 256 个中断，其中包含 16 个内核中断和 240 个外部中断，并且具有 256 级的可编程中断设置。但 STM32 并没有使用 Cortex-M3 内核的全部，而是只用了它的一部分。STM32 有 76 个中断，包括 16 个内核中断和 60 个可屏蔽中断，具有 16 级可编程的中断优先级。而常用的就是这 60 个可屏蔽中断。

1. 与 MVIC 相关的寄存器

MDK 为与 NVIC 相关的寄存器定义了如下的结构体：

```
typedef struct
{
  vu32 ISER[2];
  u32  RESERVED0[30];
  vu32 ICER[2];
  u32  RSERVED1[30];
  vu32 ISPR[2];
  u32  RESERVED2[30];
  vu32 ICPR[2];
  u32  RESERVED3[30];
  vu32 IABR[2];
  u32  RESERVED4[62];
  vu32 IPR[15];
} NVIC_TypeDef;
```

STM32 的中断在这些寄存器的控制下是有序执行的。了解这些中断寄存器，才能方便地使用 STM32 的中断。下面重点介绍这几个寄存器：

（1）ISER[2]：ISER 全称是 Interrupt Set-Enable Registers，这是一个中断使能寄存器组。上面说了 STM32 的可屏蔽中断只有 60 个，这里用了两个 32 位的寄存器，总共可以表示 64 个中断。而 STM32 只用了其中的前 60 位。ISER[0]的 bit0~bit31 分别对应中断 0~31，ISER[1]的 bit0~27 对应中断 32~59，这样总共 60 个中断就分别对应上了。要使能某个中断，必须设置相应的 ISER 位为 1，使该中断被使能（这里仅仅是使能，还要配合中断分组、屏蔽、IO 口映射等设置才算是一个完整的中断设置）。

（2）ICER[2]：全称是 Interrupt Clear-Enable Registers，是一个中断除能寄存器组。该寄存器组与 ISER 的作用恰好相反，是用来清除某个中断的使能的。其对应位的功能也和 ICER 一样。这里要专门设置一个 ICER 来清除中断位，而不是向 ISER 写 0 来清除，这是因为 NVIC 的这些寄存器都是写 1 有效的，写 0 是无效的。

（3）ISPR[2]：全称是 Interrupt Set-Pending Registers，是一个中断挂起控制寄存器组。每个位对应的中断和 ISER 是一样的。通过置 1，可以将正在进行的中断挂起，而执行同级或更高级别的中断。写 0 是无效的。

（4）ICPR[2]：全称是 Interrupt Clear-Pending Registers，是一个中断解挂控制寄存器组。其作用与 ISPR 相反，对应位也和 ISER 是一样的。通过设置 1，可以将挂起的中断接挂。写 0 无效。

（5）IABR[2]：全称是 Active Bit Registers，是一个中断激活标志位寄存器组。对应位所代表的中断和 ISER 一样，如果为 1，则表示该位所对应的中断正在被执行。这是一个只读寄存器，通过它可以知道当前在执行的中断是哪一个。在中断执行完了由硬件自动清零。

（6）IPR[15]：全称是 Interrupt Priority Registers，是一个中断优先级控制的寄存器组。这个寄存器组相当重要。STM32 的中断分组与这个寄存器组密切相关。IPR 寄存器组由 15 个 32 bit 的寄存器组成，每个可屏蔽中断占用 8 bit，这样总共可以表示 15 × 4=60 个可屏蔽中断，刚好和 STM32 的可屏蔽中断数相等。IPR[0]的[31~24]、[23~16]、[15~8]、[7~0]分别对应中中断 3~0，依此类推，总共对应 60 个外部中断。每个可屏蔽中断占用的 8 bit 并没有全部使用，而是只用了高 4 位，这 4 位又分为抢占优先级和子优先级。抢占优先级在前，子优先级在后。这两个优先级各占几个位要根据 SCB->AIRCR 中中断分组的设置来决定。

2. STM32 的中断分组

这里简单介绍 STM32 的中断分组：STM32 将中断分为 5 个组：组 0~4。该分组的设置是由 SCB->AIRCR 寄存器的 bit10~8 来定义的。具体的分配关系如表 7.4 所示。

表 7.4　AIRCR 中断分组设置表

组	AIRCR[10:8]	bit[7:4]分配情况	分配结果
0	111	0:4	0 位抢占优先级，4 位响应优先级
1	110	1:3	1 位抢占优先级，3 位响应优先级
2	101	2:2	2 位抢占优先级，2 位响应优先级
3	100	3:1	3 位抢占优先级，1 位响应优先级
4	011	4:0	4 位抢占优先级，0 位响应优先级

通过表 7.4，可以清楚地看到组 0~4 对应的配置关系。例如，组设置为 3，那么此时每个中断的中断优先寄存器的高 4 位中的最高 3 位是抢占优先级，低 1 位是响应优先级。每个中断可以设置抢占优先级为 0~7，响应优先级为 1 或 0。抢占优先级的级别高于响应优先级。结合实例说明：假定设置中断优先级组为 2，然后设置中断 3（RTC 中断）的抢占优先级为 3，响应优先级为 1。中断 6（外部中断 0）的抢占优先级为 4，响应优先级为 0。中断 7（外部中断 1）的抢占优先级为 3，响应优先级为 0。那么这 3 个中断的优先级顺序为：中断 7→中断 3→中断 6。

这里需要注意：如果两个中断的抢占优先级和响应优先级都是一样，则哪个中断先发生就先执行。高优先级的抢占优先级是可以打断正在进行的低抢占优先级中断的。而抢占优先级相同的中断，高优先级的响应优先级不可以打断低响应优先级的中断。上面例子中的中断 3 和中断 7 都可以打断中断 6 的中断，而中断 7 和中断 3 却不可以相互打断。

3. **使用函数实现中断设置**

通过以上介绍， 大致了解了 STM32 中断设置的过程。接下来介绍如何使用函数实现以上中断设置，使得中断设置简单化。

第一个介绍的是 NVIC 的分组函数 MY_NVIC_PriorityGroupConfig()，该函数的参数 NVIC_Group 为要设置的分组号，可选范围为 0~4，总共 5 组。如果参数非法，将可能导致不可预料的结果。MY_NVIC_PriorityGroupConfig()函数代码如下：

```
void MY_NVIC_PriorityGroupConfig(u8 NVIC_Group)
{
   u32 temp, temp1;
   temp1=(~NVIC_Group)&0x07;        //取后三位
   temp1<<=8;
   temp=SCB->AIRCR;                 //读取先前的设置
   temp&=0X0000F8FF;                //清空先前分组
   temp|=0X05FA0000;                //写入钥匙
   temp|=temp1;
   SCB->AIRCR=temp;                 //设置分组
}
```

STM32 的 5 个分组是通过设置 SCB->AIRCR 的 BIT[10:8]来实现的。SCB->AIRCR 的修改需要通过在高 16 位写入 0X05FA 这个密钥，故在设置 AIRCR 之前，应该把密钥加入到要写入的内容的高 16 位，以保证能正常写入 AIRCR。在修改 AIRCR 的时候，一般采用读→改→写的步骤，来实现不改变 AIRCR 原来的其他设置。以上就是 MY_NVIC_PriorityGroupConfig()函数设置中断优先级分组的思路。

第二个函数是 NVIC 设置函数 MY_NVIC_Init()，该函数有 4 个参数，分别为 NVIC_PreemptionPriority、NVIC_SubPriority、NVIC_Channel、NVIC_Group。第一个参数 NVIC_PreemptionPriority 为中断抢占优先级数值，第二个参数 NVIC_SubPriority 为中断子优先级数值，前两个参数的值必须在规定范围内，否则也可能产生意想不到的错误。第三个参数 NVIC_Channel 为中断的编号（范围为 0~59），最后一个参数 NVIC_Group 为中断分组设置（范围为 0~4）。该函数代码如下：

```
   void MY_NVIC_Init(u8 NVIC_PreemptionPriority, u8 NVIC_SubPriority, u8
NVIC_Channel, u8 NVIC_Group)
```

```
{
    u32 temp;
    u8 IPRADDR=NVIC_Channel/4;                              //每组只能存 4 个，得到组地址
    u8 IPROFFSET=NVIC_Channel%4;                            //在组内的偏移
    IPROFFSET=IPROFFSET*8+4;                                //得到偏移的确切位置
    MY_NVIC_PriorityGroupConfig(NVIC_Group);//设置分组
    temp=NVIC_PreemptionPriority<<(4-NVIC_Group);
    temp|=NVIC_SubPriority&(0x0f>>NVIC_Group);
    temp&=0xf;                                              //取低 4 位
    if(NVIC_Channel<32)
        NVIC->ISER[0]|=1<<NVIC_Channel;//使能中断位(若要清除，相反操作即可)
    else
        NVIC->ISER[1]|=1<<(NVIC_Channel-32);
    NVIC->IPR[IPRADDR]|=temp<<IPROFFSET;                    //设置响应优先级和抢断优先级
}
```


每个可屏蔽中断的优先级是在 IPR 寄存器组里面设置的，每个中断占 8 位，但只用了其中的 4 个位，以上代码就是根据中断分组情况，来设置每个中断对应的高 4 位数值的。当然，在该函数里面还引用了 MY_NVIC_PriorityGroupConfig()这个函数来设置分组。这个分组函数在每个系统里面只要设置一次即可，若设置多次，则以最后一次为准。如果多次设置的组号都是一样则无影响，否则前面设置的中断会因为后面组的变化优先级发生改变，这点在使用的时候要特别注意。一个系统代码里面，所有的中断分组都要统一。以上代码对要配置的中断号默认是开启中断的，也就是 ISER 中的值设置为 1 了。

4. 外部中断的配置和使用

通过以上两个函数就实现了对 NVIC 的管理和配置。但是外部中断的设置还需要配置相关寄存器。下面介绍外部中断的配置和使用。 STM32 的 EXTI 控制器支持 19 个外部中断/事件请求。每个中断设有状态位，每个中断/事件都有独立的触发和屏蔽设置。STM32 的 19 个外部中断为：

- 0～15：对应外部 IO 口的输入中断。
- 16：连接到 PVD 输出。
- 17：连接到 RTC 闹钟事件。
- 18：连接到 USB 唤醒事件。

对于外部中断 EXTI 控制 MDK 定义了如下结构体：

```
typedef struct
{
    vu32 IMR;
    vu32 EMR;
    vu32 RTSR;
    vu32 FTSR;
    vu32 SWIER;
    vu32 PR;
} EXTI_TypeDef;
```

通过这些寄存器，就可以对外部中断进行详细设置了。下面重点介绍这些寄存器的作用。

- IMR：中断屏蔽寄存器。这是一个 32 位寄存器。但是只有前 19 位有效。当位 x 设置为 1 时，则开启这个线上的中断，否则关闭该线上的中断。
- EMR：事件屏蔽寄存器，同 IMR，只是该寄存器针对事件的屏蔽和开启。
- RTSR：上升沿触发选择寄存器。该寄存器同 IMR，也是一个 32 位寄存器，只有前 19 位有效。位 x 对应线 x 上的上升沿触发，如果设置为 1，则是允许上升沿触发中断/事件。否则，不允许。
- FTSR：下降沿触发选择寄存器。同 RTSR，不过这个寄存器是设置下降沿的。下降沿和上升沿可以被同时设置，这样就变成了任意电平触发。
- SWIER：软件中断事件寄存器。通过向该寄存器的位 x 写入 1，在未设置 IMR 和 EMR 的时候，将设置 PR 中相应位挂起。如果设置了 IMR 和 EMR，将产生一次中断。被设置的 SWIER 位将会在 PR 中的对应位清除后清除。
- PR：挂起寄存器。当外部中断线发生了选择的边沿事件时，该寄存器的对应位会被置为 1。0 表示对应线上没有发生触发请求。通过向该寄存器的对应位写入 1 可以清除该位。在中断服务函数里面经常会向该寄存器的对应位写 1 来清除中断请求。

通过以上配置就可以正常设置外部中断了，但是外部 IO 口的中断还需要一个寄存器配置，也就是 IO 复用里的外部中断配置寄存器 EXTICR。这是因为 STM32 任何一个 IO 口都可以配置成中断输入口，但是 IO 口的数目远大于中断线数（16 个），于是 STM32 设计，GPIOA~GPIOG 的[15:0]分别对应中断线 15~0，这样每个中断线对应了最多 7 个 IO 口。以 0 为例，它对应了 GPIOA.0、PIOB.0、GPIOC.0、GPIOD.0、GPIOE.0、GPIOF.0、GPIOG.0。而中断线每次只能连接到 1 个 IO 口上，这样就需要 EXTICR 来决定对应的中断线配置到哪个 GPIO 上。

EXTICR 在 AFIO 的结构体中定义如下：

```
typedef struct
{
   vu32 EVCR;
   vu32 MAPR;
   vu32 EXTICR[4];
} AFIO_TypeDef;
```

EXTICR 寄存器组大小为 4。每个 EXTICR 只用了其低 16 位。EXTICR[0]的分配如图 7.1 所示。

图 7.1　EXTICR 寄存器的各位描述

注意：

位 31 ~ 16 为保留位。

位 15～0，用于选择 EXTIx 外部中断的输入源，其中输入 0000 为 PA[x]管脚，输入 0001 为 PB[x]管脚，输入 0010 为 PC[x]管脚，输入 0011 为 PD[x]管脚，输入 0100 为 PE[x]管脚，输入 0101 为 PF[x]管脚，输入 0110 为 PG[x]管脚。

例如，要设置 GPIOB.1 映射到 1，则只要设置 EXTICR[0]的 bit7:6 为 0001 即可。默认都是 0000，即映射到 GPIOA。其他几个 EXTICR 的设置与此类似。

通过对上面的分析就可以完成对外部中断的配置了。所用函数为 Ex_NVIC_Config()，该函数有 3 个参数：GPIOx 为 GPIOA~G（0~6），在 sys.h 里面有定义，代表要配置的 IO 口；BITx 代表这个 IO 口的第几位；TRIM 为触发方式，低 2 位有效（0x01 代表下降触发，0x02 代表上升沿触发，0x03 代表任意电平触发）。其代码如下：

```
void Ex_NVIC_Config(u8 GPIOx,u8 BITx,u8 TRIM)
{
  u8 EXTADDR;
  u8 EXTOFFSET;
  EXTADDR=BITx/4;                //得到中断寄存器组的编号
  EXTOFFSET=(BITx%4)*4;
  RCC->APB2ENR|=0x01;            //使能 IO 复用时钟
  AFIO->EXTICR[EXTADDR]|=GPIOx<<EXTOFFSET;//EXTI.BITx 映射到 GPIOx.BITx
  //自动设置
  EXTI->IMR|=1<<BITx;            //开启 line BITx 上的中断
  EXTI->EMR|=1<<BITx;            //不屏蔽 line BITx 上的事件
  if(TRIM&0x01)
     EXTI->FTSR|=1<<BITx;        //line BITx 上事件下降沿触发
  if(TRIM&0x02)
     EXTI->RTSR|=1<<BITx;        //line BITx 上事件上升降沿触发
}
```

Ex_NVIC_Config()完全是按照之前的分析来编写的，首先根据 GPIOx 的位得到中断寄存器组的编号，即 EXTICR 的编号，在 EXTICR 里面配置中断线应该配置到 GPIOx 的哪个位，然后使能该位的中断及事件，最后配置触发方式。这样就完成了外部中断的配置。从代码中可以看到该函数默认是开启中断和事件的。其次还要注意，该函数一次只能配置一个 IO 口，如果有多个 IO 口需要配置，则需多次调用这个函数。

7.2 延迟初始化

该函数用来初始化两个重要参数：fac_us 以及 fac_ms，同时把 SysTick 的时钟源选择外部时钟。具体代码如下所示：

```
void delay_init(u8 SYSCLK)
{
  //bit2 清空，选择外部时钟  HCLK/8
  SysTick->CTRL&=0xfffffffb;
  fac_us=SYSCLK/8;
  fac_ms=(u16)fac_us*1000;
}
```

SysTick 是 MDK 定义了的一个结构体（在 stm32f10x_map.里面），其中包含 CTRL、LOAD、

VAL、CALIB 等 4 个寄存器。

SysTick_CTRL 寄存器各位的定义如表 7.5 所示。

表 7.5　CTRL 寄存器各位的定义

位　段	名　称	类　型	复 位 值	描　　述
16	COUNTFLAG	R	0	如果在上次读取本寄存器后，SysTick 已经数到了 0，则该位为 1。如果读取该位，该位将自动清零
2	CLKSOURCE	R/W	0	0=外部时钟源（STCLK） 1=内核时钟（FCLK）
1	TICKINT	R/W	0	1=SysTick 倒数到 0 时产生 SysTick 异常请求 0=数到 0 时无动作
0	ENABLE	R/W	0	SysTick 定时器的使能位

SysTick_LOAD 寄存器各位的定义如表 7.6 所示。

表 7.6　LOAD 寄存器各位的定义

位　段	名　称	类　型	复 位 值	描　　述
23:0	RELOAD	R/W	0	当倒数至零时，将被重装载的值

SysTick_VAL 寄存器各位的定义如表 7.7 所示。

表 7.7　VAL 寄存器各位的定义

位　段	名　称	类　型	复 位 值	描　　述
23:0	CURRENT	R/Wc	0	读取时返回当前倒计数的值，写它则使之清零，同时还会清除在 SysTick 控制及状态寄存器中的 COUNFLAG 标志

SysTick_ CALIB 不常用，在这里也用不到，故不再介绍。

SysTick->CTRL&=0xfffffffb;设置 SysTick 的时钟选择外部时钟，这里需要注意的是 SysTick 的时钟源自 HCLK 的 8 分频，假设外部晶振为 8 MHz，然后倍频到 72 MHz，那么 SysTick 的时钟即为 9 MHz。fac_us 为 us 延时的基数，也就是延时 1 μ s，SysTick->LOAD 所应设置的值。fac_ms 为 ms 延时的基数，也就是延时 1 ms，SysTick->LOAD 所应设置的值。fac_us 为 8 位整型数据，fac_ms 为 16 位整型数据。正因为如此，系统时钟如果不是 8 的倍数，则会导致延时函数不准确，这也是推荐外部时钟选择 8 MHz 的原因。

1. 微秒延迟

具体代码如下：

```
void delay_us(u32 nus)
{
  u32 temp;
  SysTick->LOAD=nus*fac_us;          //时间加载
    SysTick->VAL=0x00;               //清空计数器
     SysTick->CTRL=0x01;             //开始倒数
  do
  {
    temp=SysTick->CTRL;
```

```
    }
    while(temp&0x01&&!(temp&(1<<16))); //等待时间到达
      SysTick->CTRL=0x00;               //关闭计数器
      SysTick->VAL =0X00;               //清空计数器
}
```

通过之前对 SysTick 寄存器的描述，这段代码不难理解。其实就是先把要延时的 us 数换算成 SysTick 的时钟数，然后写入 LOAD 寄存器。然后清空当前寄存器 VAL 的内容，再开启倒数功能。等到倒数结束，即延时了 nus。最后关闭 SysTick，清空 VAL 的值。实现一次延时 nus 的操作。

2. **毫秒延迟**

具体代码如下：

```
void delay_ms(u16 nms)
{
    u32 temp;
    SysTick->LOAD=(u32)nms*fac_ms;          //时间加载(SysTick->LOAD 为 24bit)
    SysTick->VAL =0x00;                      //清空计数器
    SysTick->CTRL=0x01 ;                     //开始倒数
    do
    {
      temp=SysTick->CTRL;
    }
    while(temp&0x01&&!(temp&(1<<16)));      //等待时间到达
    SysTick->CTRL=0x00;                      //关闭计数器
    SysTick->VAL =0X00;                      //清空计数器
}
```

此部分代码和微秒延迟的代码大致一样，但是要注意因为 LOAD 仅仅是一个 24 bit 的寄存器，延时的 ms 数不能太长，否则超出了 LOAD 的范围，高位会被舍去，导致延时不准。最大延迟 ms 数可以通过下面公式计算：

$$nms<=0xffffff\times 8\times 1000/SYSCLK$$

SYSCLK 的单位为 Hz，nms 的单位为 ms。如果时钟为 72 MHz，那么 nms 的最大值为 1 864 ms。超过这个值就会导致延时不准确。

本章小结

本章着重讲解了 STM32 常用方法中的 IO 口、初始化系统时钟、软复位、睡眠模式、中断管理和延迟函数等方法。

希望大家通过本章的学习可以掌握 STM32 各设置函数的配置方法，熟练掌握常用方法中各函数的类型和应用步骤。

强化练习

一、简答题

1. 简单叙述 STM32 的中断机制。

2. 简述系统时钟的初始化配置过程。

3. 如何实现 STM32 的软复位？

4. 外部时钟为何一般选择 8 MHz？

二、动手实践

1. 通过查询资料，实现 IO 口位操作使第 3 引脚和第 5 引脚输出 1。

2. 通过查询资料，实现最大延迟函数的操作。

第8章 STM32 中 GPIO 的输入与输出配置

在嵌入式智能车型机器人上，使用的最多的是 STM32 上的 GPIO 端口。例如，控制 LED 灯亮与灭，控制蜂鸣器响与不响等。

本章将结合嵌入式智能车型机器人核心板上的板载资源，具体学习如何初始化配置 GPIO 端口的输入与输出。最后，通个两个案例的学习，巩固本章所学内容。

8.1 GPIO 概述

8.1.1 GPIO 端口简介

GPIO（general purpose input/output ports，通用输入/输出端口）有时也被开发人员称为 IO 口，是 STM32 上使用频率最高的设备之一。简单说来，就是 STM32 上的一些引脚，可以通过这些引脚输出高电平或低电平，或者通过读取这些引脚的状态输入高电平或低电平。

STM32 上提供了 80 多个 GPIO 端口（GPIO 端口数目视 STM32 芯片具体型号而定）。嵌入式智能车型机器人上所使用的 STM32F103VCT6 芯片，提供了 80 个双向 GPIO 端口，分为 GPIOA ~ GPIOE 5 组：GPIOA、GPIOB、GPIOC、GPIOD、GPIOE。每组有 16 个 GPIO，每个 GPIO 端口都可以承受最大 5 V 的压降。可以通过设置寄存器来确定某一引脚用于输入、输出还是其他特殊功能。例如，GPIOB_12 引脚与 LED 灯相连，就可以通过寄存器设置 GPIOB_12 为输出模式，控制 LED 灯的亮或灭。

对 GPIO 端口的操作是所有硬件操作的基础，由此扩展开来可以了解所有硬件的操作，所以对 GPIO 端口的操作是必须要掌握的。

8.1.2 GPIO 端口的工作模式

一个 GPIO 引脚可以用于输入、输出。对于输入，通过某一寄存器来确定引脚是高电平还是低电平；对于输出，通过写入某一寄存器让某一引脚输出高电平还或低电平。在 STM32 中，开发人员可以通过设置寄存器设置 GPIO 的工作模式。STM32 中 GPIO 的工作模式有 8 种，分别是：

- 浮空输入；
- 带上拉电阻输入；
- 带下拉电阻输入；
- 模拟输入；
- 开漏输出；
- 推挽输出；
- 复用功能推完输出；
- 复用功能开漏输出。

STM32 的 GPIO 除了以上 8 种工作模式之外，还可以进行两种映射，分别是外部中断映射和第二功能映射。当某一引脚映射为外部中断后，该 GPIO 端口就会被当做一个外部中断源使用，外面可以在这个 GPIO 上产生外部事件来实现对 STM32 内部程序的介入。例如，使用按键作为外部事件中断源，那么与按键相连的 GPIO 引脚就要进行外部中断映射使用。而当某个引脚被映射为第二功能映射时，它就会被切换为某个外围设备的功能 IO 口。例如，当使用 PWM 控制嵌入式智能车型机器人的电动机时，就要设置相应引脚为第二功能映射，使该引脚为复用第二功能输出。

通常情况下，有 5 种方式使用某个引脚工作模式，它们的配置方式如下：

（1）作为普通 GPIO 输入：根据需要配置该引脚为浮空输入、带上拉电阻输入或带下拉电阻输入。同时，不能使能该引脚对应的所有复用功能模块。

（2）作为普通 GPIO 输出：根据需要配置该引脚为推完输出或开漏输出。同时，不能使能该引脚对应的所有复用功能模块。

（3）作为普通模拟输入：根据需要配置该引脚为模拟输入。同时，不能使能该引脚所对应的所有复用功能模块。

（4）作为内置外设的输入：根据需要配置该引脚为浮空输入、带上拉电阻输入或带下拉电阻输入。同时，使能该引脚对应的某个复用功能模块。

（5）作为内置外设的输出：根据需要配置该引脚为复用功能推完输出或复用功能开漏输出。同时，使能该引脚对应的所有复用功能模块。

在使用时需要注意，如果有多个复用功能模块对应同一个引脚，只能使能其中一个复用功能，其他复用功能应处于非使能状态。

8.2 GPIO 端口初始化配置

为了能够使 GPIO 端口在 STM32 上工作，需要对 GPIO 端口的相关寄存器进行配置，根据需要做输入与输出初始化配置操作。在此之前，需要了解 GPIO 端口初始化配置时的相关寄存器。

8.2.1 GPIO 端口初始化配置相关寄存器

1. APB2ENR

假设要控制 LED 灯的亮灭，LED 灯与 GPIOA_12 引脚相连，首先要做的是使能 GPIOA 端口的时钟。STM32 中 GPIO 端口的使能位都在 APB2ENR（APB2 外设时钟使能寄存器）中图 8.1 所示为 APB2ENR 寄存器的各位描述。

31	30	29	28	27	26	25	24	23	22	21	20	19	18	17	16
保留															

15	14	13	12	11	10	9	8	7	6	5	4	3	2	1	0
保留	USART1 EN	保留	SPI1 EN	TIM1 EN	ADC2 EN	ADC1 EN	保留		IOPE EN	IOPD EN	IOPC EN	IOPB EN	IPOA EN	保留	AFIO EN

图 8.1 APB2ENR 寄存器的各位描述

图 8.1 中，位 2 表示 GPIOA 端口时钟使能位，写 1 表示使能 GPIOA 时钟。写 0 表示关闭 GPIOA 时钟。位 3 表示 GPIOB 端口时钟使能位，写 1 表示使能 GPIOB 时钟，写 0 表示关闭 GPIOB 时钟。位 4 表示 GPIOC 端口时钟使能位，写 1 表示使能 GPIOC 时钟，写 0 表示关闭 GPIOC 时钟。位 5 表示 GPIOD 端口时钟使能位，写 1 表示使能 GPIOD 时钟，写 0 表示关闭 GPIOD 时钟。位 6 表示 GPIOE 端口时钟使能位，写 1 表示使能 GPIOE 时钟，写 0 表示关闭 GPIOE 时钟。

现在假设要对 GPIOD_12 引脚进行操作，首先要使能 GPIOD 引脚。以下为使能 GPIOD 端口且不影响 APB2ENR 寄存器其他位的 C 语言实现代码清单：

```
/*使能 GPIO 端口*/
RCC->APB2ENR |= 1 << 5;
```

2. GPIO*x*_CRH

一个 GPIO 端口共有 16 个引脚，其中 GPIOx_15 ~ GPIOx_8 引脚可以通过 GPIO*x*_CRH（GPIO*x* 端口配置高八位寄存器）进行其工作模式的配置。图 8.2 所示为 GPIO*x*_CRH 寄存器各位描述。

31 30	29 28	27 26	25 24	23 22	21 20	19 18	17 16
CNF15 [1:0]	MODE15 [1:0]	CNF14 [1:0]	MODE14 [1:0]	CNF13 [1:0]	MODE13 [1:0]	CNF12 [1:0]	MODE12 [1:0]

15 14	13 12	11 10	9 8	7 6	5 4	3 2	1 0
CNF11 [1:0]	MODE11 [1:0]	CNF10 [1:0]	MODE10 [1:0]	CNF9 [1:0]	MODE9 [1:0]	CNF8 [1:0]	MODE8 [1:0]

图 8.2 GPIO*x*_CRH 寄存器各位描述

图 8.2 中，位 3 ~ 0 表示的是 GPIOx_8 引脚的端口配置位和端口模式位。位 7 ~ 4 表示的是 GPIOx_9 引脚的端口配置位和端口模式位。位 11 ~ 8 表示的是 GPIOx_10 引脚的端口配置位和端口模式位。位 15 ~ 12 表示的是 GPIOx_11 引脚的端口配置位和端口模式位。位 19 ~ 16 表示的是 GPIOx_12 引脚的端口配置位和端口模式位。位 23 ~ 20 表示的是 GPIOx_13 引脚的端口配置位和端口模式位。位 27 ~ 24 表示的是 GPIOx_14 引脚的端口配置位和端口模式位。位 31 ~ 28 表示的是 GPIOx_15 引脚的端口配置位和端口模式位。

图 8.2 中的 CNF*x* 表示的是端口 *x* 的配置位（*x* = 8，…，15）。当 GPIO*x* 引脚为输入模式时（MODEx[1:0] = 00），写入 00 时，表示模拟输入模式；写入 01 时，表示浮空输入模式（复位后的状态）；写入 10 时，表示上拉电阻/下拉电阻输入模式；写入 11 时，表示保留。当 GPIO*x* 引脚为输出模式时（MODEx[1:0] > 00），写入 00 时，表示通用推挽输出模式；写入 01 时，表示通用开漏输出模式；写入 10 时，表示复用功能推完输出模式；写入 11 时，表示复用功能开漏输出模式。

图 8.2 中的 MODE*x*[1:0]表示的是端口 *x* 的模式位（*x* = 8，…，15）。写入 00 时，表示输入模式（复位后的状态）；写入 01 时，表示输出模式，最大速率为 10 MHz；写入 10 时，表示输出模式，最大速率为 2 MHz；写入 11 时，表示输出模式，最大速率为 50 MHz。

假设要设置 GPIOB_8 引脚为通用推挽输出模式，速率为 50 MHz，不影响其他位设置，C

语言实现代码清单如下：

```
/*清除 GPIOB_8 引脚原有设置，而不影响其他位*/
GPIOB->CRH |= 0xFFFFFFF0;
/*为 GPIOB_8 引脚设置为通用推完输出，最大速率为 50 MHz*/
GPIOB->CRH &= 0x00000003;
```

上边代码中设置了 GPIOB_8 引脚为通用推挽输出模式，速率为 50 MHz，现在要将 GPIOB_8 引脚设置为上拉电阻输入模式。C 语言实现代码清单如下：

```
/*清除 GPIOB_8 引脚原有设置，而不影响其他位设置*/
GPIOB->CRH |= 0xFFFFFFF0;
/*为 GPIOB_8 引脚设置为上拉电阻输入*/
GPIOB->CRH &= 0x00000008; //为 GPIOB_8 引脚设置为上拉电阻输入
```

3. GPIO*x*_CRL

GPIO*x*_CRH 是针对一个 GPIO 端口高八位引脚进行配置，而 GPIO*x*_CRL（GPIO*x* 端口配置低八位寄存器）则是针对一个 GPIO 端口的低八位引脚进行配置的（GPIO*x*_7 ~ GPIO*x*_0 引脚）。图 8.3 所示为 GPIO*x*_CRL 寄存器各位描述。

31 30	29 28	27 26	25 24	23 22	21 20	19 18	17 16
CNF7 [1:0]	MODE7 [1:0]	CNF6 [1:0]	MODE6 [1:0]	CNF5 [1:0]	MODE5 [1:0]	CNF4 [1:0]	MODE4 [1:0]

15 14	13 12	11 10	9 8	7 6	5 4	3 2	1 0
CNF3 [1:0]	MODE3 [1:0]	CNF2 [1:0]	MODE2 [1:0]	CNF1 [1:0]	MODE1 [1:0]	CNF0 [1:0]	MODE0 [1:0]

图 8.3　GPIO*x*_CRL 寄存器各位描述

图 8.3 中，位 3 ~ 0 表示的是 GPIO*x*_0 引脚的端口配置位和端口模式位。位 7 ~ 4 表示的是 GPIO*x*_1 引脚的端口配置位和端口模式位。位 11 ~ 8 表示的是 GPIO*x*_2 引脚的端口配置位和端口模式位。位 15 ~ 12 表示的是 GPIO*x*_3 引脚的端口配置位和端口模式位。位 19 ~ 16 表示的是 GPIO*x*_4 引脚的端口配置位和端口模式位。位 23 ~ 20 表示的是 GPIO*x*_5 引脚的端口配置位和端口模式位。位 27 ~ 24 表示的是 GPIO*x*_6 引脚的端口配置位和端口模式位。位 31 ~ 28 表示的是 GPIO*x*_7 引脚的端口配置位和端口模式位。

在这里，GPIO*x*_CRL 寄存器与 GPIO*x*_CRH 寄存器中的 CNF*x*（端口 *x* 的配置位）、MODE*x*（端口 *x* 的模式位）是一样的，在这里不再赘述。

假设要设置 GPIOB_0 和 GPIOB_4 引脚为通用推挽输出模式，速率为 50 MHz，不影响其他位设置，C 语言实现代码清单如下：

```
/*清除 GPIOB_0 和 GPIOB_4 引脚原有设置，而不影响其他位设置*/
GPIOB->CRL |= 0xFFF0FFF0;
/*为 GPIOB_0 和 GPIOB_4 引脚设置为上拉电阻输入*/
GPIOB->CRL &= 0x00030003;
```

4. GPIO*x*_ODR

GPIO*x*_ODR（GPIO*x* 端口输出数据寄存器）是用来设置 GPIO 端口相应引脚输出高电平

或低电平的一个寄存器。通过该寄存器，可以设置一个引脚的默认输出电平是高电平还是低电平。图 8.4 所示为 GPIO*x*_ODR 寄存器各位描述。

31	30	29	28	27	26	25	24	23	22	21	20	19	18	17	16
保留															
15	**14**	**13**	**12**	**11**	**10**	**9**	**8**	**7**	**6**	**5**	**4**	**3**	**2**	**1**	**0**
ODR15	ODR14	ODR13	ODR12	ODR11	ODR10	ODR9	ODR8	ODR7	ODR6	ODR5	ODR4	ODR3	ODR2	ODR1	ODR0

图 8.4　GPIO*x*_ODR 寄存器各位描述

该寄存器为可读写寄存器，我们可以向相应位写入 1，表示该位相应为默认输出高电平；向相应为写入 0，表示该位相应为默认输出低电平。

现在假设 GPIOB_0 默认输出高电平，不影响其他位，C 语言代码实现清单如下：

```
/*设置 GPIOB 默认输出高电平*/
GPIOB->ODR |= 1 << 0;
```


8.2.2　GPIO 端口输出初始化配置

如果想要使 LED 灯亮或灭,那么就要对 STM32 的 GPIO 端口进行相应的输出初始化配置。一般 GPIO 端口输出初始化配置的实现步骤如下：

步骤 1 使能相应的 GPIO 端口。

步骤 2 设置 GPIO 端口相应引脚的工作模式。

步骤 3 设置 GPIO 端口相应引脚的默认输出电平。

在进行 GPIO 端口输出初始化配置编程实现时，需要注意如下几点：

（1）不要忘记对相应 GPIO 端口进行使能。

（2）在进行工作模式配置时，如果一个 GPIO 端口有多个复用功能，那么只有一个复用功能能够使能。

（3）在进行初始化设置时，一定要注意，只针对需要操作的引脚进行设置，而不要影响到其他引脚。

下面通过一个例子来具体学习一下 GPIO 端口输出初始化配置。

例 1：设置 GPIOB_0 引脚的输出模式为推挽输出，速率为 50 MHz，默认输出高电平。

其 C 语言代码实现清单如下：

```
/*******************************
**函数名: gpiob_0_output_init
**作　用: 初始化 GPIO_0 端口，为输出端口。
*******************************/
void gpiob_0_output_init(void)
{
    /* 使能 GPIOB 端口 */
    RCC->APB2ENR |= 1 << 3;
    /* 清除 GPIOB_0 原设置，而不影响其他位设置 */
    GPIOB->CRL |= 0xFFFFFFF0;
    /*设置 GPIOB_0 为推挽输出，速率为 50 MHz*/
```

```
    GPIOB->CRL &= 0x00000003;
        /*设置 GPIOB_0 默认输出高电平*/
    GPIOB->ORD |= 1 << 0;
}
```

在这里，首先使能了 GPIOB 端口，对 GPIOB_0 进行了清除原设置操作，然后根据需要设置 GPIOB_0 为推挽输出模式，速率为 50 MHz，默认输出高电平。注意，因为我们是要对 GPIOB_0 进行配置，所以在这里只对 GPIO*x*_CRL 寄存器进行配置即可，而不用去配置 GPIO*x*_CRH 寄存器。

8.2.3 GPIO 端口输入初始化配置

如果想要使用按键控制，那么就要对 STM32 的 GPIO 端口进行相应的输入初始化配置。一般 GPIO 端口输入初始化配置的实现步骤如下：

步骤 1 使能相应的 GPIO 端口。

步骤 2 设置 GPIO 端口相应引脚的工作模式。

步骤 3 设置 GPIO 端口相应引脚的默认输出电平。

在进行 GPIO 端口输入初始化配置编程实现时，同样需要注意以下几点：

（1）不要忘记对相应 GPIO 端口进行使能操作。

（2）作为普通 GPIO 输入时，不能使能该引脚所对应的复用功能。

下面通过一个例子来具体学习 GPIO 端口输出初始化配置。

例 2：设置 GPIOB_8 引脚的输出模式为带上拉电阻输入，默认输出高电平。

其 C 语言代码实现清单如下：

```
/*******************************
**函数名: gpiob_8_input_init
**作  用: 初始化 GPIO_8 端口，为输入端口。
*******************************/
void gpiob_8_input_init(void)
{
    /*使能 GPIOB 端口*/
    RCC->APB2ENR |= 1 << 3;
    /*清除 GPIOB_8 原设置，而不影响其他位设置*/
    GPIOB->CRH |= 0xFFFFFFF0;
    /*设置 GPIOB_8 为上拉电阻输入*/
    GPIOB->CRH &= 0x00000008;
    /*设置 GPIOB_8 默认输出高电平*/
    GPIOB->ODR |= 1 << 8
}
```

在这里，首先使能了 GPIOB 端口，对 GPIOB_8 进行了清除原设置操作，然后根据需要设置 GPIOB_8 为带上拉电阻输入，默认输出高电平。注意，因为是要对 GPIOB_8 进行配置，所以在这里只对 GPIO*x*_CRH 寄存器进行配置即可，而不用去配置 GPIO*x*_CRL 寄存器。

8.3 跑马灯演示

8.3.1 项目概述

嵌入式智能车型机器人核心板上板载了 4 个 LED 灯，分别是 D1、D2、D3、D4。在其 STM32 程序设计中，可以通过 D1 来判断指令的运行周期。

在本项目中，将通过嵌入式智能车型机器人板载的 LED 灯实现跑马灯效果，从而巩固对 STM32 中 GPIO 端口输出初始化配置的学习。

8.3.2 项目要求

（1）掌握 STM23 的 GPIO 端口输出初始化配置。

（2）实现跑马灯效果，完成整个项目。

8.3.3 项目框图

根据项目要求，画出项目框图，如图 8.5 所示。项目中使用的模块为核心板板载 LED 模块、主控芯片。在这里主控芯片通过 GPIO 端口输出高低电平，控制 LED 灯亮与灭。

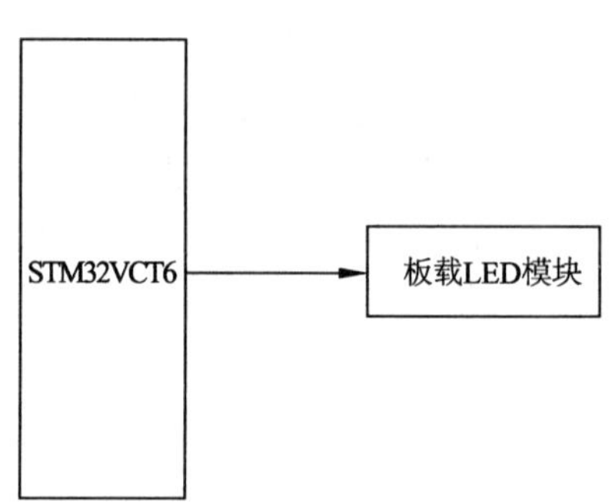

图 8.5　跑马灯项目框图

8.3.4 电路连接

本项目中，选用核心板板载 LED 灯中的 D1 和 D2 来做跑马灯实验。D1 与 STM32 主控芯片的 GPIOD_8 引脚连接，D2 与 STM32 主控芯片的 GPIOD_9 引脚连接。电路原理图如图 8.6 所示。

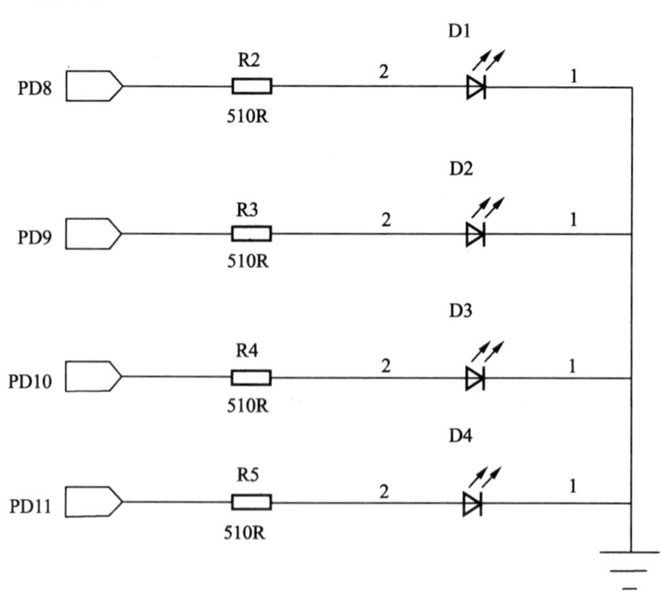

图 8.6　LED 灯电路原理图

8.3.5 程序设计

跑马灯程序流程图如图 8.7 所示。

程序中设备初始化主要包括 GPIO 端口的初始化，控制 D1 和 D2 的亮灭实现。

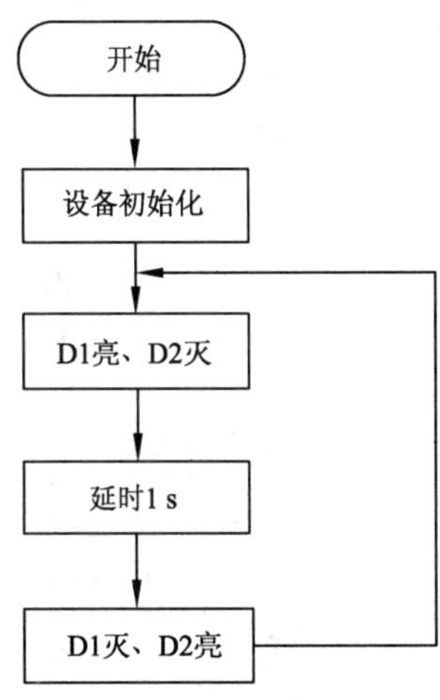

图 8.7 跑马灯程序流程图

8.3.6 程序实现

（1）新创建一个工程 test，在其下创建 3 个目录，分别是 SYSTEM、USER、HARDWARE。SYSTEM 目录下主要存放 STM32 内部设备的初始化文件、延时文件等。USER 目录下主要存放编写的主要业务逻辑。HARDWARE 目录下主要存放外面对外围设备初始化、功能函数的文件。因为前面章节已对系统时钟初始化和延时做过讲解，在此不再赘述。

（2）在 HARDWARE 目录下添加 LED 目录，并在 LED 目录下添加 led.c 文件和 led.h 文件。

led.c 文件中代码清单如下：

```
/******************************
**函数名：LED_INIT
**作　用：LED 灯初始化
******************************/
void LED_INIT(void)
{
   /*清除 GPIOD_8 和 GPIOD_9 原有设置，而不影响其他位设置*/
   GPIOD->CRH &= 0xFFFFFF00;
   /*设置 GPIOD_8 和 GPIOD_9 为推挽输出，速率为 50 MHz*/
   GPIOD->CRH |= 0x00000033;
   /*默认输出低电平*/
   GPIOD->ODR |= 0x0000;
}
```

led.h 文件中代码清单如下：

```
#ifndef __LED_H
#define __LED_H
#include "sys.h"

#define D1 PDout(8)
#define D2 PDout(9)

void LED_INIT(void);
#endif
```

（3）在 HARDWARE 目录下创建目录 INIT，并创建 init.c 文件和 init.h 文件。其中 init.c 的作用初始化操作。

init.c 文件中的代码清单如下：

```
#include "init.h"

void initialization(void)
```

```
{
   /*系统时钟初始化*/
   Stm32_Clock_Init(9);
   Delay_Init(72);
   RCC->APB2ENR = 1 << 5;
   LED_INIT();
}
```

init.h 文件中的代码清单如下：

```
#ifndef __INIT_H
#define __INIT_H

#include <stm32f10x_lib.h>
#include "sys.h"
#include "usart.h"
#include "delay.h"
#include "led.h"

void initialization(void);
#endif
```

（4）主要业务逻辑编写，在 USER 目录下创建文件 main.c 文件。

main.c 文件中的代码清单如下：

```
#include "init.h"
#include <stm32f10x_lib.h>

int main(void)
{
   initialization();
   while(1)
   {
      D1 = 1;
      D2 = 0;
      delay_ms(1000);
      D1 = 0;
      D2 = 1;
      delay_ms(1000);
   }
}
```

8.3.7　运行结果

当 LED 灯 D1 亮时，LED 灯 D2 灭。1 s 后，LED 灯 D1 灭，LED 灯 D2 亮。如此一直循环下去。

8.4　控制 LED 灯和蜂鸣器

8.4.1　项目概述

嵌入式智能车型机器人核心板上板载了 4 个 LED 灯，分别是 D1、D2、D3、D4；4 个按键，分别是 K1、K2、K3、K4；一个蜂鸣器。

在本项目中，将通过按键控制 LED 灯的亮与灭，以及蜂鸣器的响与不响。

8.4.2 项目要求

（1）掌握 STM32 的 GPIO 端口输出初始化配置。

（2）掌握 STM32 的 GPIO 端口输入初始化配置。

（3）实现按下按键 K1，LED 灯 D1 亮，松开按键 K1，LED 灯 D1 灭；按下按键 K2，LED 灯 D2 亮，松开按键 K2，LED 灯 D2 灭；按下按键 K3，蜂鸣器响，松开按键 K3，蜂鸣器不响。

8.4.3 项目框图

根据项目要求，画出项目框图，如图 8.8 所示。项目中使用的模块为核心板板载 LED 模块、按键模块、蜂鸣器和主控芯片。在这里主控芯片通过 GPIO 端口判断按键是否按下，如果按下，则开启相应功能。

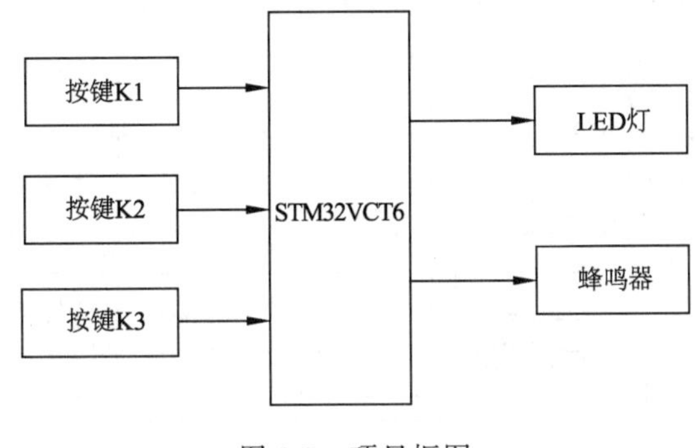

图 8.8　项目框图

8.4.4 电路连接

图 8.9 所示为嵌入式智能车型机器人板载 LED 灯的电路原理图。

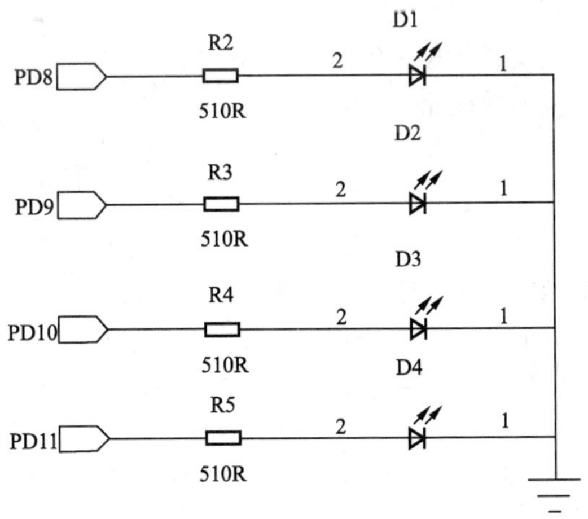

图 8.9　嵌入式智能车型机器人板载 LED 灯电路原理图

图 8.10 所示为嵌入式智能车型机器人板载蜂鸣器电路原理图。

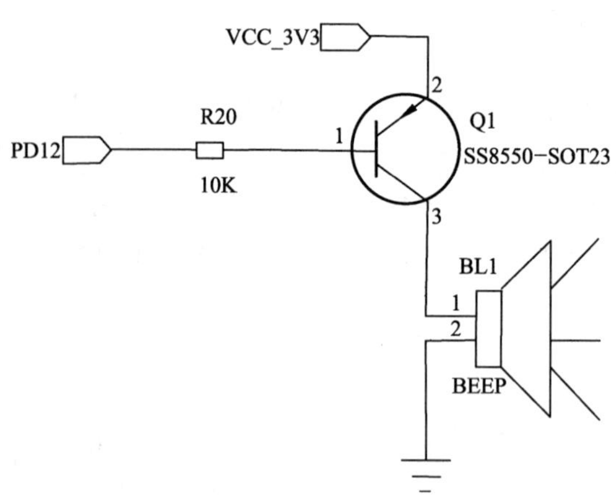

图 8.10　嵌入式智能车型机器人板载蜂鸣器电路原理图

图 8.11 所示为嵌入式智能车型机器人板载按键电路原理图。

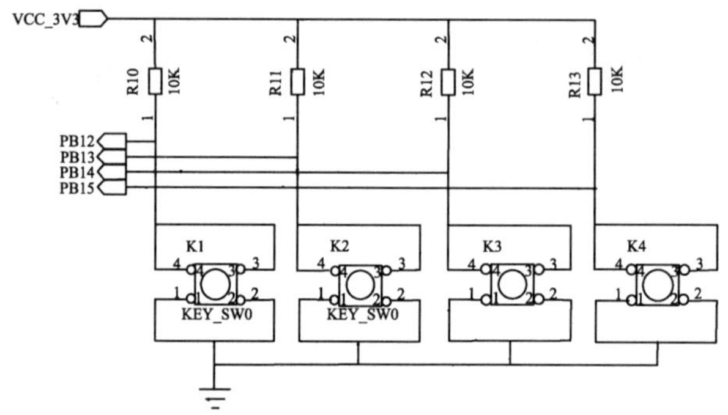

图 8.11　嵌入式智能车型机器人板载按键电路原理图

8.4.5　程序设计

本项目的程序流程图如图 8.12 所示。

程序中的设备初始化主要指的是 GPIO 端口的初始化。当按下一个按键时，会有相应的功能相应。

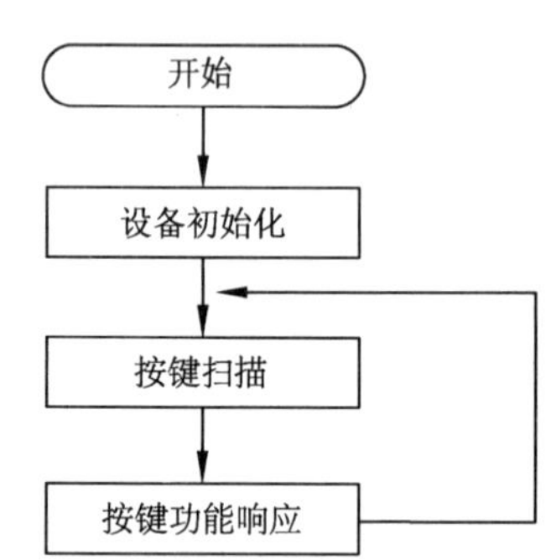

图 8.12　程序流程图

8.4.6　程序实现

（1）新创建一个工程 test，在其下创建 3 个目录，分别是 SYSTEM、USER、HARDWARE。SYSTEM 目录下主要存放 STM32 内部设备的初始化文件、延时文件等。USER 目录下主要存放编写的主要业务逻辑。HARDWARE 目录下主要存放外面对外围设备初始化、功能函数的文件。因为前面章节已对系统时钟初始化和延时做过讲解，在此不再赘述。

（2）在 HARDWARE 目录下添加 LED 目录，并在 LED 目录下添加 led.c 文件和 led.h 文件。

led.c 文件中代码清单如下：

```
#include "led.h"

void LED_INIT(void)
{
```

```
    GPIOD->CRH &= 0xFFFFFF00;
    GPIOD->CRH |= 0x00000033;
    GPIOD->ODR |= 0x0000;
}
```

led.h 文件中代码清单如下：

```
#ifndef _ _LED_H
#define _ _LED_H
#include "sys.h"
#include <stm32f10x_lib.h>

#define D1 PDout(8)
#define D2 PDout(9)

void LED_INIT(void);
#endif
```

（3）在 HARDWARE 目录下添加 KEY 目录，并在 KEY 目录下添加 key.c 文件和 key.h 文件。

key.c 文件中代码清单如下：

```
#include "key.h"

void KEY_INIT(void)
{
    GPIOB->CRH &= 0xF000FFFF;
    GPIOB->CRH |= 0x08880000;
    GPIOB->ODR |= 0x7000;
}
```

key.h 文件中代码清单如下：

```
#ifndef _ _KEY_H
#define _ _KEY_H

#include "sys.h"

#define K1 PBin(12)
#define K2 PBin(13)
#define K3 PBin(14)

void KEY_INIT(void);

#endif
```

（4）在 HARDWARE 目录下添加 BEEP 目录，并在 BEEP 目录下添加 beep.c 文件和 beep.h 文件。

beep.c 文件中代码清单如下：

```
#include "beep.h"

void BEEP_INIT(void)
{
    GPIOD->CRH &= 0xFFF0FFFF;
```

```
  GPIOD->CRH |= 0x00030000;
  GPIOD->ODR |= 0x0000;
}
```

beep.h 文件中代码清单如下：

```
#ifndef __BEEP_H
#define __BEEP_H
#include <stm32f10x_lib.h>
#include "sys.h"

#define BP PDout(12)

void BEEP_INIT(void);
#endif
```

（5）在 HARDWARE 目录下添加 INIT 目录，并在 INIT 目录下添加 init.c 文件和 init.h 文件。

init.c 文件中代码清单如下：

```
#include "init.h"
void initialization(void)
{
  stm32_clock_init(9);
  delay_init(72);
  RCC->APB2ENR |= 1 << 5;
  RCC->APB2ENR |= 1 << 3;
  KEY_INIT();
  LED_INIT();
  BEEP_INIT();
}
```

init.h 文件中代码清单如下：

```
#ifndef __INIT_H
#define __INIT_H
#include <stm32f10x_lib.h>
#include "sys.h"
#include "usart.h"
#include "delay.h"
#include "led.h"
#include "beep.h"
#include "key.h"
void initialization(void);
#endif
```

（6）主要业务逻辑编写，在 USER 目录下创建文件 main.c 文件。

main.c 文件中的代码清单如下：

```
#include "init.h"
#include <stm32f10x_lib.h>
int main(void)
{
  initialization();
  while(1)
```

```
        {
            if(!K1)
            {
                delay_ms(10);
                if(!K1)
                {
                    D1 = 1;
                }
            }
            else
            {
                D1 = 0;
            }
            if(!K2)
            {
                delay_ms(10);
                if(!K2)
                {
                    D2 = 1;
                }
            }
            else
            {
                D2 = 0;
            }
            if(!K3)
            {
                delay_ms(10);
                if(!K3)
                {
                    BP = 0;
                }
            }
            else
            {
                BP = 1;
            }
        }
    }
```

8.4.7 运行结果

按键 K1，LED 灯 D1 亮，松开按键 K1，LED 灯 D1 灭；按下按键 K2，LED 灯 D2 亮，松开按键 K2，LED 灯 D2 灭；按下按键 K3，蜂鸣器响，松开按键 K3，蜂鸣器不响。

本章小结

本章主要讲解了 STM32 的 GPIO 端口的输入和输出初始化配置实现设备高低压电平的配置。希望大家通过本章的学习能够掌握 STM32 的基本开发过程。

强化练习

简答题

1. 简述 GPIO 的工作模式。
2. 简述 GPIO 端口输入和输出配置实现步骤。
3. 编程实现：按键 K1，实现跑马灯效果案例。

第9章 STM32 串口通信

在嵌入式智能车型机器人的核心板上，配置有可插拔 Wi-Fi 模块与 ZigBee 模块，使其可以通过 Wi-Fi 模块或者 ZigBee 模块与外界进行通信与数据交互。那么，嵌入式智能车型机器人的核心（STM32F103VCT6 微处理器）又是怎样与 Wi-Fi 模块或 ZigBee 模块进行通信与数据交互的？

嵌入式智能车型机器人上使用了异步串口通信技术来实现与 Wi-Fi 模块或 ZigBee 模块的通信与数据交互。

9.1 串口通信概述

随着计算机系统的应用与微机网络的发展，通信（这里所说的通信是指计算机与外界信息的交互）功能越来越重要了。现如今，个人计算机常用的有 USB 口（通用串行通信口）、USART 口（通用同步/异步串行接收/发送器，以下简称串口）等。因为通信速率、距离、硬件特性等原因，USART 口在个人计算机基本上已经看不到了。但是在嵌入式领域里，USART 口的地位仍处于金字塔顶端，无可取代。因为对于一般的嵌入式硬件平台，对于通信时的数据量以及数据的传输速率的要求并不高，并且 USART 口有着硬件消耗低、可靠性高和灵活性高的特征，使其非常适用于嵌入式设备的需求。使用 USART 口可以轻松地实现嵌入式微处理器与外围设备之间的通信。

在当代微处理器控制系统中，通信一般有两种方式，分别是并行通信和串行通信。

9.1.1 并行通信

并行通信方式，一般是指将数据字节的各个位通过多条数据线同时进行传输，其中，每一位占据一条数据线。如图 9.1 所示，并行通信次传输一个字节（10101010），所以需要使用 8 条数据线，同时，除了 8 条数据线外，还需要控制线以及地址线。由于现在都是使用传输速率快的 USB 2.0 或 USB 3.0 接口通信，并口通信已经使用的非常少，并且在进行 STM32 串口开发时，使用的是串行通信，所以在此只做一个简单介绍。

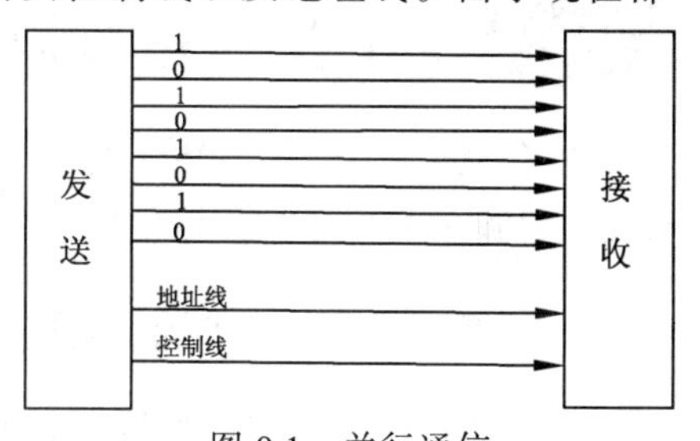

图 9.1　并行通信

使用并行通信的优点是：控制简单、相对传输速度快。

使用并行通信的缺点是：由于传输线较多，长距离传送时成本高。发送方与接收方同时接收存在困难。

9.1.2 串行通信

并行通信方式，一般是指将数据字节排列一个队列，在一条传输线上逐个传送。如图 9.2 所示，串行通信传送一个字节数据（10101010），在一条数据线上，因为一次只能传输一位数据，所以对于一个字节的数据，要分 8 次才能传输完毕。

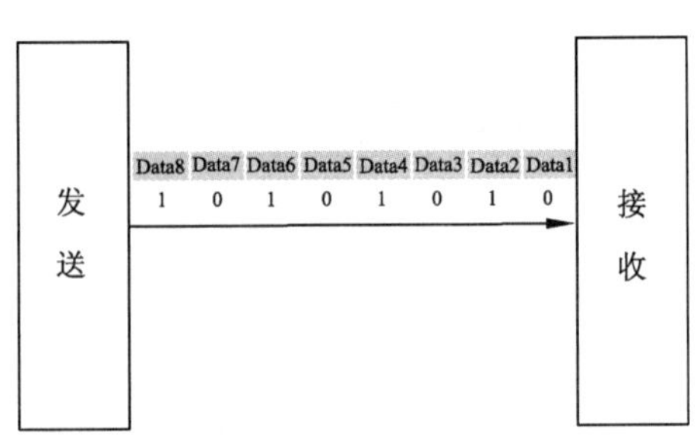

图 9.2 串行通信

在进行串行通信时，必须要有这样一个过程：在数据发送时，要把并行数据变成串行数据发送到线路上去，接收数据时要把串行数据变成并行数据，只有这样做才能被嵌入式设备处理。

使用串行通信的优点是：数据传输线少，长距离传送时成本低。

使用串行通信的缺点是：数据的传输控制比并行通信复杂。

9.1.3 STM32 串口特性

在 STM32 中，配备了多个 USART 口（其具体数目视具体芯片而定），其主要特性如下：

- 实现了全双工的异步通信。
- 遵守 NRZ 标准格式。
- 配备了分频数波特率发生器系统。发送和接收共用可编程波特率，最高达 4.5 Mbit/s。
- 可编程数据字长度（8 位或 9 位）。
- 可配置的停止位。支持 1 或 2 个停止位。
- 可充当 LIN 总线主机，发送同步断开符；还可充当 LIN 总线从机，检测断开符。当 USART 配置成 LIN 总线模式时，可生成 13 位断开符；可检测 10/11 位断开符。
- 可实现单线半双工通信。
- 拥有单独的发送器和接收器使能位。
- 拥有 3 种检测标志：接收缓冲器满、发送缓冲器空、传输结束标志。
- 拥有 2 种校验控制：发送校验位、对接收数据进行校验。

从这些特性中可以看出，USART 除了可以进行最基本的串行通信，还可以应用于 LIN 应用、IRDA（红外通信）应用等。

9.2 STM32 串口初始化配置

为了能够使串口在 STM32 上工作，首先要做的是对串口进行初始化配置。在此之前，需要先了解和 STM32 串口初始化配置相关的几个寄存器。

9.2.1 STM32 串口初始化配置相关寄存器

1. APB2ENR（APB2 外设时钟使能寄存器）

在 STM32 中，USART1_TX（串口 1 输出）和 USART1_RX（串口 1 输入）重映射到了 STM32

上的 GPIOA9 引脚和 GPIOA10 引脚上。所以要使能 GPIOA 口和 USART1 口。如图 9.3 所示，GPIOA 口和 USART1 的使能都是在 APB2ENR（外设时钟使能寄存器）上，所以只要对该寄存器操作即可。

31	30	29	28	27	26	25	24	23	22	21	20	19	18	17	16
保留															

15	14	13	12	11	10	9	8	7	6	5	4	3	2	1	0
保留	USART1EN	保留	SPI1EN	TIM1EN	ADC2EN	ADC1EN	保留		IOPEEN	IOPDEN	IOPCEN	IOPBEN	IPOAEN	保留	AFIOEN

图 9.3　APB2ENR 寄存器描述

图 9.3 中，位 14 表示 USART1 口时钟使能位，写 1 表示使能 USART1 时钟，写 0 表示关闭 USART1 时钟。位 2 表示 GPIOA 口时钟使能位，写 1 表示使能 GPIOA 时钟，写 0 表示关闭 GPIOA 时钟。

使用 C 语言在不影响其他位的情况下，可以使用以下语句使能 GPIOA 口和 USART1 口。

```
RCC->APB2ENR|=1<<2;
RCC->APB2ENR|=1<<14;
```

2. APB2RSTR（APB2 外设复位寄存器）

在进行串口初始化配置时，需要对 USART 口进行复位，所以在这里，需要使用 APB2RSTR 外设复位寄存器。图 9.4 为该寄存器的各位描述。

31	30	29	28	27	26	25	24	23	22	21	20	19	18	17	16
保留															

15	14	13	12	11	10	9	8	7	6	5	4	3	2	1	0
保留	USART1RST	保留	SPI1RST	TIM1RST	ADC2RST	ADC1RST	保留		IOPERST	IOPDRST	IOPCRST	IOPBRST	IPOARST	保留	AFIORST

图 9.4　APB2RSTR 寄存器的各位描述

图 9.4 中，位 14 表示 USART1 口复位，写 1 表示复位 USART1，写 0 表示无效。

使用 C 语言在不影响其他位的情况下，可以使用以下语句复位 USART1 口。

```
RCC->APB2RSTR|=1<<14;
RCC->APB2RSTR&=~(1<<14);
```

3. USART_CRx（串口控制寄存器）

在 STM32 中，每个串口都有 3 个控制寄存器，串口的很多配置都是通过这 3 个寄存器来进行设置的。在嵌入式智能车型机器人中，只用到了 USART_CR1 寄存器。图 9.5 为该寄存器的各位描述。

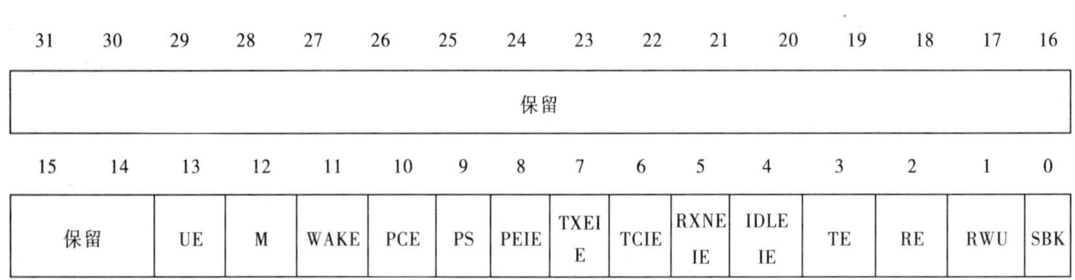

图 9.5　USART_CRx 寄存器的各位描述

图 9.5 中，该寄存器的低 14 位用于串口的功能设置。位 13 表示串口使能位，写 1，使能串口。位 12 表示字长选择位，写 1，1 个起始位，9 个数据位，1 个停止位。位 10 表示校验使能位，写 0，禁止校验；写 1，使能校验。位 9 表示校验位选择，写 0，偶校验；写 1，奇校验。位 7 表示发送缓冲区空中断是能位，写 1，当 USART->SR 寄存器中的 TEX 为 1 时，将产生串口中断。位 6 表示发送完成中断使能位，写 1，当 USART->SR 中的 TC 位为 1 时，将产生串口中断。位 5 表示接收缓冲区非空中断使能，写 1，当 USART->SR 中的 ORE 或者 RXNE 位为 1 时，将产生串口中断。位 3 表示发送使能位，写 1，开启串口发送功能。位 2 表示接收使能位，写 1，开启串口接收功能。

假如需求是设置该寄存器为 1 个停止位，无校验位，并且不影响其他位的设置。通过以下 C 代码，可以完成对该寄存器的设置。

```
USART1->CR1|=0X200C;
```

4. USART_DR（串口数据寄存器）

在 STM32 中，串口的发送与接收数据都是通过 USART_DR 寄存器实现的。该寄存器是一个双寄存器，包含了 TDR 和 RDR。当向该寄存器写数据的时候，串口就会自动发送，当收到数据的时候，也会存在该寄存器内。图 9.6 所示为该寄存器的各位描述。

图 9.6　USART_DR 寄存器的各位描述

图 9.6 中，位 0 ~ 8 表示串口数据，其中包含了发送或接收的数据。由于它是由两个寄存器组成的，分别是发送用的（TDR）和接收用的（RDR），所以该寄存器兼具读写功能。TDR 寄存器提供了内部总线和输出以为寄存器之间的并行接口。RDR 寄存器提供了输入移位寄存器和内部总线之间的并行接口。

当使能了校验位进行数据发送时，写到 MSB 的值会被后来的校验位取代。当进行数据接收时，收到的 MSB 位是接收到的校验位。

5. USART_SR（串口状态寄存器）

在 STM32 中，串口的状态可以通过读取 USART_SR 寄存器来获取。该寄存器的各位描述如图 9.7 所示。

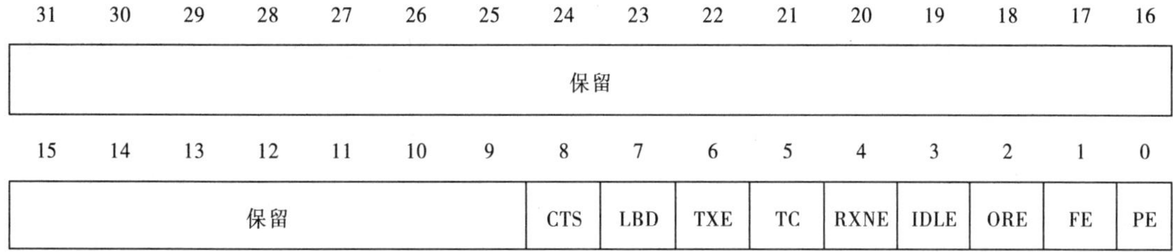

31	30	29	28	27	26	25	24	23	22	21	20	19	18	17	16
保留															
15	14	13	12	11	10	9	8	7	6	5	4	3	2	1	0
保留							CTS	LBD	TXE	TC	RXNE	IDLE	ORE	FE	PE

图 9.7　USART_SR 寄存器的各位描述

在这里只要关注 5 位、6 位即可。

RXNE（读数据寄存器非空），当该位被值 1 的时候，就是提示已经有数据被接收到了，并且可以读出来了。这时候要做的就是读取 USART->DR，通过读取 USART->DR 寄存器可以将该位清零，也可以向该位写 0，直接清除。

TC（发送完成），当该位被置位的时候，表示 USART->DR 内的数据已经被发送完成了。如果设置了这个位的中断，则会产生中断。该位也有两种清零方式：①读 USART->SR 寄存器，写 USART->DR；②直接向该位写 0。

6. USART_BRR（波特率寄存器）

在 STM32 的每个串口都一个独立的波特率寄存器 USART_BRR，通过设置该寄存器就可以达到配置不同波特率的目的。图 9.8 所示为该寄存器的各位描述。

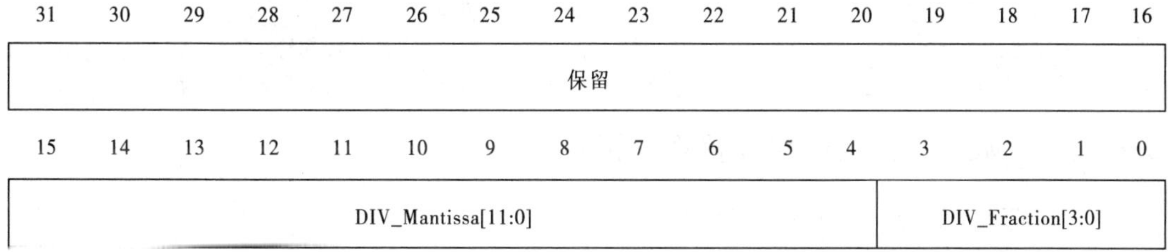

31	30	29	28	27	26	25	24	23	22	21	20	19	18	17	16
保留															
15	14	13	12	11	10	9	8	7	6	5	4	3	2	1	0
DIV_Mantissa[11:0]												DIV_Fraction[3:0]			

图 9.8　USART_BRR 寄存器的各位描述

图 9.8 中，位 4 ~ 15 表示 USARTDIV 的整数部分，这 12 位定义了 USART 分频器除法因子（USARTDIV）的整数部分。位 0 ~ 3 位表示 USARTDIV 的小数部分，这 4 位定义了 USART 分频器除法因子（USARTDIV）的小数部分。

在这里假设向 BRR 寄存器中写入的值是 mantissa，使用 C 语言实现设置该寄存器如下：

```
USART1->BRR=mantissa;
```

9.2.2　STM32 波特率计算

在前一小节中，我们提到，可以通过 USARTx->BRR 寄存器设置波特率，其中最低 4 位用来存放小数部分，紧接着的 12 位用来存放整数部分，最高 16 位保留。

下面，让我们来简单学习一下波特率的计算。在 STM32 中，串口波特率计算公式如下：

$$Tx/Rx\text{波特率} = \frac{f_{\mathrm{PCLK}x}}{16 \times \mathrm{USARTDIV}}$$

如上公式所示，串口波特率计算公式中 f_{PCLKx} 是给串口的时钟（PCLK1 用于 USART2、3，PCLK2 用于 USART1），USARTDIV 是一个无符号定点数。只要得到 USARTDIV 的值，就可以得到串口波特率寄存器 USART1->BRR 的值。反之，可以通过 USART->BRR 的值得到 USARTDIV 的值。

下面通过一个例子说明如何通过 USARTDIV 得到串口 USART_BRR 寄存器的值。

假设串口 1 要设置为 115 200 波特率，而 PCLK2 的时钟为 72M。这样，根据上面的公式有：

$$\text{USARTDIV} = 72\,000\,000/(115\,200 \times 16) = 39.062\,5$$

那么得到

$$\text{DIV\_Fraction} = 16 \times 0.062\,5 = 1 = 0\text{x}01$$

$$\text{DIV\_Mantissa} = 39 = 0\text{x}27$$

这样，就得到了 USART1->BRR 的值为 0x0271。只要设置串口 1 的 BRR 寄存器值为 0x0271 就可以得到 115 200 的波特率。

在进行开发时，使用 C 语言实现波特率计算的代码片段如下：

```
float temp;                              //声明中间缓存变量
u16 mantissa;                            //声明变量保存整数部分及最后结果
u16 fraction;                            //声明变量保存小数部分
temp=(float)(pclk2*1000000)/(bound*16);//pclk2 为参数，表示时钟，
                                         //bound 为参数表示输入波特率值
mantissa=temp;                           //得到整数部分值
fraction=(temp-mantissa)*16;             //得到小数部分值
mantissa<<=4;                            //左移 4 位，空出小数部分
mantissa+=fraction;                      //加上小数部分的值，得到最终结果
```

9.2.3 STM32 串口初始化配置程序设计

1. STM32 中实现串口初始化配置

步骤 1 获得波特率的值。

步骤 2 使能 GPIO 口和 USART 口。

步骤 3 复位 USART 口。

步骤 4 设置中断。

2. 程序设计注意事项

（1）为方便程序复用，需将串口初始化配置的过程封装为一个函数。同时，需要将时钟与输入波特率的值设置为参数。

（2）为引用该方法方法，需在对应的.h 文件中定义。

（3）为使能接收中断在.h 文件中宏定义一个常量，例如，#define EN_USART1_RX。

3. 程序实现

（1）以下为使用 C 语言进行 STM32 串口初始化配置的程序清单。建议在项目中的 SYSTEM 目录下新建一个 USART 目录，在 USART 目录下创建 usart.c 文件，输入以下代码清单中的代码。

```
#include "usart.h"
```

```
void uart1_init(u32 pclk2,u32 bound)
{
   float temp;
   u16 mantissa;
   u16 fraction;
   temp=(float)(pclk2*1000000)/(bound*16);
   mantissa=temp;
   fraction=(temp-mantissa)*16;
   mantissa<<=4;
   mantissa+=fraction;
   RCC->APB2ENR|=1<<2;
   RCC->APB2ENR|=1<<14;
   GPIOA->CRH=0X444444B4;
   RCC->APB2RSTR|=1<<14;
   RCC->APB2RSTR&=~(1<<14);
   USART1->BRR=mantissa;              //将波特率值写入 USART1->BRR 寄存器中
   USART1->CR1|=0X200C;               //1 位停止，无校验位
#if EN_USART1_RX
   USART1->CR1|=1<<8;                 //接收缓冲区非空中断使能
   USART1->CR1|=1<<5;                 //接收缓冲区非空中断使能
   MY_NVIC_Init(3,1,USART1_IRQChannel,1);
#endif
}
```

（2）在 USART 目录下创建 usart.h 文件，输入以下代码清单中的代码。

```
#ifndef _ _USART_H
#define _ _USART_H
#include <stm32f10x_lib.h>
#include <string.h>
#include "sys.h"
#include "test.h"

#define EN_USART1_RX 1
void uart1_init(u32 pclk2,u32 bound);

#endif
```

9.3 STM32 串口数据接收和发送的程序设计

9.3.1 STM32 串口数据接收中断响应实现

在上一节中，由于在进行 STM32 串口初始化配置时设置了串口 1 的接收使能中断，所以串口数据的接收只要完成其串口中断的响应函数即可。当串口 1 发生了响应的中断后，就会跳到其响应函数执行。

1. 中断响应函数程序实现步骤

步骤 1 定义一个 USART1_RX_BUF[]数组，用来存放外围设备发来的数据。定义一个 RX_num1 变量，用来表示 USART1_RX_BUF[]数组的下标，以及判断数据接收是否完成。

步骤 2 定义一个变量 temp 用来保存 USART1->DR 中的一个字节数据。根据 RX_num1

的值，判断 temp 中内容，保存到 USART1_RX_BUF[]数组中的第几位。

步骤 3 当 RX_num1 大于等于 USART1_RX_BUF[]数组的长度时，为 RX_num1 赋值 0。

步骤 4 当 RX_num1 等于 0 时，表示的是通信协议的第一位（即通信协议头的第一位）。当 RX_num1 大于 0 时，表示的是通信协议第二位及往后的数据。

2. 程序设计注意事项

USART1_RX_BUF[]数组的长度是根据通信协议而定的。如果通信协议有 3 个字节，那么 USART1_RX_BUF[]数组的长度就是 3；如果通信协议有 8 个字节，那么 USART1_RX_BUF[]数组的长度就是 8。

3. 程序实现

（1）在 usart.c 文件中添加中断响应函数 void USART1_IRQHandler(void)。以下为中断响应函数的代码清单。

```
u8 USART1_RX_BUF[3];
u8 RX_num1=0;
void USART1_IRQHandler(void)
{
  u8 res;
  res=USART1->DR;
  if(RX_num1 > 0)
  {
    USART1_RX_BUF[RX_num1]=res;
    RX_num1++;
  }
  else if(res == 0xFF)
  {
    USART1_RX_BUF[0]=res;
    RX_num1=1;
  }
  if(RX_num1 >= 3)
  {
    RX_num1=0;
  }
}
```

添加该段代码时需要注意，u8 USART1_RX_BUF[3];和 u8 RX_num1=0;的位置是在包含头文件的语句后面。

在以上程序中，我们自定义了一个长度为 3 个字节的通信协议，其格式如表 9.1 所示。

表 9.1 自定义的通信协议格式

通信协议头	数据 1	通信协议尾
0xFF	0xXX	0xFF

表 9.1 中，数据 1 为一个十六进制数。

（2）在 usart.h 文件中，添加定义好的缓冲数组，以供其他文件使用。代码清单如下：

```
#ifndef _ _USART_H
#define _ _USART_H
#include <stm32f10x_lib.h>
```

```
#include <string.h>
#include "sys.h"
#include "test.h"

extern u8 USART1_RX_BUF[];
#define EN_USART1_RX 1
void uart1_init(u32 pclk2,u32 bound);

#endif
```

9.3.2 STM32 串口数据发送实现

在 STM32 中，实现串口数据的发送是非常简单的。只要将需要发送的数据放入到 USART_DR 寄存器中即可。

1. STM32 串口数据发送程序实现步骤

步骤 1 设计一个函数，该函数为有参函数。因为需要发送的数据不是固定的，所以需要将发送的数据作为参数传到设计好的函数中。

步骤 2 将发送数据赋给 USART->DR 寄存器。

2. 程序设计注意实现

（1）因为一次只能向 USART->DR 寄存器中存放一个字节数据，所以需要注意传入参数的取值范围，以及溢出。

（2）需要一个 while()循环去判断是否发送结束，其判断条件可以通过 USART->SR 的第 6 位去判断。

3. 程序实现

（1）在 usart.c 文件中添加串口数据发送函数 int U1SendChar(int ch)。以下为串口数据发送函数的代码清单。

```
int U1SendChar(int ch)
{
  USART1->DR = (ch & 0x1FF);       //将数据放入到USART->DR寄存器中
  while ((USART1->SR & 0x40) == 0);       //等待发送结束
  return (ch);
}
```

在该函数中，USART1->DR = (ch & 0x1FF);表示将需要发送的数据放入 USART1->DR 寄存器中。while((USART1->SR & 0x40)==0);表示等待发送结束。

（2）因为在更多的时候需要在其他文件中引用串口数据发送的函数，所以要在 usart.h 中进行修改，以供其他文件使用，其代码清单如下。

```
#ifndef __USART_H
#define __USART_H
#include <stm32f10x_lib.h>
#include <string.h>
#include "sys.h"
#include "test.h"

extern u8 USART1_RX_BUF[];
#define EN_USART1_RX 1
```

```
void uart1_init(u32 pclk2,u32 bound);
extern int U1SendChar(int char);

#endif
```

9.4 项目实战

9.4.1 项目概述

在嵌入式智能车型机器人上，可以通过 Android 设备发送指令控制嵌入式智能车型机器人，而且嵌入式智能车型机器人也可向 Android 设备发送数据。其原理是 Android 设备与嵌入式智能车型机器人通过 Wi-Fi 连接，在嵌入式智能车型机器人上，Wi-Fi 模块会将接收到的数据通过串口转送到 STM32 上，STM32 上也会通过串口将要发送的数据传给 Wi-Fi 模块，然后传给 Android 设备。

下面以 STM32 为核心，通过外接设备，实现简单的控制数据的发送与接收。

9.4.2 项目要求

（1）嵌入式智能车型机器人可以通过按键或指令控制实时回传数据到 PC 端。

（2）按下按键可回传相应数据到 PC 端。

（3）通过发送指令，嵌入式智能车型机器人发送相应数据到 PC 端。

9.4.3 项目框图

根据项目的要求，画出项目框图，如图 9.9 所示。项目中包括按键模块、主控芯片、Wi-Fi 模块以及 PC。如果是通过按键控制，主控芯片会将数据通过串口转发 Wi-Fi 模块，然后 Wi-Fi 模块会将数据发送到 PC 端，在 PC 端显示。如果是通过指令控制，PC 端会将数据发送到 Wi-Fi 模块，Wi-Fi 模块通过串口转发给主控芯片，数据经过处理后，由主控芯片通过串口发送到 Wi-Fi 模块，最后通过 Wi-Fi 将数据发送给 PC 端显示。

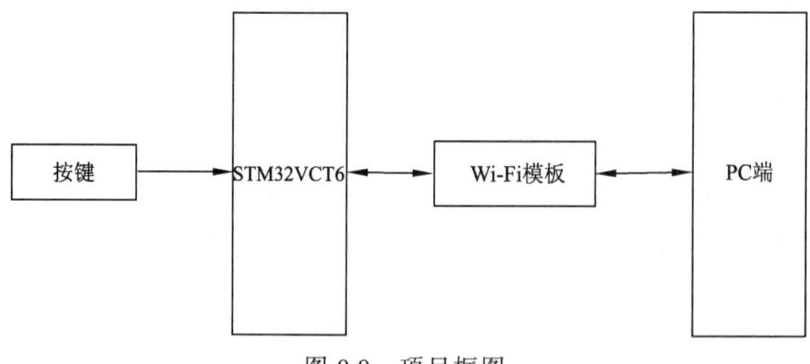

图 9.9　项目框图

9.4.4 电路连接

1. 按键与 STM32F103VCT6 连接

项目选用核心板上 K1、K2、K3、K4 这 4 个按键作为功能按键。K1 与 STM32 上的 GPIOB 端口的 12 引脚连接。K2 与 STM32 上的 GPIOB 端口的 13 引脚连接。K3 与 STM32 上的 GPIOB

的 14 引脚连接。K4 与 STM32 上的 GPIOB 端口的 15 引脚连接。其中 K1 与 K2 作为控制是否实时发送数据使用。按下 K1 键表示一直发送数据到 PC 端，发送数据为（0xFA 0x00 0x00 0xAF）。按下 K2 键表示关闭一直发送数据到 PC 端，但会发送数据（0xFA 0xFF 0xFF 0xFF）作为提示。按下 K3 键表示发送数据（0xFA 0xAA 0xBB 0xAF）到 PC 端。按下 K4 键表示发送数据（0xFA 0xCC 0xDD 0xAF）到 PC 端。

2. Wi-Fi 模块与 STM32F103VCT6 连接

项目中，选用串口 1 与 Wi-Fi 模口进行串口通信。所以，STM32 上的 GPIOA 的第 9 引脚作为 STM32 的串口通信输出端与 Wi-Fi 模块的第 20 引脚连接。STM32 上的 GPIOA 的第 10 引脚作为 STM32 的串口通信接收端与 Wi-Fi 模块的第 21 引脚连接。

9.4.5 通信协议定义

（1）PC 端向嵌入式智能车型机器人发送指令数据结构，如表 9.2 所示。

表 9.2 指令数据结构

通信协议头	主 指 令	保 留 位	通信协议尾
0xFA	0xXX	0x00	0xAF

说明：通信协议头与通信协议位是固定不变的。主指令是一个十六进制数。保留位默认是设置为 0x00，保留位不能设为 0xFA。

（2）主指令对应功能，如表 9.3 所示。

表 9.3 主指令对应功能

主 指 令	功 能 描 述
0x01	开启嵌入式智能车型机器人一直发送数据 PC 端（程序默认不开启）
0x02	关闭嵌入式智能车型机器人一直发送数据 PC 端，发送数据为 0xFA 0xFF 0xFF 0xFF 作为提示
0x03	发送数据 0xFA 0x11 0x11 0x11 到 PC 端
0x04	发送数据 0xFA 0x22 0x22 0x22 到 PC 端

9.4.6 程序设计

程序流程图如图 9.10 所示。

程序中主要包括设备初始化、按键扫描、指令接收扫描 3 部分。

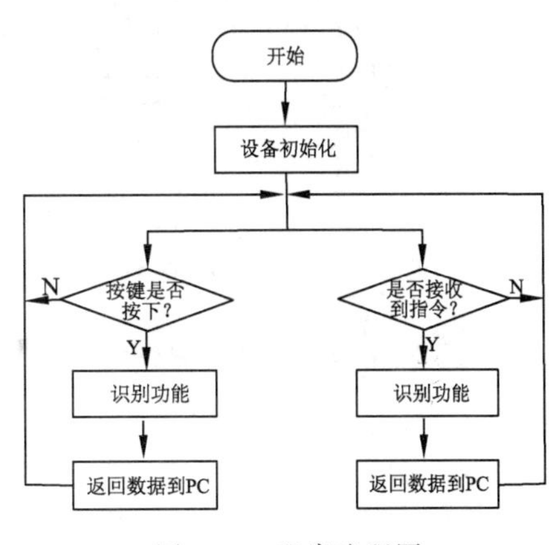

图 9.10 程序流程图

9.4.7 程序实现

（1）新创建一个工程 test，在其下创建 3 个目录，分别是 SYSTEM、USER、HARDWARE。SYSTEM 目录下主要存放 STM32 内部设备的初始化文件、延时文件等。USER 目录下主要存放编写的主要业务逻辑。HARDWARE 目录下主要存放外面对外围设备初始化、功能函数的文件。因为前面章节已对系统时钟初

始化和延时做过讲解，在此不再赘述。

（2）在 SYSTEM 目录下添加 USART 目录，并在 USART 目录下添加 usart.c 文件和 usart.h 文件。

usart.c 文件中代码清单如下：

```
#include "usart.h"

u8 USART1_RX_BUF[4];
u8 RX_num1=0;

void USART1_IRQHandler(void)
{
   u8 res;
   res=USART1->DR;
   if(RX_num1 > 0)
   {
      USART1_RX_BUF[RX_num1]=res;
      RX_num1++;
   }
   else if (res == 0xFA)
   {
      USART1_RX_BUF[0]=res;
      RX_num1=1;
   }
   if(RX_num1 >= 4)
   {
      RX_num1=0;
   }
}

void uart1_init(u32 pclk2,u32 bound)
{
   float temp;
   u16 mantissa;
   u16 fraction;
   temp=(float)(pclk2*1000000)/(bound*16);
   mantissa=temp;
   fraction=(temp-mantissa)*16;
   mantissa<<=4;
   mantissa+=fraction;
   RCC->APB2ENR|=1<<2;
   RCC->APB2ENR|=1<<14;
   GPIOA->CRH=0X444444B4;
   RCC->APB2RSTR|=1<<14;
   RCC->APB2RSTR&=~(1<<14);
   USART1->BRR=mantissa;
   USART1->CR1|=0X200C;
#if EN_USART1_RX
   USART1->CR1|=1<<8;
   USART1->CR1|=1<<5;
```

```
  MY_NVIC_Init(3,1,USART1_IRQChannel,1);
#endif
}

int U1SendChar(int ch)
{
  USART1->DR = (ch & 0x1FF);
  while ((USART1->SR & 0x40) == 0);
  return (ch);
}
```

usart.h 文件中的代码清单如下：

```
#ifndef __USART_H
#define __USART_H
#include <stm32f10x_lib.h>
#include <string.h>
#include "sys.h"
#include "test.h"

extern u8 USART1_RX_BUF[];
extern int U1SendChar(int ch);

#define EN_USART1_RX 1
void uart1_init(u32 pclk2,u32 bound);

#endif
```

（3）按键初始化，在 HARDWARE 目录下，创建目录 KEY 目录，并在 KEY 目录下创建 key.c 文件和 key.h 文件。

key.c 文件中的代码清单如下：

```
#include "key.h"
#include "delay.h"

void key_init(void)
{
   RCC->APB2ENR |= 1 << 3;
   GPIOB->CRH&=0X0000FFFF;
   GPIOB->CRH|=0X88880000;
   GPIOB->ODR|=0xf000;
}
```

key.h 文件中的代码清单如下：

```
#ifndef __KEY_H
#define __KEY_H

#include <stm32f10x_lib.h>
#include "sys.h"

#define KEY1 PBin(12)
#define KEY2 PBin(13)
#define KEY3 PBin(14)
```

```
#define KEY4 PBin(15)
void key_init(void);

#endif
```

（4）在 HARDWARE 目录下创建目录 INIT，并创建两个文件 init.c 和文件 init.h。其中 init.c 的作用是初始化操作。

init.c 文件中的代码清单如下：

```
#include "init.h"

void initialization(void)
{
    //1、系统时钟初始化
    stm32_clock_init(9);
    //2、延迟初始化
    delay_init(72);
    //3、串口初始化
    uart1_init(72,115200);
    //4、按键初始化
    key_init();
}
```

init.h 文件中的代码清单如下：

```
#ifndef _ _INIT_H
#define _ _INIT_H

#include <stm32f10x_lib.h>
#include "sys.h"
#include "key.h"
#include "usart.h"
#include "delay.h"

void initialization(void);
#endif
```

（5）主要业务逻辑编写，在 USER 目录下创建文件 main.c 文件。

```
#include "init.h"

u8 Switch_Flag = 1;

int main(void)
{

    initialization();

    while(1){

        delay_ms(1000);

        if(!Switch_Flag)
        {
```

```
        U1SendChar(0xFA);
        U1SendChar(0x00);
        U1SendChar(0x00);
        U1SendChar(0xAF);
    }


    if(!KEY1)
    {
        delay_ms(10);
        if(!KEY1)
        {
            Switch_Flag = 0;
        }
    }

    if(!KEY2)
    {
        delay_ms(10);
        if(!KEY2)
        {
            Switch_Flag = 1;
            U1SendChar(0xFA);
            U1SendChar(0xFF);
            U1SendChar(0xFF);
            U1SendChar(0xFF);
        }
    }

    if(!KEY3)
    {
        delay_ms(10);
        if(!KEY3)
        {
            U1SendChar(0xFA);
            U1SendChar(0xAA);
            U1SendChar(0xBB);
            U1SendChar(0xAF);
        }
    }

    if(!KEY4)
    {
        delay_ms(10);
        if(!KEY4)
        {
            U1SendChar(0xFA);
            U1SendChar(0xCC);
```

```
            U1SendChar(0xDD);
            U1SendChar(0xAF);
         }
      }

      if(USART1_RX_BUF[0] == 0xFA)
      {
         switch(USART1_RX_BUF[1])
         {
            case 0x01:
               Switch_Flag = 0;
               USART1_RX_BUF[1] = 0xFF; //刷新数据
               break;
            case 0x02:
               Switch_Flag = 1;
               U1SendChar(0xFA);
               U1SendChar(0xFF);
               U1SendChar(0xFF);
               U1SendChar(0xFF);
               USART1_RX_BUF[1] = 0xFF;
               break;
             case 0x03:
               U1SendChar(0xFA);
               U1SendChar(0x11);
               U1SendChar(0x11);
               U1SendChar(0xAF);
               USART1_RX_BUF[1] = 0xFF;
               break;
            case 0x04:
               U1SendChar(0xFA);
               U1SendChar(0x22);
               U1SendChar(0x22);
               U1SendChar(0xAF);
               USART1_RX_BUF[1] = 0xFF;
               break;
         }
      }
   }
}
```

9.4.8 运行结果

在 PC 端进行调试，查看结果时，需要借助软件 NetAssist.exe。

当按下核心板上的 K1 键时，嵌入式智能车型机器人一直发送数据 FA 00 00 AF。图 9.11 所示为按下 K1 键时的 PC 端运行结果。

此时，按下 K2 键，会停止一直发送 FA 00 00 AF，发送一条数据 FA FF FF FF。图 9.12 所示为按下 K2 键时的 PC 端运行结果。

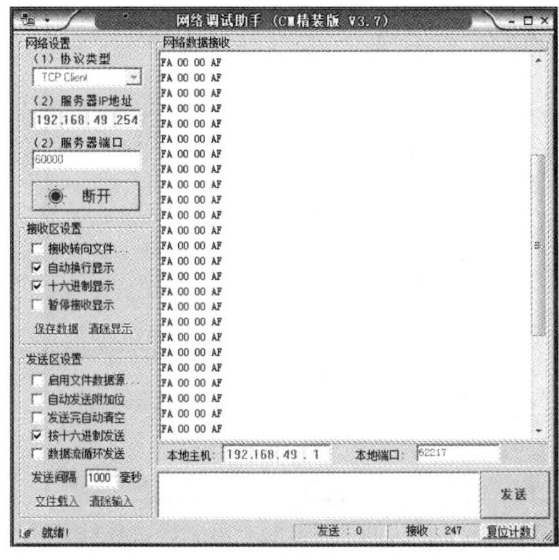

图 9.11　按下 K1 键时运行结果

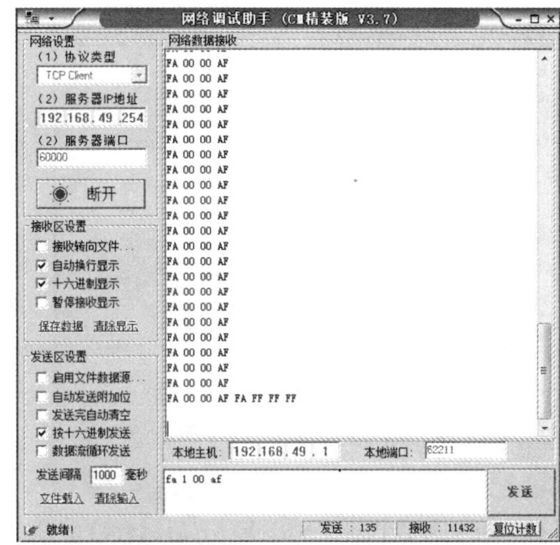

图 9.12　按下 K2 键时运行结果

按下 K3 键，嵌入式智能车型机器人会发送数据 FA AA BB AF。图 9.13 所示为运行结果。

按下 K4 键，嵌入式智能车型机器人会发送数据 FA CC DD AF。图 9.14 所示为运行结果。

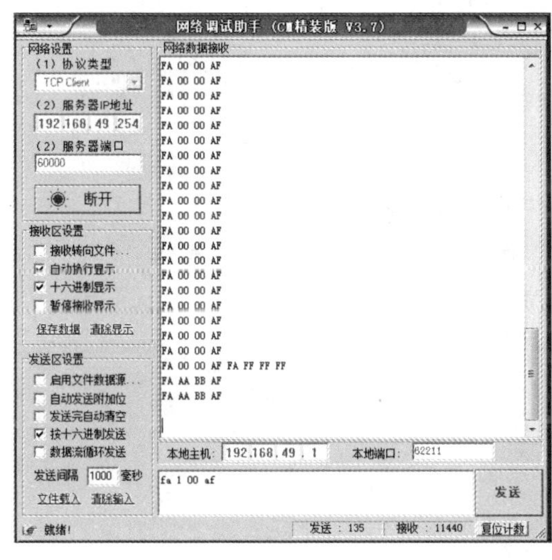

图 9.13　按下 K3 键时运行结果

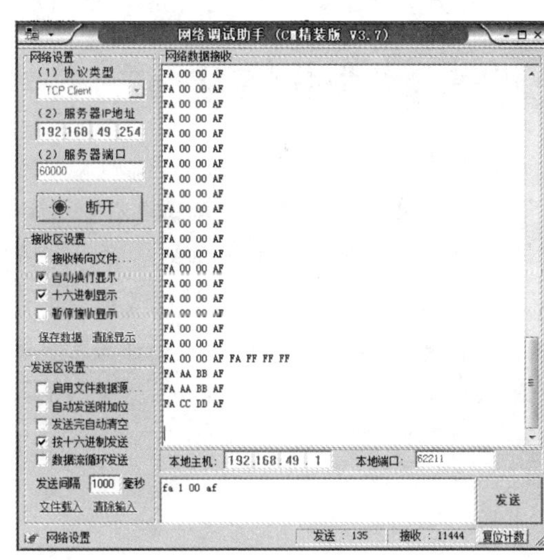

图 9.14　按下 K4 键时运行结果

下面输入指令来看看程序的运行结果。

输入指令：FA 01 00 AF，嵌入式智能车型机器人一直发送数据 FA 00 00 AF 到 PC 端。运行结果如图 9.15 所示。

输入指令：FA 02 00 AF，停止嵌入式智能车型机器人一直发送数据 FA 00 00 AF 到 PC 端。发送数据 FA FF FF FF 到 PC 端。运行结果如图 9.16 所示。

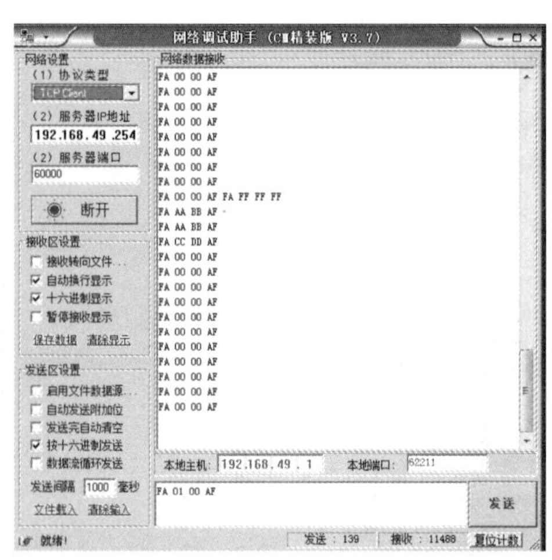

图 9.15　输入指令 FA 01 00 AF 后运行结果

图 9.16　输入指令 FA 02 00 AF 后运行结果

本章小结

本章主要讲解了 STM32 的串口通信，主要包括 STM32 串口初始化配置、STM32 串口接收和发送数据。

希望大家通过本章的学习能够掌握 STM32 的串口通信。

强化练习

简答题

1. 串行通信的优点及缺点都是什么？并行通信的优点及缺点都是什么？
2. 为什么串口在嵌入式领域还有广泛的使用，而在个人计算机上已经被淘汰了？
3. STM32 串口通信初始化配置的主要步骤有哪几步？
4. STM32 串口通信相关的寄存器主要有哪几个？

第3篇

Android 应用

本篇包括 11 章，介绍了 Android 开发环境的搭建、Android 的常用控件、布局方式等，结合嵌入式智能车型机器人的开发，让学生掌握 Android UI 设计、颜色识别、NFC 识别、二维码识别等，以及利用基本网络通信技术对嵌入式智能车型机器人进行控制。

本篇旨在让学生掌握 Android 应用开发必备的知识和技能，为今后从事相关工作打下良好的基础。

第10章 Android 概述

Android 系统是一种基于 Linux 的自由及开源代码的操作系统，由 Google 公司和开放手机联盟（Open Handset Alliance）共同创建。目前，已经超越了由苹果公司开发的 iOS 系统，成为全球使用最为广泛的手机操作系统。随着 Android 市场的火热，越来越多的开发者开始加入 Android 软件开发这一“大家庭”。

本章介绍 Android 发展和历史，应用程序框架、特点，Android 开发环境搭建，并带领大家开发第一个 Android 程序——Hello Android，从而带领大家进入 Android 开发的殿堂。

10.1 Android 简介

Android 最先出现在法国作家 Villiers Adam 的科幻小说《未来的夏娃》中，作者将外表像人类的机器起名为 Android，而这也就是 Android 机器人名字的由来。

知道了 Android 名字的由来，下面让我们看一看 Android 的历史。

10.1.1 Android 的发展和历史

Android 系统是由 Google 公司和开放手机联盟共同创建的一种基于 Linux 的开源系统，但起初，Android 系统并不是由 Google 公司创立的，而是由 Andy Rubin 一手创立的。

2003 年 10 月，Andy Rubin 等人创建 Android 公司，并组建 Android 团队。

2005 年 8 月 17 日，Google 低调收购了成立仅 22 个月的 Android 公司及其团队。Andy Rubin 成为 Google 公司工程部副总裁，继续负责 Android 项目。

2007 年 11 月 5 日，Google 发布了基于 Linux 平台的开源移动手机平台——Android 系统，其号称是为移动终端打造的、真正的、开放的移动开发平台。

2008 年 9 月 22 日，第一款基于 Android 系统的手机正式发布。该款手机为 T-Mobile G1，是由中国台湾宏达电代工制造的，支持 WCDMA/HSPA 网络，理论下载速率为 7.2 Mbit/s，并支持 Wi-Fi 无线局域网络。

2009 年 9 月，Google 发布了 Android 1.6 的正式版，并且推出了搭载 Android 1.6 系统的手机 HTC Hero（G3），其凭借着出色的外观设计以及全新的 Android 1.6 系统，成为当时最受欢迎的手机。

2010 年 2 月，Linux 内核开发者 Greg Kroah-Hartman 将 Android 的驱动程序从 Linux 内核的 Staging tree 上除去，从此，Android 与 Linux 开发主流分道扬镳。同年 5 月，Google 发布了 Android 2.2 系统。

2010 年 10 月，Google 宣布 Android 系统达到了第一个里程碑，即电子市场上获得官方数字认证的 Android 应用数量已经到达了 10 万个，Android 系统的应用增长非常迅速。

2011 年 9 月，Android 系统的应用数目已经达到了 48 万，而在智能手机市场，Android 系统的占有率已经达到了 43%。排在移动操作系统首位。同时，Google 也宣布将要发布全新的 Android 4.0 系统。

2013 年 11 月 1 日，Android 4.4 正式发布，从具体功能上讲，Android 4.4 提供了各种实用小功能，其系统更智能，UI 的改进也更现代。

2014 年 11 月 3 日，Android 5.0 面向用户正式推出。开发者可以下载 Android 5.0 Platform 来开发和测试自己的 Android 5.0 应用，并能向 Google Play 发布 Android 5.0 所专属的应用程序。

2015 年 9 月 30 日，在美国旧金山举行 2015 年秋季新品发布会上，Google 正式推出 Android 6.0 系统。新系统的整体设计风格为 Material Design 风格。Android 6.0 在对软件体验与运行性能上进行了大幅度的优化。据测试，Android 6.0 可使设备续航时间提升 30%。

2016 年 6 月，谷歌的 I/O 大会上，发布了 Android 6.1，其相比 Android 6.0 来说，改进幅度并不大。Android 6.1 主要有两个大的改变，一个是全面且更好地支持分屏多任务（这个功能安卓一直没有给予原生支持，之前都是厂商自己开发）；另一个是改进系统的权限设置。

2016 年 8 月 22 日，Google 正式推送 Android 7.0 Nougat 正式版。

2016 年 12 月 5 日，Google 为 Android 7.0 发布了重要的维护性更新，也就是 Android 7.1。Android 7.1 的一个小版本更新——安卓 7.1.2 已于 2017 年 4 月 3 日推送。2017 年 5 月 5 日，Google 正式向开发者发出通知，宣布 Android 7.0 的 Beta 项目正式停止，最终版本止步在 Android 7.1.2。

2017 年 8 月 22 日，谷歌正式发布了 Android 8.0 的正式版，其正式名称为 Android Oreo（奥利奥）。2017 年 12 月 5 日谷歌正式发布了 Android 8.1 的正式版。

10.1.2 Android 版本

自 Android 系统发布以来，已经发布和更新了众多版本，表 10.1 中列出了 Android 的不同版本、发布时间等信息。

表 10.1 Android 版本简史

Android 版本	发布时间	代　号	对应 API 等级
Android 1.0	2007 年 11 月 5 日		API 1
Android 1.1	2009 年 2 月 9 日		API 2
Android 1.5	2009 年 4 月 30 日	Cupcake（纸杯蛋糕）	API 3
Android 1.6	2009 年 9 月 15 日	Donut（炸面圈）	API 4
Android 2.0/2.1	2009 年 10 月 26 日	Eclair（长松饼）	API 5 /API 7
Android 2.2	2010 年 5 月 20 日	Froyo（冻酸奶）	API 8
Android 2.3	2010 年 12 月 6 日	Gingerbread（姜饼）	API 9
Android 3.0	2011 年 2 月 22 日	Honeycomb（蜂巢）	API 11
Android 4.0	2011 年 10 月 19 日	Ice Cream Sandwich（冰淇淋三明治）	API 14
Android 4.1	2012 年 6 月 28 日	Jelly Bean（果冻豆）	API 16

续表

Android 版本	发布时间	代　　号	对应 API 等级
Android 4.2	2012 年 10 月 30 日	Jelly Bean（果冻豆）	API 17
Android 4.3	2013 年 7 月 25 日	Jelly Bean（果冻豆）	API 18
Android 4.4	2013 年 9 月 4 日	KitKat（奇巧巧克力棒）	API 19
Android 5.0	2014 年 10 月 15 日	Lollipop（棒棒糖）	API 21
Android 6.0	2015 年 9 月 30 日	Marshmallow（棉花糖）	API 23
Android 7.0 ~ Android 7.12	2016 年 8 月 22 日	Nougat（牛轧糖）	API24 ~ API25
Android 8.0	2017 年 8 月 22 日	Oreo（奥利奥）	API26

2011 年 2 月 22 日，Google 发布的 Android 3.0 Honeycomb（蜂巢）是主要针对平板电脑的一个版本。Android 3.0 的关键变化主要包括：

- 新的通知系统；
- 新的桌面工具；
- 优化了多任务处理；
- 支持多核处理器、硬件加速；
- 支持视频通话；
- 拥有新的 Web 浏览器功能。

谷歌在 2011 年 2 月 3 日发布了专用于平板电脑的 Android 3.0 Honeycomb（蜂巢）系统，这是首个基于 Android 的平板电脑专用操作系统，在上网、收发邮件、视频影音、游戏等方面都有很大提升。

10.1.3 Android 功能

由于 Android 系统的开源性质以及设备厂商可以自由定制系统的特点（比如，小米手机的 MIUI 系统），因此没有固定的软件、硬件配置。但是，Android 系统本身还是支持如下的一些功能：

- 支持多种传感器，例如，加速度传感器、摄像头、重力传感器和 GPS 等。
- 支持多种无线连接方式，例如，GSM/EDGE、CDMA、Wi-Fi 和 Bluetooth 等。
- Web 浏览器基于开源的 WebKit。
- 支持屏幕多点触摸。
- 支持多种媒体文件，例如 H.263、AAC、MP3、JPEG 和 BMP 等。
- 支持多任务应用。
- 优化的图形库包括 2D 和 3D 图形库，3D 图形库基于 OpenGL ES。

10.1.4 Android 系统架构

为了能够让大家能够更清楚地了解 Android 的工作方式，我们给出图 10.1，该图具体地描述了 Android 系统的各个层。

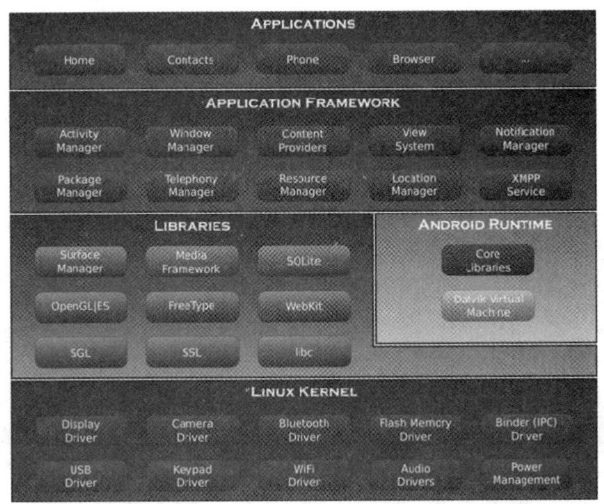

图 10.1　Android 系统架构

由图 10.1，可以看到 Android 系统一共可以分为 4 层 5 部分。下面简单介绍。

（1）Linux 内核层：这一层是 Android 系统的核心层。其中，包含了组成 Android 设备的各个硬件的所有驱动程序。

函数库：这一部分中主要包括了 Android 系统功能的全部代码。比如，SQLite 库支持进行数据库的操作。提供的 OpenGL ES 库支持进行 3D 图形的开发。

（2）Android 运行时：这一部分提供了一个 Core Libraries，可以让开发者使用 Java 进行 Android 开发。这一部分还为开发者提供了一个 Dalvik 虚拟机，使得开发者开发的应用程序都在自己的进程中运行，都拥有一个自己的 Dalvik 虚拟机的实例（Android 应用程序被编译成 Dalvik 可执行文件）。Dalvik 是专门为 Android 设计的，并为内存和 CPU 受限的电池供电的移动设备进行过优化。

（3）应用程序框架层：为开发者提供了 Android 系统中各项功能的 API，使得开发者在进行实际开发的时候，如果用到 Android 系统功能，可以直接调用这些 API，让开发更为方便与快捷。

（4）应用程序层：该层处于 Android 系统架构的最顶层，一般开发者开发的应用程序都处在这一层。同时，Android 自带的应用程序也可以在这一层中找到，比如浏览器程序、电话联系人程序等。

10.2　身边的 Android 设备

了解了 Android 系统的历史和发展，以及 Android 系统是什么，下面让我们找找身边的 Android 设备。Android 发展至今，搭载着 Android 系统的设备四处可见。截至目前，Android 所支持的设备大概有如下几种：

- Android 智能手机；
- Android 平板电脑；
- 互联网电视；
- 智能穿戴设备。

相信大家可能已经至少拥有其中一种设备。图 10.2 中所示是常见的 Android 智能手机，从左到右依次是三星 GALAXY S6、华为畅享 5 和小米 C4。

除了手机之外，各大厂家也在另一片领域相互竞争，那就是平板电脑市场，一般市场上比较常见平板电脑尺寸为 10.1 英寸和 7 英寸。图 10.3 所示为 Google Nexus 10 平板电脑。

图 10.2　常见 Android 手机

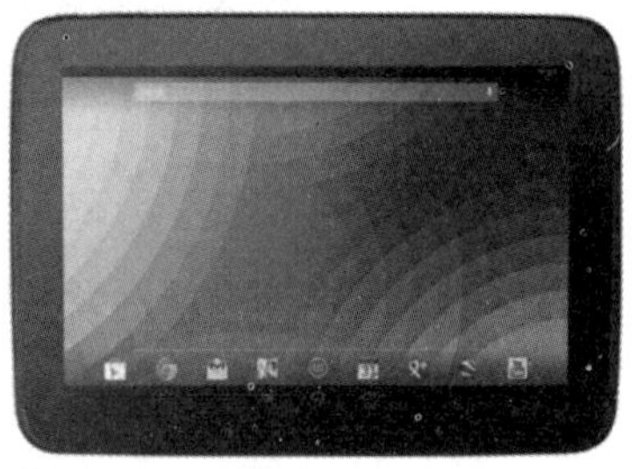

图 10.3　Google Nexus 10 平板电脑

随着微处理芯片行业的发展，人们身上戴的手表、眼镜也都搭载了 Android 系统，而智能穿戴设备这一领域在不久的将来也会成为各个厂商角逐的天地。图 10.4 所示为 Google glass 智能眼镜、图 10.5 所示为三星 Gear2 Neo 智能手表。

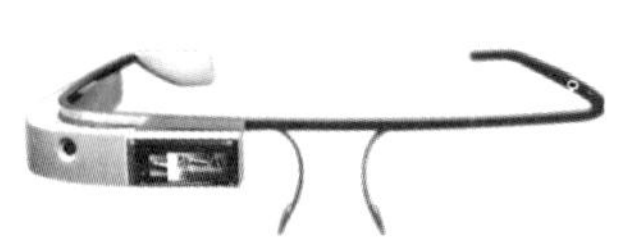

图 10.4　Google glass 智能眼睛

图 10.5　三星 Gear2 Neo 智能手表

除了手机、平板电脑、智能设备以外，还有一个“大家伙”也搭载了 Android 系统，这就是电视机。因为互联网行业的发展，促使了电视机可以上网，而搭载了 Android 的智能互联网电视机变得更智能化了。图 10.6 所示为一款搭载的 Android 系统的智能电视。

图 10.6　搭载 Android 系统的智能电视

无论是大是小，Android 系统正在逐步走进人们的生活，使人们的生活更智能化。

本章小结

本章主要讲解了 Android 的历史发展过程和其当前在人们生活中的应用。

希望大家通过本章的学习能够对 Android 有个大概了解。

强化练习

简答题

1. 简述 Android 有哪些优点和缺点。
2. 查询资料，简述 Android 开发的三种常用开发工具。

第11章 Android 开发环境搭建

俗话说："工欲善其事，必先利其器。"想要进行 Android 开发，就必须找到一把利器，这样能极大地提高开发效率。Eclipse+ADT+SDK 是目前 Android 主流的开发环境。下面具体介绍如何搭建 Android 开发环境。

11.1 系统要求

开发 Android 系统对计算机软硬件也是有一定要求的。

一般情况下，配置为 I5 处理器、4 GB 内存、装有 Windows 7（32 位或 64 位）操作系统的计算机足以满足日常开发需求。

11.2 Java JDK 下载和安装

1. 下载 JDK

因为 Eclipse 的运行需要 Java JDK 的支持，所以要先确定计算机中是否已经安装好 Java JDK，如果有可以跳过这一小节，如果没有，可以在 Oracle 官方网站上下载 JDK。下面以 Java SE 8 Update 45 为例，介绍下载 JDK（Java Development Kit，Java 开发工具包）的方法。具体方法如下：

（1）打开浏览器，在地址栏中输入 http://www.oracle.com/index.html，进入 Oracle 官方网站，如图 11.1 所示。

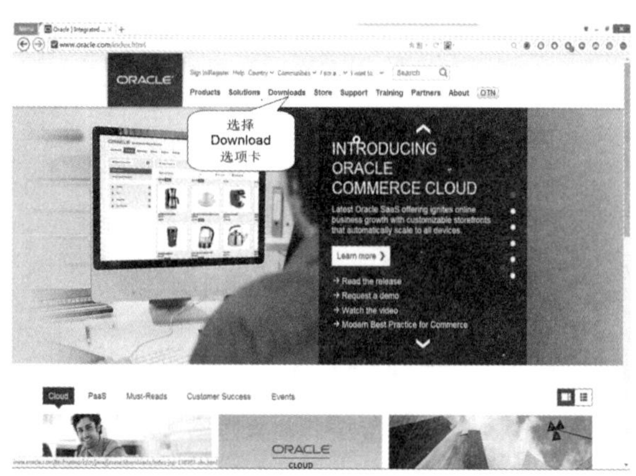

图 11.1 Oracle 官方网站首页

（2）选择 Download 选项卡，选择 Java for Developers，如图 11.2 所示。

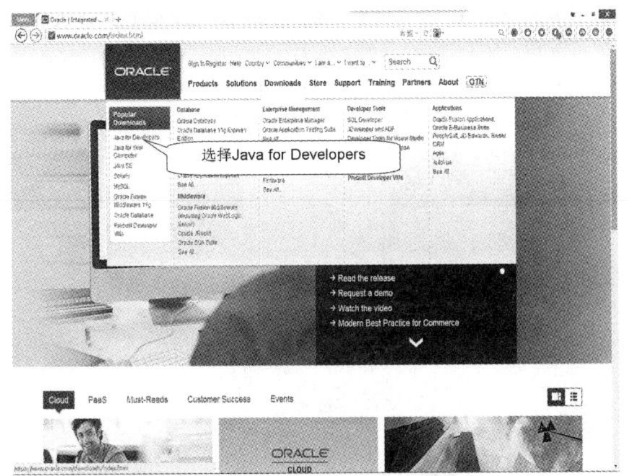

图 11.2　选择 Java for Developers

（3）在跳转的页面中找到如图 11.3 所示的位置，单击 JDK 下方的 Download 按钮。

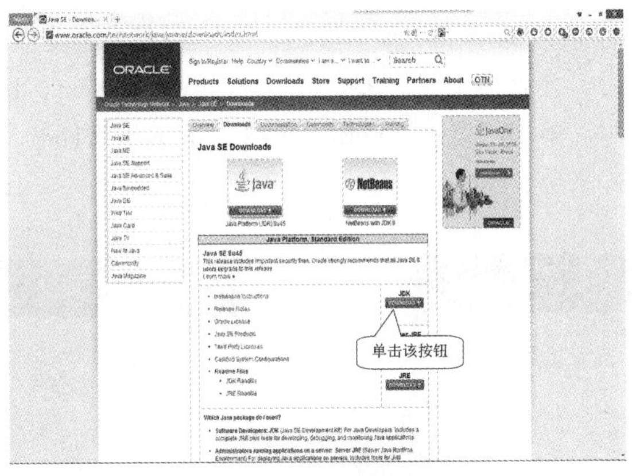

图 11.3　Java 开发资源下载页面

（4）在新页面中，找到图 11.4 所示位置。同意协议并根据计算机硬件和系统选择适当的版本进行下载。

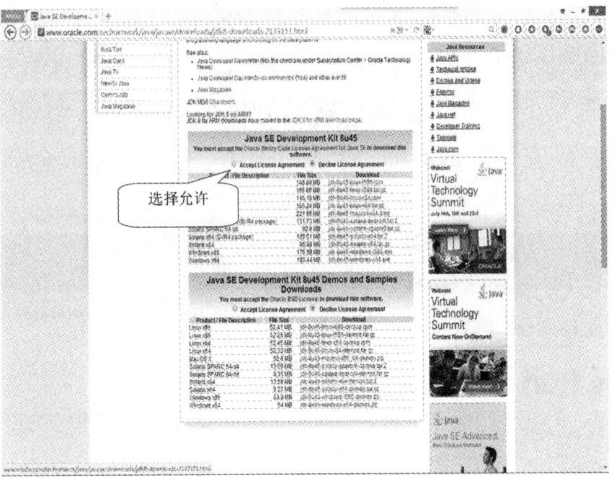

图 11.4　下载页面

2. 安装 JDK

下载完 JDK 以后，就可以安装 JDK 了。以下是 JDK 的具体安装方法。

（1）双击可执行安装文件。双击完成后，弹出如图 11.5 所示的界面。

（2）单击“下一步”按钮，跳转到定制安装界面，如图 11.6 所示。

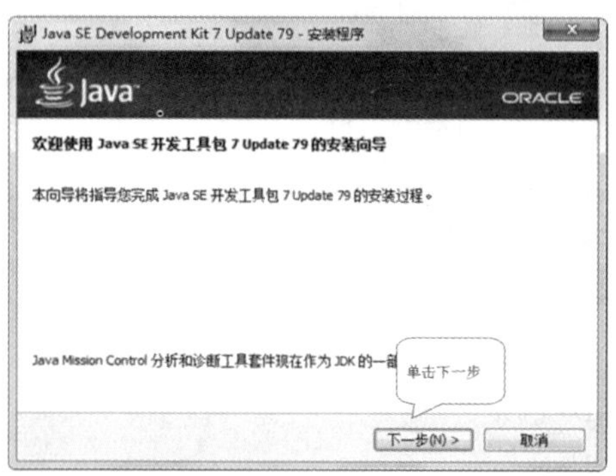

图 11.5　JDK 安装向导界面

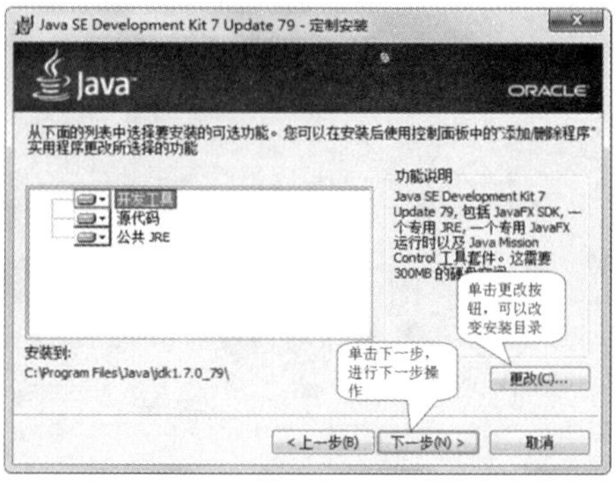

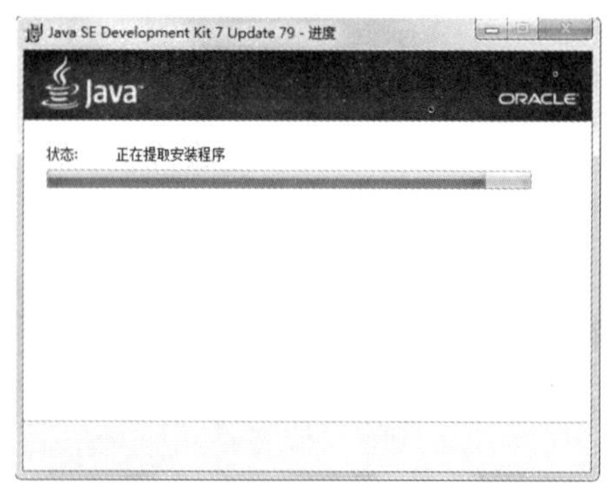

图 11.6　定制安装界面

（3）单击第（2）步中出现的“下一步”按钮，跳转到安装进度界面，如图 11.7 所示。

（4）安装完 JDK 以后，会弹出 JRE（Java Runtime Environment，Java 运行环境）的安装配置界面，如图 11.8 所示。单击“更改”按钮，更改 JRE 的安装路径。一般情况下会将 JRE 和 JDK 安装到同一个文件夹下。

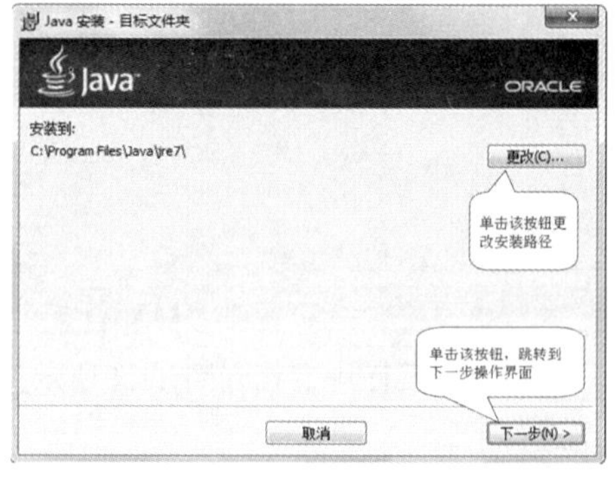

图 11.7　JDK 安装进度界面

图 11.8　JRE 安装路径配置界面

（5）单击图 11.8 中的“下一步”按钮，跳转到安装进度显示界面，如图 11.9 所示。

（6）安装完成后，跳转到安装完成界面，单击“关闭”按钮，完成全部安装，如图 11.10 所示。

图 11.9　JRE 安装进度界面

图 11.10　安装完成界面

11.3 Android 开发环境配置

（1）解压 Android.zip 到 D 盘根目录下（建议路径是纯英文路径），如图 11.11 所示。

图 11.11 解压后界面

（2）进入 Android 目录下的 eclipse 目录下，双击 eclipse。在启动过程中，在图 11.12 所示对话框中选择工作空间，也就是存放工程的地方（使用纯英文路径）。

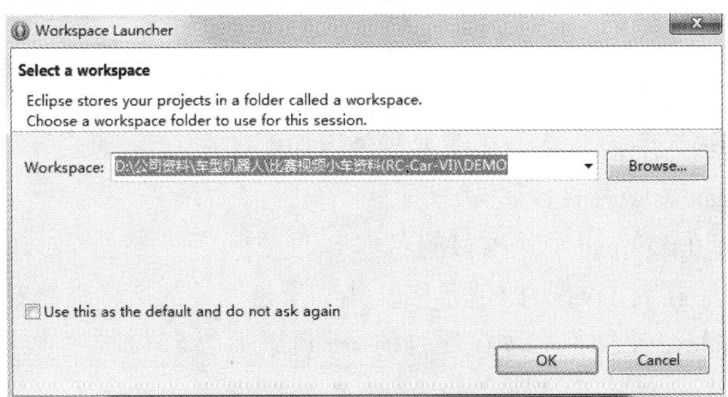

图 11.12 工作空间选择界面

（3）选择标题栏上的 Window→Preferences 命令，会弹出图 11.13 所示配置界面，选择 Android。

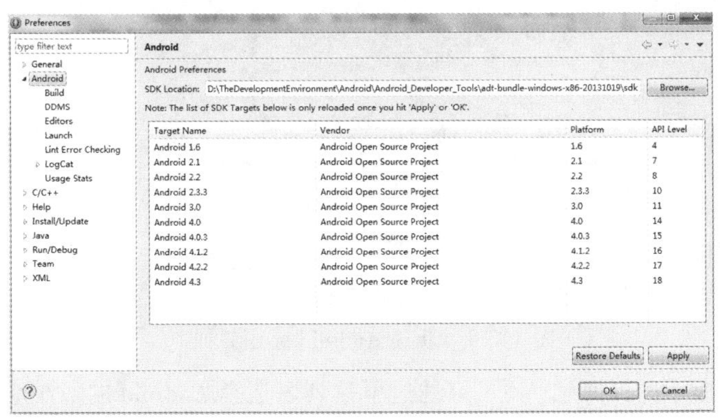

图 11.13 Android SDK 配置界面

（4）单击 Browse 按钮，选择 SDK 目录，如图 11.14 所示，单击“确定”按钮。

图 11.14　SDK 目录选择界面

至此，Android 开发环境搭建完毕。

11.4　新建一个 Android 工程

作为 Android 开发的第一个程序，下面通过一个简单的 Hello Android 程序。来了解 Android 开发的基本流程。

11.4.1　创建第一个 Android 项目

（1）选择标题栏上的 File→New→Android Application project 命令，弹出图 11.15 所示界面。在该界面中需要输入一些信息，其中主要包括如下几点：

- Application Name（应用的名称）。
- Project Name（在 Eclipse 中该项目的名称）。
- Package Name（存放 Java 类的包名称，其实质是存放的文件夹路径，"." 号为文件分隔符，编写的 Java 文件都会放在项目的 src 目录下）。

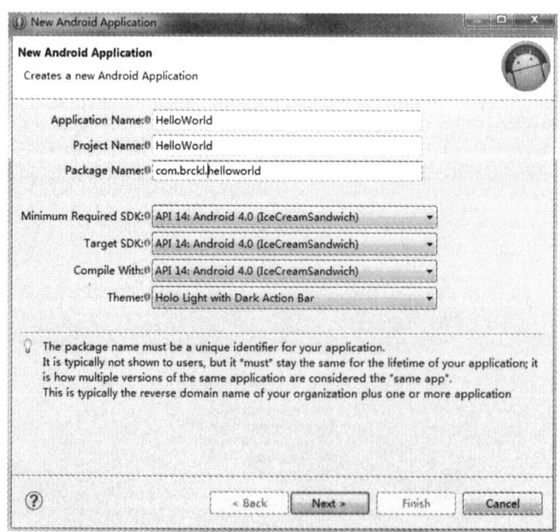

图 11.15　新建 Android 应用界面

在图 11.15 中所示的界面中，还可以通过下拉列表选择 Android 的最小响应版本、目标版本、编译版本。这里建议选择 Android 4.0 及以上的版本。

（2）一路单击 Next 按钮。最后单击 Finish 按钮，完成创建。创建完成后，结果如图 11.16

所示。

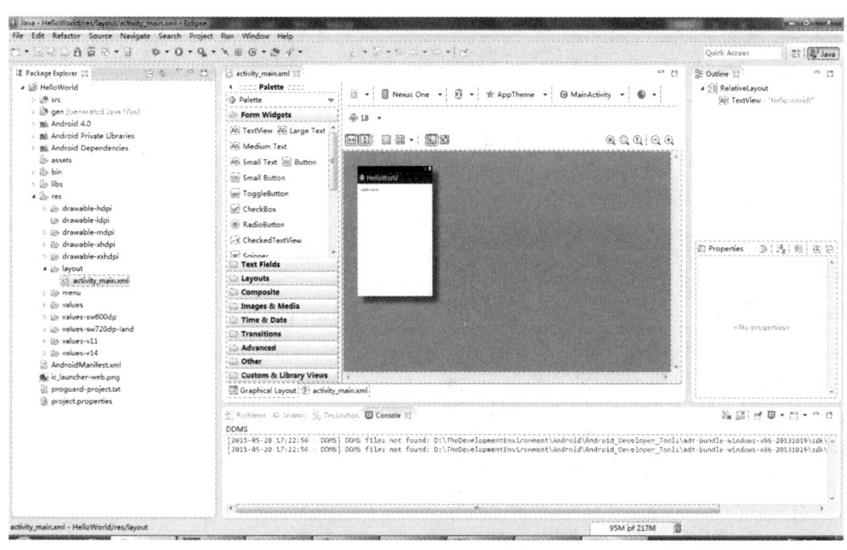

图 11.16 工程创建完成界面

11.4.2 编写第一个 Android 程序

当运行完第一个 Android 项目以后，会发现程序默认输出 Hello World。现在只需要做少量的更改，来实现我们的目标，输出 Hello Android。

（1）找到 res/layout/activity_main.xml 文件，双击。选择 activity_main.xml 选项卡，会发现文件中有一个<TextView>标签。删除<TextView>标签以及里边的属性列表。

（2）在原<TextView>标签处，添加如下代码：

```
<TextView
    android:id="@+id/show"
    android:layout_width="wrap_content"
    android:layout_height="wrap_content"
    android:text="Hello Android" />
```

（3）保存代码。

11.4.3 运行第一个 Android 程序

创建完项目，也修改了代码，下面就应该连上手机或者平板电脑，看看程序的运行效果了。以下是进行真机调试的步骤。

（1）在进行真机调试前，要做一些前期准备。首先，确保手机或平板电脑上的开发者选项中的“允许 USB 调试功能”已经被选中。其次，计算机中已经安装了手机或者平板电脑的驱动程序。

（2）当前期准备已经做完以后，使手机和平板电脑相连。

（3）选择需要运行的项目并右击，在弹出的快捷菜单中选择 Run as→Android Application 命令，如图 11.17 所示。

当完成以上步骤以后，即可在手机或平板电脑上看到运行结果。恭喜你，你已经成为

Android 开发者中的一员了。

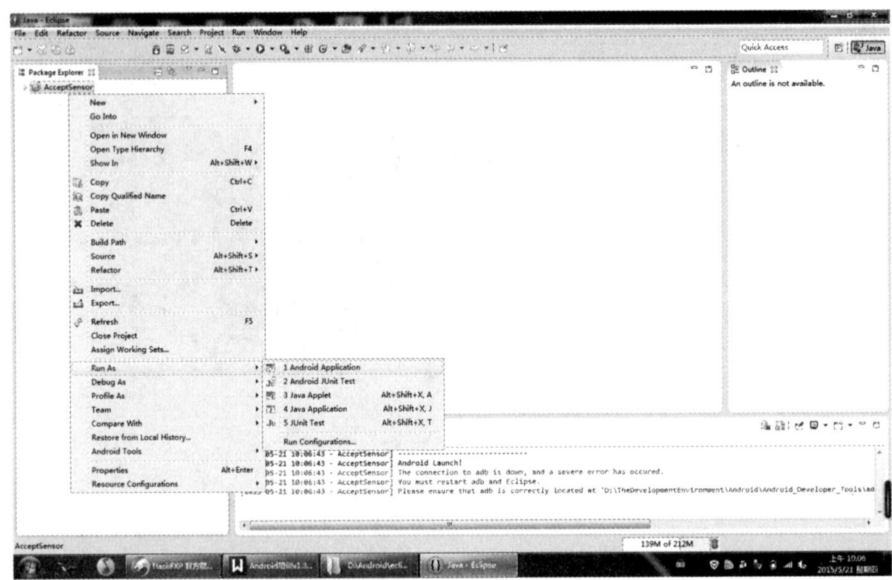

图 11.17　程序运行界面

11.4.4　导入一个项目

当进行 Android 开发时，有时可能会看一些别的项目的代码，这时不可能用记事本一行一行地去查看代码，这样做很不方便，而且效率很低，所以需要把其他项目导入工作空间中进行查看。

以下是如何将一个项目导入工作空间中的具体步骤。

（1）选择标题栏上的 File→Import 命令，弹出如图 11.18 所示对话框。

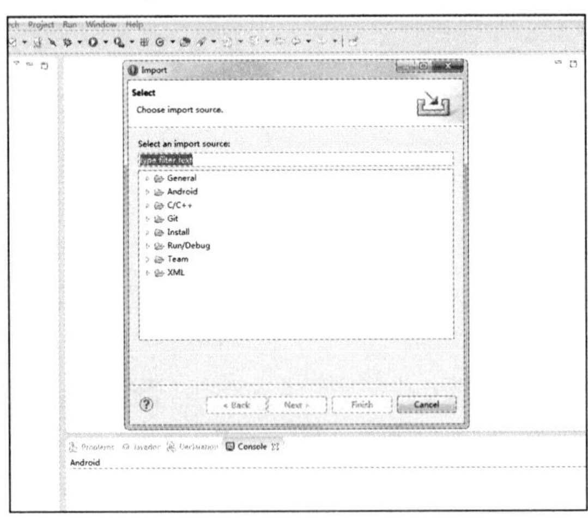

图 11.18　导入项目 1

（2）选择 Android 下的 Existing Android Code Into Workspace，如图 11.19 所示，单击 Next 按钮。

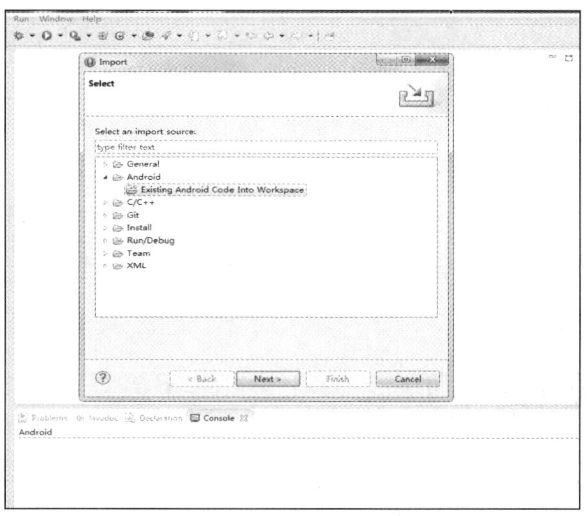

图 11.19　导入项目 2

（3）如图 11.20 所示，单击 Browse 按钮，选择项目。这里提醒大家，一定要选择 Copy projects into workspace 复选框。然后单击 Finish 按钮。这样，项目就导入 Eclipse 中了。

图 11.20　导入项目 3

本章小结

本章主要讲解了 Android 开发工具 Eclipse 的安装和环境配置步骤，并讲解了 Eclipse 开发 Android 项目工程的步骤。

希望大家通过本章的学习能够对利用 Eclipse 工具开发 Android 项目有个大概了解。

强化练习

简答题

1. 查找资料，简单介绍 Android 各版本的区别。
2. 简述 Android 的系统构建和构建功能。

第12章 Android UI 设计

12.1 UI 编辑器介绍

ADT 为 Android 的 UI 设计提供了一种 UI 编辑器，如图 12.1 所示。当打开 layout 下的.xml 布局文件时，系统自动打开 UI 编辑器。

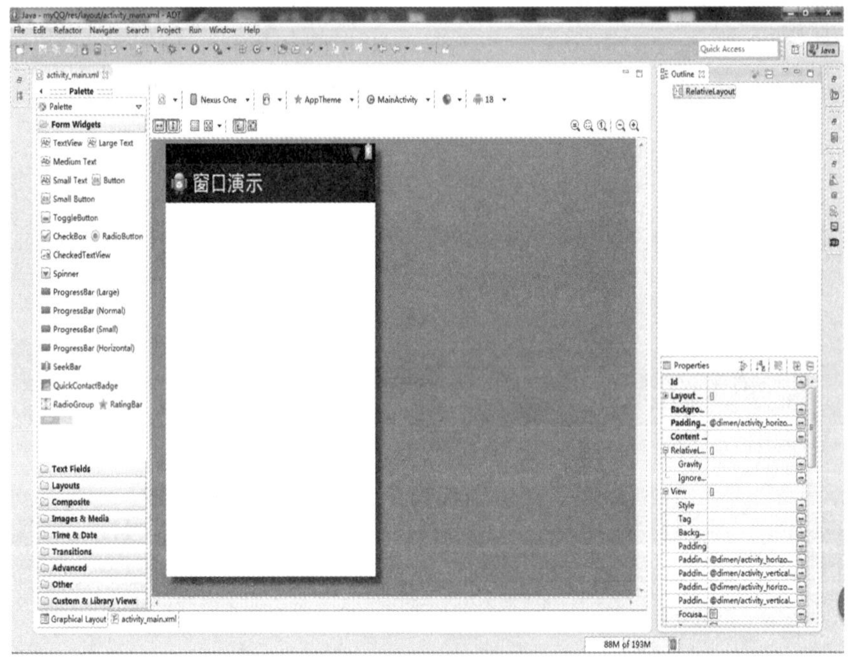

图 12.1 UI 编辑器

1. Palette 窗口

可以直接将 Palette 窗口提供的控件拖动到虚拟屏幕上。以下为 Palette 窗口提供的基本控件。

- Form Widgets：包括各种基本控件。
- Text Fields：包括各种定制的 TextField 控件。
- Layouts：包括各种布局控件。
- Composite：包括各种视图控件。
- Images & Media：包括各种图片和媒体控件。

- Time & Data：包括各种时间和日期控件。
- Transitions：包括各种过渡控件。
- Advanced：包括各种高级控件。
- Other：提供了一些特有 API 版本包含的控件，如 TextClock。
- Custom & Library Views：包含了用户自定义控件，以及第三方提供的控件。

2. Configuration 面板

Configuration 面板可以设置不同的参数，适应不同的需求。Configuration 面板提供了以下功能：

- 不同屏幕尺寸显示效果。
- 横竖屏显示效果。
- 不同的主题显示效果。
- 不同的 SDK 版本显示效果。
- 缩放控制。

3. 模拟屏幕

模拟屏幕就是中间部分的可编辑区域，该区域展示了在当前硬件环境配置下的显示效果。可以直接拖动控件到模拟屏幕上，查看显示效果。

在模拟屏幕中右击屏幕中的控件，在弹出的快捷菜单中可以执行查看控件的属性、创建动画及动画预览、展开内嵌的布局等命令。

4. Outline 窗口

Outline 窗口包括两个部分（如图 12.1 右侧区域所示）：上方的窗口显示了当前布局的层次结构，也可以直接从 Palette 窗口拖动控件到 Outline 窗口中；下方的窗口是当前选中控件的属性设置窗口，在属性设置窗口中，可以设置控件的参数、显示样式等信息。

属性窗口有如下特点：

- 重要的属性使用粗体显示。
- 当前控件编辑过的属性值使用蓝色显示。
- 显示部分默认属性。
- 属性可以嵌套。
- 属性可以按照字符循序排列，方便查找。
- 高级属性默认隐藏，可以单击显示隐藏属性的按钮来显示。

12.2 创建布局

要想进行界面开发，首先要了解如何创建一个布局文件。创建布局文件的具体步骤如下：

（1）在 Android 项目的 res/layout 结点上右击，选择 New→Android XML File 命令，打开 New Android XML File 对话框，如图 12.2 所示。

（2）在 File 文本框中输入布局文件名，在 Root Element 列表中选择布局的根结点，单击 Next 按钮，打开 Choose Configuration Folder 对话框，如图 12.3 所示。

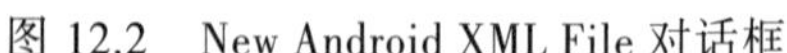

图 12.2 New Android XML File 对话框

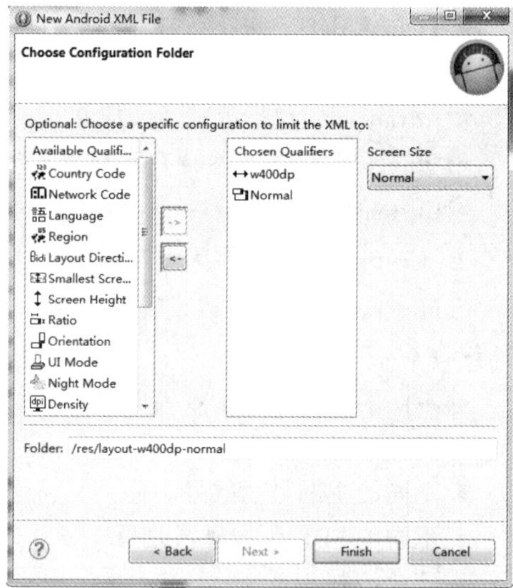

图 12.3 Choose Configuration Folder 对话框

Choose Configuration Folder 对话框用于设置对 XML 文件的特殊限制。例如，在左侧选择 Screen Width，单击按钮，将其加入右侧的 Chosen Qualifiers 列表中，并在 Width 框中输入值，则新的布局文件将被放置在特定的文件路径中。

（3）单击 Finish 按钮，完成创建。

12.3 相对布局

相对布局（RelativeLayout）是将子控件以相对位置的方式摆放在布局中，一个子控件可以指定相对于它的兄弟控件的位置（例如在给定控件的上边或者上边界对齐）或相对于 RelativeLayout 的特定区域的位置（例如底部对齐或中间）。

在 Android 中，XML 布局文件中使用<RelativeLayout>标签来标记相对布局。其基本格式如下：

```
<RelativeLayout
xmlns:android="http://schemas.android.com/apk/res/android"
    属性列表
>
其他控件
</RelativeLayout>
```

RelativeLayout 的常用属性如表 12.1 所示。

表 12.1 RelativeLayout 的常用属性

属 性 名	描 述
android:gravity	用于设置布局中各子控件的对齐方式
android:ignoreGravity	指定子控件不受 gravity 属性影响

为了能够更好地对布局中的控件进行控制，Android 提供了一个内部类 RelativeLayout.LayoutParams，可以让用户更方便地对布局中的控件进行管理。

RelativeLayout.LayoutParams 的常用属性如表 12.2 所示。

表 12.2 RelativeLayout.LayoutParams 的常用属性

属性名	描述
android:layout_below	设置控件在指定控件的下方
android:layout_above	设置控件在指定控件的上方
android:layout_toLeftOf	设置控件在指定控件的左边
android:layout_toRightOf	设置控件在指定控件的右边
android:layout_alignBaseline	设置控件的基线和指定控件的基线对齐
android:layout_alignTop	设置控件的上边基线和指定控件的上边基线对齐
android:layout_alignLeft	设置控件的左边基线和指定控件的左边基线对齐
android:layout_alignRight	设置控件的右边基线和指定控件的右边基线对齐
android:layout_alignBottom	设置控件的下边基线和指定控件的下边基线对齐
android:layout_alignParentBottom	设置控件紧靠父控件的下边基线
android:layout_alignParentLeft	设置控件紧靠父控件的左边基线
android:layout_alignParentRight	设置控件紧靠父控件的右边基线
android:layout_alignParentTop	设置控件紧靠父控件的上边基线
android:layout_centerHrizontal	设置控件在父控件中水平居中
android:layout_centerVertical	设置控件在父控件中垂直居中
android:layout_centerInparent	设置控件相对于父控件水平垂直居中
android:layout_marginLeft	当前控件左侧的留白
android:layout_marginRight	当前控件右侧的留白
android:layout_marginTop	当前控件上方的留白
android:layout_marginBottom	当前控件下方的留白

下面是一个相对布局的示例。

```
<?xml version="1.0" encoding="utf-8"?>
<RelativeLayout
  xmlns:android="http:   //schemas.android.com/apk/res/android"
   xmlns:tools="http:    //schemas.android.com/tools"
   android:layout_width="match_parent"
   android:layout_height="match_parent"
   android:orientation="vertical"
   tools:context="com.bkrc.core.activity.RelativeLayoutActivity" >
   <TextView
       android:id="@+id/tv_show"
       android:layout_marginTop="20dp"
       android:layout_width="wrap_content"
       android:layout_height="wrap_content"
       android:text="@string/tv_show"
   />
   <TextView
       android:id="@+id/tv_result"
       android:layout_marginTop="20dp"
```

```
        android:layout_width="wrap_content"
        android:layout_height="wrap_content"
        android:layout_toRightOf="@+id/tv_show"
      />
    <Button
        android:id="@+id/north"
        android:layout_width="100dp"
        android:layout_height="60dp"
android:layout_centerHorizontal="true"
        android:layout_marginTop="100dp"
        android:text="@string/north"
        android:textSize="@dimen/font_size"
    />
   <!-- 此处之后代码省略，可参考具体源代码 -->
                ... ...
                ... ...
  </RelativeLayout>
```


说明：在上面的代码中，文本框会显示点击内容。屏幕上会有 5 个按钮，以十字排列。

运行本例提供的代码，将显示图 12.4 所示运行结果。

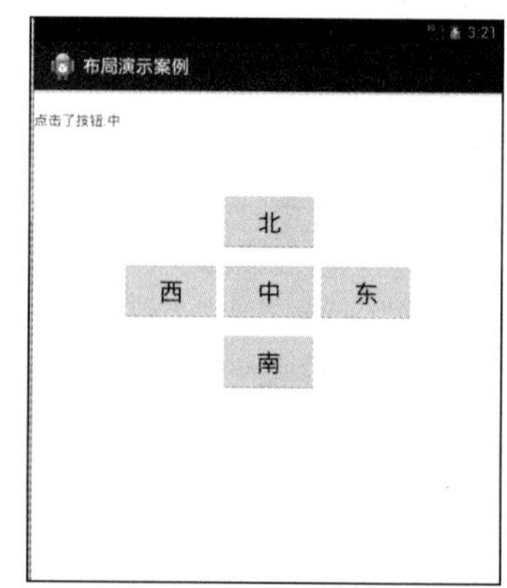

图 12.4　相对布局案例运行结果

12.4　线性布局

线性布局（LinearLayout）是将子控件以水平或垂直排列的，并且在 Android 中线性布局是不会自动换行的，当子控件超出屏幕的边界后，子控件将不会被显示出来。

在 Android 中，XML 布局文件中使用<LinearLayout>标签来标记线性布局。其基本格式如下：

```
  <LinearLayout
    xmlns:android="http://schemas.android.com/apk/res/android"
      属性列表
  >
  其他控件
  </LinearLayout>
```

LinearLayout 的常用属性如表 12.3 所示。

表 12.3　LinearLayout 的常用属性

属 性 名	描　　述
android:orientation	用于设置子控件在布局中的排列方式
android:layout_weight	设置多子控件的权重摆放

下面是一个线性布局的示例。

```
  <?xml version="1.0" encoding="utf-8"?>
  <LinearLayout
xmlns:android="http://schemas.android.com/apk/res/android"
      android:layout_width="match_parent"
```

```
    android:layout_height="match_parent"
    android:orientation="vertical" >
    <!-- 水平排列 -->
    <LinearLayout
        android:layout_width="match_parent"
        android:layout_height="0dp"
        android:layout_weight="1"
        android:orientation="horizontal" >
        <TextView
            android:layout_width="0dp"
            android:layout_height="match_parent"
            android:layout_weight="1"
            android:background="#ffff0000"
            android:gravity="center_horizontal|center_vertical"
            android:text="横"
            android:textSize="30sp" />
    <!-- 此处省略部分代码 -->
           ... ...
           ... ...
    </LinearLayout>
    <!-- 垂直排列 -->
    <LinearLayout
        android:layout_width="match_parent"
        android:layout_height="0dp"
        android:layout_marginTop="10dp"
        android:layout_weight="1"
        android:orientation="vertical" >
        <TextView
            android:layout_width="match_parent"
            android:layout_height="0dp"
            android:layout_weight="1"
            android:background="#ffff0000"

android:gravity="center_horizontal|center_vert
ical"
            android:text="纵"
            android:textSize="30sp" />
      <!-- 此处省略部分代码 -->
          ... ...
          ... ...
    </LinearLayout>
  </LinearLayout>
```

说明：在上面代码中，一个线性布局中嵌套了两个线性布局。上部分的线性布局中子控件以水平方式排列，下部分的线性布局中子控件以垂直方式排列。

运行本例提供的代码，将显示图 12.5 所示运行结果。

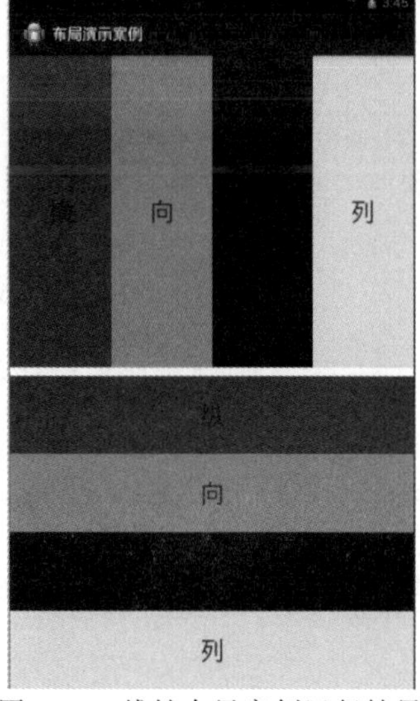

图 12.5　线性布局案例运行结果

12.5 表格布局

表格布局是将子控件一个一个地放入单元格中进行摆放的。表格布局是以行、列的形式来管理放入其中的子控件。如果在表格布局中直接向<TableLayout>中添加子控件，那么该组件将独占一行。

在 Android 中，XML 布局文件中使用<TableLayout>标签来标记表格布局。其基本格式如下：

```
<TableLayout
  xmlns:android="http://schemas.android.com/apk/res/android"
    属性列表
>
    <TableRow 属性列表> 需要添加的子控件 </TableRow>
</TableLayout>
```

TableLayout 的常用属性如表 12.4 所示。

表 12.4 TableLayout 的常用属性

属 性 名	描 述
android:collapseColumns	设置需要被隐藏的列的列序号
android:shrinkColumns	设置允许被收缩的列的列序号
android:stretchColumns	设置允许被拉伸的列的列序号

下面是一个表格布局的示例。

```
<?xml version="1.0" encoding="utf-8"?>
<TableLayout xmlns:android="http://schemas.android.com/apk/res/android"
   android:layout_width="match_parent"
   android:layout_height="match_parent"
   android:stretchColumns="1" >
   <TableRow>
      <TextView
         android:layout_column="1"
         android:padding="3dp"
         android:text="打开" />
      <TextView
         android:gravity="right"
         android:padding="3dp"
         android:text="Ctrl-O" />
   </TableRow>
   <TableRow>
      <TextView
         android:layout_column="1"
         android:padding="3dp"
         android:text="保存" />
      <TextView
         android:gravity="right"
         android:padding="3dp"
         android:text="Ctrl-S" />
```

```
</TableRow>
<!-- 此后代码省略-->
... ...
... ...
</TableLayout>
```

说明：在上面代码中，使用表格布局搭建了一个下拉菜单的界面。

运行本例提供的代码，将显示图 12.6 所示运行结果。

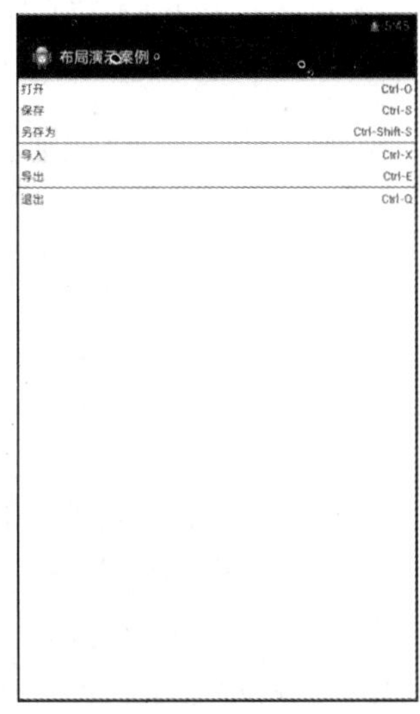

图 12.6　表格布局案例运行结果

12.6 帧布局

帧布局（FrameLayout）是将子控件自动地按照层次堆放在左上角，后加进来的控件覆盖前面的控件。

在 Android 中，XML 布局文件中使用<TableLayout>标签来标记表格布局。其基本格式如下：

```
<FrameLayout
  xmlns:android="http://schemas.android.com/apk/res/android"
    属性列表
>
</FrameLayout>
```

FrameLayout 的常用属性如表 12.5 所示。

表 12.5　TableLayout 的常用属性

属 性 名	描　　述
android:foreground	设置帧布局的前景图像
android:foregroundGravity	定义绘制前景图像的 gravity 属性，即前景图像显示的位置

下面是一个帧布局的示例。

```
<?xml version="1.0" encoding="utf-8"?>
```

第 12 章　Android UI 设计

```
<FrameLayout xmlns:android="http://schemas.android.com/apk/res/android"
    android:layout_width="match_parent"
    android:layout_height="match_parent" >

<TextView
    android:id="@+id/tv1"
    android:layout_width="320dp"
    android:layout_height="320dp"
    android:layout_gravity="center_vertical|center_horizontal"
    android:background="#ffff0000"/>

<TextView
    android:id="@+id/tv2"
    android:layout_width="280dp"
    android:layout_height="280dp"
    android:layout_gravity="center_vertical
|center_horizontal"
    android:background="#ff00ff00"/>
 <!-- 此后代码省略-->
  ... ...
  ... ...
</FrameLayout>
```

说明：在上面代码中，使用帧布局实现了一个霓虹灯效果。运行本例提供的代码，将显示图 12.7 所示运行结果。

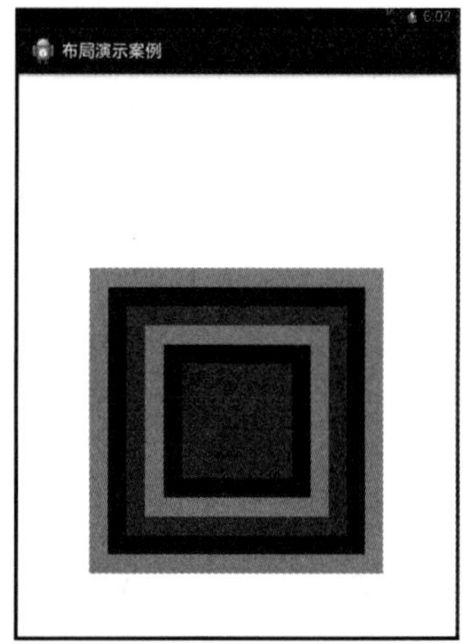

图 12.7　帧布局案例运行结果

本章小结

本章主要介绍了 Android 开发中 UI 设计中各类布局的几个效果案例，比较简单，在实际开发中，一个 UI 的实现需要根据各布局相互配合搭配使用。

强化练习

简答题

1. Android 常用布局方式有哪几种？
2. 单帧布局的特点是什么？
3. 线性布局有哪两种不同的方向属性？
4. 在表单布局中，如何设置列是隐藏还是可拉伸？

Android 常用控件

13.1 文本框

在 Android 中，文本框使用 TextView 表示，用于在屏幕上显示文本。Android 中的文本框组件可以显示单行文本，也可以显示多行文本，还可以显示带图像的文本。

在 Android 中，可以使用两种方法向屏幕中添加文本框：一种是通过在 XML 布局文件中使用<TextView>标记添加；另一种是在 Java 文件中通过 new 关键字创建。

通过<TextView>标记在 XML 布局文件中添加文本框，其基本的语法格式如下：

```
<TextView
   属性列表
>
</TextView>
```

TextView 支持的常用 XML 属性如下所示。

- android:autoLink：用于指定是否将指定格式的文本转换为可单击的超链接形式，其属性值有 none、web、email、phone、map 和 all。
- android:drawableBottom：用于在文本框内文本的底端绘制指定图像，该图像可以是放在 res→drawable 文件夹下的图片，通过“@drawable/文件名（不包括文件的扩展名）”设置。
- android:drawableLeft：用于在文本框内文本的左侧绘制指定图像，该图像可以是放在 res→drawable 文件夹下的图片，通过“@drawable/文件名（不包括文件的扩展名）”设置。
- android:drawableRight：用于在文本框内文本的右侧绘制指定图像。
- android:drawableTop：用于在文本框内文本的顶端绘制指定图像。
- android:gravity：用于设置文本框内文本的对齐方式。
- android:hint：用于设置当文本框中文本内容为空时，默认显示的提示文本。
- android:inputType：用于指定当前文本框显示内容的文本类型。
- android:singleLine：用于指定该文本框是否为单行模式。
- android:text：用于指定该文本中显示的文本内容。
- android:textColor：用于设置文本框内文本的颜色。
- android:textSize：用于设置文本框内文本的字体大小。
- android:width：用于指定文本的宽度，以像素为单位。
- android:height：用于指定文本的高度，以像素为单位。

例 1：实现为文本框中的 E-mail 地址添加超链接、显示带图像的文本、显示不同颜色的单行文本和多行文本。

（1）修改新建项目的 res→layout 文件夹下的布局文件。删除默认内容，添加一个线性布局管理器，并为默认添加的 TextView 组件设置高度，对其中的 E-mail 格式的文本设置超链接，具体代码如下：

```
<?xml version="1.0" encoding="utf-8"?>
<LinearLayout
    xmlns:android="http://schemas.android.com/apk/res/android"
   android:orientation="vertical"
   android:layout_width="match_parent"
   android:layout_height="match_parent"
>

    <TextView
        android:layout_width="match_parent"
        android:layout_height="match_parent"
        android:text="bkrcl015@163.com"
        android:autoLink="email"
        android:height="50px "/>
</LinearLayout>
```

（2）在默认添加的 TextView 组件后面添加一个 TextView 组件，设置该组件显示带图像的文本，具体代码如下：

```
<TextView
        android:layout_width="wrap_content"
        android:layout_height="wrap_content"
        android:text="带图像的 TextView"
        android:drawableTop="@drawable/ic_launcher"
/>
```

（3）显示多行文本（默认的），显示单行文本。

```
<TextView
        android:textColor="#0F0"
        android:textSize="20px"
        android:text="多行文本，在很久很久以前，有一位老人他带给我们一个苹果"
        android:layout_width="300px"
        android:layout_width="wrap_content"
        android:layout_height="wrap_content"/>

    <TextView
        android:textColor="#F00"
        android:textSize="20px"
        android:text="单行文本：在很久很久以前，有一位老人他带给我们一个苹果"
        android:width="300px"
        android:singleLine="true"
        android:layout_width="wrap_content"
        android:layout_height="wrap_content"/>
```

在模拟器上运行以后，结果如图 13.1 所示。

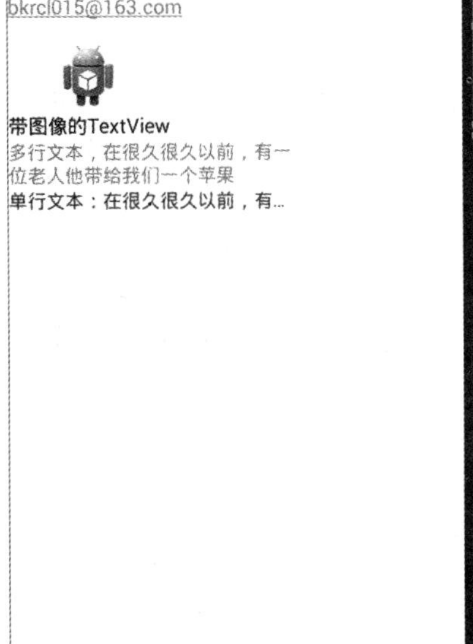

图 13.1　文本框案例运行结果

13.2 编辑文本框

在 Android 中，编辑框使用 EditText 表示，用于在屏幕上显示文本输入框。Android 中的编辑框组件可以输入单行文本，也可以输入多行文本，还可以输入指定格式的文本（如密码、电话号码、E-mail 地址等）。

通过<EditText>标记在 XML 布局文件中添加编辑框，其基本的语法格式如下：

```
<EditText
   属性列表
>
</EditText>
```

由于 EditText 类是 TextView 类的子类，所以 TextView 类的属性同样适用于 EditText 组件。需要特别注意的是，在 EditText 组件中，android:inputType 属性可以帮助输入框显示合适的类型。例如，要添加一个密码框，可以将 android:inputType 属性设置为 textPassword。

在屏幕中添加编辑框后，还需要获取编辑框中输入的内容，这可以通过编辑框组件提供的 getText()方法实现。使用该方法时，先要获取到编辑框组件，然后再调用 getText()方法。例如，要获取布局文件中添加的 id 属性为 login 的编辑框的内容，可以通过以下代码实现。

```
EditText login = (EditText)findViewById(R.id.login);
String loginText = login.getText().toString();
```

例 2：实现会员注册界面。

（1）修改新建项目的 res→layout 文件夹下的布局文件。删除默认内容，添加表格布局管理器。在该布局管理器中添加 4 个 TableRow 表格行，并为该表格布局管理器设置背景。具体代码如下：

```
<TableLayout
    xmlns:android="http://schemas.android.com/apk/res/android"
```

```
    android:id="@+id/layout"
    android:layout_width="match_parent"
    android:layout_height="match_parent"
    android:background="#FF000000"
>
   <!-- 第一个表格行 -->
    <TableRow
       android:id="@+id/tableRow1"
       android:layout_width="wrap_content"
       android:layout_height="wrap_content"
       >

    </TableRow>

    <!-- 第二个表格行 -->
    <TableRow
       android:id="@+id/tableRow2"
       android:layout_width="wrap_content"
       android:layout_height="wrap_content"
       >

    </TableRow>

    <!-- 第三个表格行 -->
    <TableRow
       android:id="@+id/tableRow3"
       android:layout_width="wrap_content"
       android:layout_height="wrap_content"
       >

    </TableRow>

    <!-- 第四个表格行 -->
    <TableRow
       android:id="@+id/tableRow4"
       android:layout_width="wrap_content"
       android:layout_height="wrap_content"
       >

    </TableRow>
</TableLayout>
```

（2）在表格第一行，添加一个用于显示提示信息的文本框和一个输入会员昵称的单行编辑框，并为该单行编辑框设置提示文本。具体代码如下：

```
     <TextView
       android:layout_width="wrap_content"
       android:layout_height="wrap_content"
       android:text="会员昵称"
       android:height="50px"/>
```

```
    <EditText
        android:id="@+id/nickname"
        android:hint="请输入会员昵称"
        android:layout_width="300px"
        android:layout_height="wrap_content"
        android:inputType="textPersonName"
        android:singleLine="true"/>
```

（3）在表格的第二行，添加用于显示提示信息的文本框和一个输入密码的密码框。具体代码如下：

```
     <TextView
        android:layout_width="wrap_content"
        android:layout_height="wrap_content"
        android:text="输入密码"
        android:height="50px"/>

    <EditText
        android:id="@+id/pwd"
        android:layout_width="300px"
        android:inputType="textPassword"
        android:layout_height="wrap_content"/>
```

（4）在表格的第三行，添加一个确认密码框。具体代码如下：

```
     <TextView
        android:layout_width="wrap_content"
        android:layout_height="wrap_content"
        android:text="确认密码"
        android:height="50px"/>
    <EditText
        android:id="@+id/queren"
        android:layout_width="300px"
        android:layout_height="wrap_content"
        android:inputType="textPassword"/>
```

（5）在表格的第四行，添加用于显示提示信息的文本框和一个输入 E-mail 地址的编辑框。具体代码如下：

```
    <TextView
       android:layout_width="wrap_content"
       android:layout_height="wrap_content"
       android:text="E-mail"
       android:height="50px"/>
   <EditText
           android:id="@+id/email"
           android:layout_width="300px"
           android:layout_height="wrap_content"
       android:inputType="textEmailAddress"/>
```

（6）添加一个水平线性布局管理器，并在该布局管理器中添加两个按钮。具体代码如下：

```
  <LinearLayout
        android:layout_width="wrap_content"
        android:layout_height="wrap_content"
```

```
        android:orientation="horizontal">

        <Button
            android:text="注册"
            android:layout_width="wrap_content"
            android:layout_height="wrap_content"
            android:id="@+id/button1"/>

        <Button
            android:text="重置"
            android:layout_width="wrap_content"
            android:layout_height="wrap_content"
            android:id="@+id/button2"/>
    </LinearLayout>
```

（7）在主活动 onCreate()方法中，为“注册”按钮添加单击事件监听器，用于在用户单击“注册”按钮后查看日志，查看输入的内容。具体代码如下：

```
public class MainActivity extends Activity {

    @Override
    protected void onCreate(Bundle savedInstanceState) {
        super.onCreate(savedInstanceState);
        setContentView(R.layout.activity_main);
        Button button1 = (Button) findViewById(R.id.button1);
        button1.setOnClickListener(new OnClickListener() {

            @Override
            public void onClick(View v) {
                //获取会员昵称编辑框组件
                EditText nicknameET = (EditText) findViewById(R.id.nickname);
                //获取输入的会员昵称
                String nickname = nicknameET.getText().toString();
                //获取密码编辑框组件
                EditText pwdET = (EditText) findViewById(R.id.pwd);
                //获取输入的密码
                String pwd = pwdET.getText().
toString();
                //获取 E-mail 编辑框组件
                EditText emailET = (EditText)
findViewById(R.id.email);
                //获取输入 E-mail 的地址
                String email = emailET.getText().
toString();
            }
        });
    }
}
```

在模拟器上运行以后，结果显示如图 13.2 所示。

图 13.2　编辑文本框案例运行结果

13.3 按钮

在 Android 中，普通按钮其基本的语法格式如下：

```
<Button
android:text=" 显示文本"
android:id=" @+id/button1"
android:layout_width=" wrap_content"
android:layout_height=" wrap_content"
>
</Button>
```

在屏幕上添加按钮后，还需要为按钮添加单击事件监听器，才能让按钮发挥其特有的用途。Android 中提供了两种为按钮添加单击事件监听器的方法。一种是在 Java 代码中完成，例如，在 Activity 的 onCreate()方法中完成。具体代码如下：

```
import android.view.View.OnClickListener;
Import android.widget.Button;

//通过 ID 获取布局文件中添加的按钮
Button login = (Button)findViewById(R.id.login);
//为按钮添加单击事件监听器
login.setOnClickListener(new OnClickListener(){
    @Override
    public void onClick(View v){
        //编写要执行的动作代码
     }
});
```

另一种是在 Activity 中编写一个包含 View 类型参数的方法，并且将要触发的动作代码放在该方法中，然后在布局文件中通过 android:onClick 属性指定对应的方法名实现。例如，在 Activity 中编写一个名为 myClick()的方法，关键代码如下：

```
public void myClick(View view){
    //编写要执行的动作代码
}
```

那么就可以在布局文件中通过 android:onClick="myClick"语句为按钮添加单击事件监听器。

在 Android 中，图片按钮与普通按钮的使用方法是基本相同的，只不过图片按钮使用<ImageButton>标记定义，并且可以为其指定 android:src 属性，用于设置要显示的图片。在布局文件中添加图像按钮的基本语法格式如下：

```
<ImageButton
android:id=" @+id/imageButton1"
android:src=" @drawable/图片文件名称"
android:background=" #000"
android:layout_width=" wrap_content"
android:layout_height=" wrap_content" >
</ImageButton>
```

同普通按钮一样，也需要为图片按钮添加单击事件监听器，具体添加方法同普通按钮一样，这里不再赘述。

例 3：实现添加普通按钮和图片按钮，并为其设置单击事件监听器。

（1）修改新建项目下的布局文件，删除布局文件中的默认内容，添加水平线性布局管理器，在该布局管理器中添加一个普通按钮（id 属性为 login）和一个图片按钮，并为图片按钮设置 android:src 属性、android:background 属性和 android:onClick 属性。具体代码如下：

```
    <?xml version="1.0" encoding="utf-8"?>
    <LinearLayout
xmlns:android="http://schemas.android.com/apk/res/android"
        android:layout_width="wrap_content"
        android:layout_height="wrap_content"
        android:orientation="horizontal" >

        <Button
           android:id="@+id/login"
           android:layout_width="wrap_content"
           android:layout_height="wrap_content"
           android:text="登录" />

        <ImageButton
           android:id="@+id/login1"
           android:layout_width="wrap_content"
           android:layout_height="wrap_content"
           android:background="#000"
           android:onClick="myClick"
           android:src="@drawable/ic_launcher" />

    </LinearLayout>
```

（2）在主活动 MainActivity 的 onCreate()方法中，应用以下代码为普通按钮添加单击事件监听器。点击按钮，会弹出消息提示。具体代码如下：

```
        //通过 ID 获取布局文件中添加的按钮
        Button login = (Button) findViewById(R.id.login);
        //为按钮添加单击事件监听器
        login.setOnClickListener(new OnClickListener() {

           @Override
           public void onClick(View v) {
              Toast toast = Toast.makeText(MainActivity.this, "您单击了普通按
钮", Toast.LENGTH_SHORT);
    //显示提示信息
              toast.show();
           }
        });
```

（3）在 MainActivity 类中编写一个方法 myClick()，用于指定要触发的动作代码。具体代码如下：

```
    public void myClick(View view){
       Toast toast = Toast.makeText(MainActivity.this, "您点击了图片按钮",
Toast.LENGTH_SHORT);
       //显示提示信息
```

```
    toast.show();
}
```

在模拟器上运行以后，结果显示如图 13.3 所示。

图 13.3　按钮案例运行结果

本章小结

本章主要介绍了 Android 开发中最常用的三个控件：TextView、EditText 和 Button。其中各控件布局属性和监听方法属于学习重点。

强化练习

一、填空题

1. Android 系统提供了与用户进行交互的文本框信息，其名称为__________。
2. 设置 TextView 中文本的字体颜色有两种方式，分别为____________________和____________________。

二、简答题

1. 如何设置按钮的事件监听？
2. 简述 RadioButton 与 RadioGroup 的关系。

颜色识别

14.1 Android 颜色概述

14.1.1 Android 颜色值存储方式

在 Android 中，对一张位图的颜色值的存储方式是通过 Bitmap.Config 这一常量进行配置的。Bitmap.Config 有以下几个常量：

- public static final Bitmap.Config ALPHA_8；
- public static final Bitmap.Config ARGB_4444；
- public static final Bitmap.Config ARGB_8888；
- public static final Bitmap.Config RGB_565。

其中，ARGB 通常指的是一种色彩模式，里面 A 代表 Alpha，R 代表 Red，G 代表 Green，B 代表 Blue。RGB 即为三原色。每个原色都存储着所表示颜色的信息值。ALPHA_8 就 Alpha 由 8 位组成。ARGB_4444 就是由 4 个 4 位组成，即 16 位。ARGB_8888 就是由 4 个 8 位组成，即 32 位。RGB_565 就是 R 为 5 位，G 为 6 位，B 为 5 位，共 16 位。由此可见，不同的存储方式即代表了不同的位图。

- ALPHA_8 代表 8 为 Alpha 位图；
- ARGB_4444 代表 16 位 ARGB 位图；
- ARGB_8888 代表 32 位 ARGB 位图；
- RGB_565 代表 8 位 RGB 位图。

在 Android 中，位图位数越高代表其可以存储的颜色信息越多，还原的图像也就越逼真。在 Android 中，默认的颜色存储方法为 ARGB_8888。

14.1.2 Android 颜色识别接口

在 Android 中，对一张位图 Bitmap 提供了 getPixel(int x,int y)方法，返回指定位置的像素颜色值。其中，x、y 为待返回像素的 x 与 y 坐标值。通过此方法可以得到指定坐标的 RGB 颜色值。其中 x 与 y 的范围值需要注意，不要越界。

14.2 Android 程序设计

14.2.1 Android UI 设计

有了上面的基础，就可以开发一个简单的颜色识别案例。图 14.1 所示为 Android 智能移动终端的颜色识别应用程序 UI 界面。

关于 UI 界面的具体代码如下所示，在此不对 UI 布局代码做详细讲解：

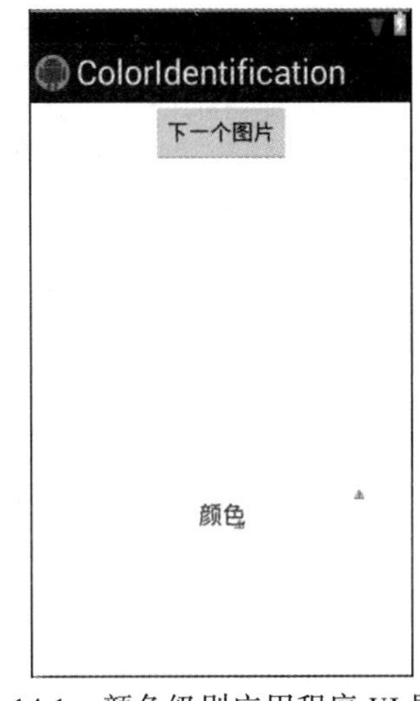

图 14.1　颜色级别应用程序 UI 界面

```
<RelativeLayout xmlns:android="http://schemas.
android.com/apk/res/android"
    xmlns:tools="http://schemas.android.
com/tools"
    android:layout_width="match_parent"
    android:layout_height="match_parent" >

    <Button
        android:id="@+id/button"
        android:layout_width="wrap_content"
        android:layout_height="wrap_content"
        android:layout_centerHorizontal="true"
        android:text="@string/picture" />

    <ImageView
        android:id="@+id/imageView"
        android:layout_width="240dp"
        android:layout_height="180dp"
        android:layout_centerHorizontal="true"
        android:layout_centerVertical="true"
        />
    <TextView
        android:id="@+id/textView"
        android:layout_width="wrap_content"
        android:layout_height="wrap_content"
        android:textSize="20dp"
        android:layout_below="@+id/imageView"
        android:layout_centerHorizontal="true"
        android:text="@string/colors"
        />
</RelativeLayout>
```

14.2.2　Android 功能实现

完成了上述的布局效果界面后，让我们看看在 Activity 中如何实现布局功能代码的实现。以下为 Android 智能移动端颜色识别功能实现的完成代码，具体如下所示：

```
package com.bkrcl.coloridentification;

import java.io.ByteArrayOutputStream;

import android.app.Activity;
import android.graphics.Bitmap;
import android.graphics.Bitmap.Config;
import android.graphics.BitmapFactory;
import android.os.Bundle;
```

```
import android.os.Message;
import android.util.Log;
import android.view.Menu;
import android.view.View;
import android.view.View.OnClickListener;
import android.widget.Button;
import android.widget.ImageView;
import android.widget.TextView;

public class MainActivity extends Activity {
  private ImageView imageView;
  private Button button;
  private TextView textView;
  private int i=0;
  private int[] bitmaps={R.drawable.red,R.drawable.green,R.drawable.blue};
   @Override
   public void onCreate(Bundle savedInstanceState) {
      super.onCreate(savedInstanceState);
      setContentView(R.layout.activity_main);
      imageView=(ImageView) findViewById(R.id.imageView);
      textView=(TextView) findViewById(R.id.textView);
      button=(Button) findViewById(R.id.button);
      button.setOnClickListener(new OnClickListener() {

        @Override
        public void onClick(View arg0) {
           Bitmap   bitmap=BitmapFactory.decodeResource(getResources(),
bitmaps[i]);
           i++;
           if(i==bitmaps.length){
              i=0;
           }
           imageView.setImageBitmap(bitmap);
           int width=bitmap.getWidth();
           int height=bitmap.getHeight();
           int redNum=0,blueNum=0,greenNum=0;
           for(int i=0;i<width;i++){
              for(int j=0;j<height;j++){
                 int pixel=bitmap.getPixel(i, j);
                 int r=(pixel>>16)&0xff;
                 int g=(pixel>>8)&0xff;
                 int b=pixel&0xff;
                 if(r>g&r>b){
                    redNum++;
                 }
                 else if(g>r&g>b){
                    greenNum++;
                 }
                 else if(b>r&b>g){
                    blueNum++;
```

```
                    }
                }
            }
            if(redNum>greenNum&redNum>blueNum){
                textView.setText("红色");
            }
            else if(greenNum>redNum&greenNum>blueNum){
                textView.setText("绿色");
            }
            else if(blueNum>redNum&blueNum>greenNum){
                textView.setText("蓝色");
            }
        }
    });
  }
}
```

其中核心思想是得到 Bitmap 图片上所有坐标的 RGB 像素值，重新解析得到 RGB 值中的红、绿和蓝色值，比较三基色中哪种颜色权重较大，即为哪种颜色。

本章小结

本章主要介绍了如何应用 Android 系统提供的颜色像素方法，实现颜色识别的方案。

强化练习

动手实践

独立完成颜色识别代码。

第15章 NFC 识别

15.1 NFC 概述

15.1.1 NFC 技术简介

近距离无线通信技术（Near Filed Communication，NFC）是由飞利浦公司和索尼公司共同开发的一种非接触式识别和互联网技术，可以在移动设备、消费类电子产品、PC 和智能设备间进行近距离无线通信。NFC 工作频率为 13.56 MHz，通信距离一般为 4cm 或更短，传输速率可为 106 kbit/s、212 kbit/s、424 kbit/s，甚至可提高到 848 kbit/s。

NFC 通信总是由一个发起者（initiator）和一个接收者（target）组成。通常 initiator 主动发送电磁场（RF），可以为接收者（passive target）提供电源。正是由于接收者可以使用发起者提供的电源，因此 target 可以以非常简单的形式存在，比如标签（Tags）、卡等。成本极低，NFC 也支持点到点（peer to peer）的通信，此时参与通信的双方都有电源支持。在 Android NFC 应用中，Android 手机通常作为通信中的发起者，也就是作为 NFC 的读写器。Android 手机也可模拟作为 NFC 通信的接收者，且从 Android 2.3.3 起也支持 P2P 通信。

（1）NFC 终端有以下 3 种工作模式。

- 主动模式：NFC 终端作为一个读卡器，主动发出自己的射频场去识别和读写别的 NFC 设备。
- 被动模式：NFC 终端可以模拟成一个智能卡被读写，它只在其他设备发出的射频场中被动响应。
- 双向模式：双方都主动发出射频场来建立点对点的通信。

（2）NFC 技术的应用可分以下 5 类。

- 接触通过（touch and go）：如门禁管理、车票和门票等，用户将存储着票证或门控密码的设备靠近读卡器即可，也可用于物流管理。
- 接触支付（touch and pay）：如非接触式移动支付，用户将设备靠近嵌有 NFC 模块的 POS 机可进行支付，并确认交易。
- 接触连接（touch and connect）：如把两个 NFC 设备相连接进行点对点数据传输，例如在手机和笔记本电脑间下载音乐、图片互传和交换通信录等。
- 接触浏览（touch and explore）：用户可将 NFC 手机靠近接头有 NFC 功能的智能共用电话或海报，来浏览交通信息等。
- 下载接触（load and touch）：用户可通过 GPRS 网络接收或下载信息，用于支付或门禁等功能。

在不久的将来，通过手机和 NFC 技术的结合，用户仅仅通过手机就可以实现以下应用：在街边海报上和杂志上下载演唱会时间地点和节目表；在公园里玩互动的定向越野游戏；在车站实时刷新公交车的到站时间；在办公室发送短信控制家政服务员进出住宅的时间；在学校全面代替现有学生证和学生卡；在遍布市区的智能公用电话亭查询地图、公交线路、餐饮购物等信息；在加油站、超市、银行任何有 POS 机的地方支付款项，并用手机收取电子发票等。

15.1.2 NFC API 简介

Android 对 NFC 的支持主要在 android.nfc 包中，包括的主要类如下：

- NfcAdapter。它代表了设备上的 NFC 硬件。NFC 的应用场景有很多，但 Android 2.3 API 只提供了电子标签（tags）阅读器的功能，因此 NfcAdapter 可理解为电子标签扫描器。
- NdefMessage。它代表了一个 NDEF 数据信息。NDEF（NFC Data Exchange Format）是设备与标签间传输数据的标准格式。应用程序可以从 ACTION_TAG_DISCOVERED 意图中获取这些 NdefMessage，NdefMessage 中封装了 NdefRecord，每个 NdefMessage 中可以包含多个 NdefRecord，通过类 NdefMessage 的 getRecords()方法可以查询到消息的所有 NdefRecord。
- NdefRecord。它是双方传输信息的真正载体。

Android NFC 基本工作流程如下：

（1）通过 android.nfc.NfcAdapter.getDefaultAdapter()取得手机的 objNfcAdapter。

（2）通过 objNfcAdapter.isEnabled()查询该手机是否支持 NFC。

（3）如果手机支持 NFC，手机内置的 NFC 扫描器（相当于 NFCAdapter）扫描到电子标签后，就会向应用程序发送 ACTION_TAG_DISCOVERED 的 Intent，Itent 的 extras 架构中会包含 NDEF。

（4）如果接收到 ACTION_TAG_DISCOVERED，就提取 NdefMessage，并在此基础上提取 NdefRecord。

在使用 NFC API 的时候，应用必须在 AndroidManifest.xml 中声明获取使用权限，方式如下：

```
<use-permission android:name="android.permission.NFC">
```

最小的 SDK 版本应设置为 10，方式如下：

```
<uses-sdk android:minSdkVersion="10">
```

此外，如果开发者的程序要放到 Android Market，可以申请过滤，那些不支持 NFC 的用户就看不到这个发布的程序。声明如下：

```
<uses-feature
     android:name="android.hardware.nfc"
     android:required="true"
/>
```

15.2 Android 程序设计

15.2.1 Android UI 设计

图 15.1 所示为 NFC 演示案例 UI 界面。

以下为 NFC UI 界面程序源码，在这里不对 UI 界面源码做详解。

图 15.1 NFC 演示案例 UI 界面

```
    <?xml version="1.0" encoding="utf-8"?>
    <LinearLayout  xmlns:android="http://schemas.
android.com/apk/res/android"
        android:layout_width="fill_parent"
        android:layout_height="fill_parent"
        android:orientation="vertical" >
        <ScrollView
            android:id="@+id/scrollView"
            android:layout_width="fill_parent"
            android:layout_height="match_parent"
            android:layout_weight="1"
            android:background="@android:drawable/
edit_text" >

            <TextView
                android:id="@+id/promt"
                android:layout_width="fill_parent"
                android:layout_height="fill_parent"
                android:scrollbars="vertical"
                android:singleLine="false" />
        </ScrollView>

        <Button
            android:id="@+id/read_btn"
            android:layout_width="fill_parent"
            android:layout_height="wrap_content"
            android:text="read" />

        <Button
            android:id="@+id/write_btn"
            android:layout_width="fill_parent"
            android:layout_height="wrap_content"
            android:text="write" />

        <Button
            android:id="@+id/delete_btn"
            android:layout_width="fill_parent"
            android:layout_height="wrap_content"
            android:text="delete" />
```

```
</LinearLayout>
```

15.2.2 Android 功能实现

（1）在进行 Android NFC 开发时，要在项目中的 res 文件夹下添加一个 xml 文件夹，创建 nfc_tech_filter.xml 文件。该文件源码如下：

```
<resources xmlns:xliff="urn:oasis:names:tc:xliff:document:1.2">
    <!-- 读 NFC 卡的类型 -->
    <tech-list>
        <tech>android.nfc.tech.MifareUltralight</tech>
        <tech>android.nfc.tech.Ndef</tech>
        <tech>android.nfc.tech.NfcA</tech>
    </tech-list>
    <tech-list>
        <tech>android.nfc.tech.MifareClassic</tech>
        <tech>android.nfc.tech.Ndef</tech>
        <tech>android.nfc.tech.NfcA</tech>
    </tech-list>
</resources>
```

（2）修改 AndroidManifest.xml 文件，修改后源码如下：

```
<?xml version="1.0" encoding="utf-8"?>
<manifest xmlns:android="http://schemas.android.com/apk/res/android"
    package="com.r8c.nfc_demo"
    android:versionCode="1"
    android:versionName="1.0" >

    <uses-sdk
        android:minSdkVersion="15"
        android:targetSdkVersion="17" />
   <!-- NFC 权限声明 -->
    <uses-permission android:name="android.permission.NFC" />

    <uses-feature
        android:name="android.hardware.nfc"
        android:required="true" />

    <application
        android:allowBackup="true"
        android:icon="@drawable/ic_launcher"
        android:label="@string/app_name"
        android:theme="@style/AppTheme" >
        <!-- 第一个 Activity 注册 -->
        <activity
            android:name="com.r8c.nfc_demo.NfcDemoActivity"
            android:configChanges="orientation|keyboardHidden|screenSize"
            android:label="@string/app_name" >
            <intent-filter>
                <action android:name="android.intent.action.MAIN" />
```

```
            <category android:name="android.intent.category.LAUNCHER" />
        </intent-filter>
        <!-- TECH_DISCOVERED 类型的 nfc -->
        <intent-filter>
            <action android:name="android.nfc.action.TECH_DISCOVERED" />
        </intent-filter>
        <!-- 后设资源  调用自己建立的文件夹 xml 中的文件 -->
        <meta-data
            android:name="android.nfc.action.TECH_DISCOVERED"
            android:resource="@xml/nfc_tech_filter" />
    </activity>
  </application>

</manifest>
```

（3）编写主要业务逻辑，修改后源码如下：

```
package com.r8c.nfc_demo;

import java.io.IOException;
import java.io.UnsupportedEncodingException;
import java.nio.charset.Charset;

import android.media.AudioManager;
import android.media.MediaPlayer;
import android.media.RingtoneManager;
import android.net.Uri;
import android.nfc.FormatException;
import android.nfc.NdefMessage;
import android.nfc.NdefRecord;
import android.nfc.NfcAdapter;
import android.nfc.Tag;
import android.nfc.tech.MifareUltralight;
import android.nfc.tech.Ndef;
import android.nfc.tech.NfcA;
import android.os.Bundle;
import android.app.Activity;
import android.app.PendingIntent;
import android.content.Context;
import android.content.Intent;
import android.content.IntentFilter;
import android.graphics.Color;
import android.util.Log;
import android.view.Menu;
import android.view.View;
import android.view.View.OnClickListener;
import android.widget.Button;
import android.widget.TextView;
import android.widget.Toast;

public class NfcDemoActivity extends Activity {
  //NFC 适配器声明
```

```
private NfcAdapter nfcAdapter = null;
//接收nfc回馈消息的Intent声明
private Intent nfcIntent = null;
//传达意图声明
private PendingIntent pi = null;
//滤掉组件无法响应和处理的Intent
private IntentFilter tagDetected = null;
//文本控件的声明
private TextView promt = null;
//是否支持NFC功能的标签
private boolean isNFC_support = false;
//读、写、删按钮控件的声明
private Button readBtn, writeBtn, deleteBtn;

@Override
protected void onCreate(Bundle savedInstanceState) {
   super.onCreate(savedInstanceState);
   setContentView(R.layout.activity_nfc_demo);
   //控件的绑定
   promt = (TextView) findViewById(R.id.promt);
   readBtn = (Button) findViewById(R.id.read_btn);
   writeBtn = (Button) findViewById(R.id.write_btn);
   deleteBtn = (Button) findViewById(R.id.delete_btn);
   //给文本控件赋值初始文本
   promt.setText("等待RFID标签");
   //监听读、写、删按钮控件
   readBtn.setOnClickListener(new MyOnClick());
   writeBtn.setOnClickListener(new MyOnClick());
   deleteBtn.setOnClickListener(new MyOnClick());
   //初始化设备支持NFC功能
   isNFC_support = true;
   //得到默认NFC适配器
   nfcAdapter = NfcAdapter.getDefaultAdapter(getApplicationContext());
   //提示信息定义
   String metaInfo = "";
   //判定设备是否支持NFC或启动NFC
   if(nfcAdapter == null) {
      metaInfo = "设备不支持NFC! ";
      Toast.makeText(this, metaInfo, Toast.LENGTH_SHORT).show();
      isNFC_support = false;
   }
   if(!nfcAdapter.isEnabled()) {
      metaInfo = "请在系统设置中先启用NFC功能! ";
      Toast.makeText(this, metaInfo, Toast.LENGTH_SHORT).show();
      isNFC_support = false;
   }

   if(isNFC_support == true) {
      this.init_NFC();
   } else {
```

```
            promt.setTextColor(Color.RED);
            promt.setText(metaInfo);
        }
    }
//读、写、删按钮点击触发后实现相应功能
    private class MyOnClick implements OnClickListener {
        @Override
        public void onClick(View v) {
            //点击读按钮后
            if(v.getId() == R.id.read_btn) {
                try {
                    String content = read(tagFromIntent);
                    if(content != null && !content.equals("")) {
                        promt.setText(promt.getText() + "nfc标签内容:\n" + content
                                + "\n");
                    } else {
                        promt.setText(promt.getText() + "nfc标签内容: \n" + "内容
为空\n");
                    }
                } catch(IOException e) {
                    promt.setText(promt.getText() + "错误:" + e.getMessage()
                            + "\n");
                    Log.e("myonclick", "读取nfc异常", e);
                } catch (FormatException e) {
                    promt.setText(promt.getText() + "错误:" + e.getMessage()
                            + "\n");
                    Log.e("myonclick", "读取nfc异常", e);
                }
                //点击写后写入
            } else if(v.getId() == R.id.write_btn) {
                try {
                    write(tagFromIntent);
                } catch (IOException e) {
                    promt.setText(promt.getText() + "错误:" + e.getMessage()
                            + "\n");
                    Log.e("myonclick", "写nfc异常", e);
                } catch (FormatException e) {
                    promt.setText(promt.getText() + "错误:" + e.getMessage()
                            + "\n");
                    Log.e("myonclick", "写nfc异常", e);
                }
            } else if(v.getId() == R.id.delete_btn) {
                try {
                    delete(tagFromIntent);
                } catch (IOException e) {
                    promt.setText(promt.getText() + "错误:" + e.getMessage()
                            + "\n");
                    Log.e("myonclick", "删除nfc异常", e);
                } catch (FormatException e) {
                    promt.setText(promt.getText() + "错误:" + e.getMessage()
```

```
                + "\n");
            Log.e("myonclick", "删除 nfc 异常", e);
        }
    }
  }
}

@Override
public boolean onCreateOptionsMenu(Menu menu) {
   // Inflate the menu; this adds items to the action bar if it is present.
   getMenuInflater().inflate(R.menu.nfc_demo, menu);
   return true;
}

// 字符序列转换为十六进制字符串
private String bytesToHexString(byte[] src) {
   return bytesToHexString(src, true);
}

private String bytesToHexString(byte[] src, boolean isPrefix) {
   StringBuilder stringBuilder = new StringBuilder();
   if(isPrefix == true) {
      stringBuilder.append("0x");
   }
   if(src == null || src.length <= 0) {
      return null;
   }
   char[] buffer = new char[2];
   for(int i = 0; i < src.length; i++) {
      buffer[0] = Character.toUpperCase(Character.forDigit(
            (src[i] >>> 4) & 0x0F, 16));
      buffer[1] = Character.toUpperCase(Character.forDigit(src[i] & 0x0F,
            16));
      System.out.println(buffer);
      stringBuilder.append(buffer);
   }
   return stringBuilder.toString();
}

@Override
protected void onPause() {
   // TODO Auto-generated method stub
   super.onPause();

   if(isNFC_support == true) {
      stopNFC_Listener();
   }

   if(isNFC_support == false)
      return;
```

```
}

@Override
protected void onResume() {
   //TODO Auto-generated method stub
   super.onResume();

   if(isNFC_support == false)
      return;

   startNFC_Listener();

   if(NfcAdapter.ACTION_TECH_DISCOVERED.equals(this.getIntent()
         .getAction())) {
      //处理该intent
      processIntent(this.getIntent());
   }
}

private Tag tagFromIntent;

/**
 * Parses the NDEF Message from the intent and prints to the TextView
 */
public void processIntent(Intent intent) {
   if (isNFC_support == false)
      return;

   //取出封装在intent中的TAG
   tagFromIntent = intent.getParcelableExtra(NfcAdapter.EXTRA_TAG);

   promt.setTextColor(Color.BLUE);
   String metaInfo = "";
   metaInfo += "卡片 ID: " + bytesToHexString(tagFromIntent.getId()) + "\n";
   Toast.makeText(this, "找到卡片", Toast.LENGTH_SHORT).show();

   //Tech List
   String prefix = "android.nfc.tech.";
   String[] techList = tagFromIntent.getTechList();

   //Mifare Classic/UltraLight Info
   String CardType = "";
   for (int i = 0; i < techList.length; i++) {
      if(techList[i].equals(NfcA.class.getName())) {
         //读取TAG
         NfcA mfc = NfcA.get(tagFromIntent);
         try {
            if("".equals(CardType))
               CardType = "MifareClassic卡片类型 \n 不支持NDEF消息 \n";
         } catch (Exception e) {
```

```
                e.printStackTrace();
            }
        } else if(techList[i].equals(MifareUltralight.class.getName()))
{
            MifareUltralight mifareUlTag = MifareUltralight
                    .get(tagFromIntent);
            String lightType = "";
            // Type Info
            switch (mifareUlTag.getType()) {
            case MifareUltralight.TYPE_ULTRALIGHT:
                lightType = "Ultralight";
                break;
            case MifareUltralight.TYPE_ULTRALIGHT_C:
                lightType = "Ultralight C";
                break;
            }
            CardType = lightType + "卡片类型\n";

            Ndef ndef = Ndef.get(tagFromIntent);
            CardType += "最大数据尺寸:" + ndef.getMaxSize() + "\n";

        }
    }
    metaInfo += CardType;
    promt.setText(metaInfo);
}

@Override
protected void onNewIntent(Intent intent) {
    // TODO Auto-generated method stub
    super.onNewIntent(intent);

    if(NfcAdapter.ACTION_TAG_DISCOVERED.equals(intent.getAction())) {
        processIntent(intent);
    }
}
//读取方法
private String read(Tag tag) throws IOException, FormatException {
    if(tag != null) {
        // Get an instance of Ndef for the tag.
        Ndef ndef = Ndef.get(tag);
        // Enable I/O
        ndef.connect();
        NdefMessage message = ndef.getNdefMessage();
        // Write the message
        byte[] data = message.toByteArray();
        String str = new String(data, Charset.forName("UTF-8"));
        Log.e("adsfas", new String(data, Charset.forName("UTF-8")));
        // Close the connection
        ndef.close();
```

```
            return str;
        } else {
            Toast.makeText(NfcDemoActivity.this, "设备与 nfc 卡连接断开，请重新连
接...",
                    Toast.LENGTH_SHORT).show();
        }
        return null;
    }
    //写入方法
    private void write(Tag tag) throws IOException, FormatException {
        if(tag != null) {
            NdefRecord[] records = { createRecord() };
            NdefMessage message = new NdefMessage(records);
            // Get an instance of Ndef for the tag.
            Ndef ndef = Ndef.get(tag);
            // Enable I/O
            ndef.connect();
            // Write the message
            ndef.writeNdefMessage(message);
            // Close the connection
            ndef.close();
            promt.setText(promt.getText() + "写入数据成功！ " + "\n");
        } else {
            Toast.makeText(NfcDemoActivity.this, "设备与 nfc 卡连接断开，请重新连
接...",
                    Toast.LENGTH_SHORT).show();
        }
    }
    //删除方法
    private void delete(Tag tag) throws IOException, FormatException {
        if(tag != null) {
            NdefRecord[]            records            =            {            new
NdefRecord(NdefRecord.TNF_MIME_MEDIA,
                    new byte[] {}, new byte[] {}, new byte[] {}) };
            NdefMessage message = new NdefMessage(records);
            //Get an instance of Ndef for the tag.
            Ndef ndef = Ndef.get(tag);
            //Enable I/O
            ndef.connect();
            //Write the message
            ndef.writeNdefMessage(message);
            //Close the connection
            ndef.close();
            promt.setText(promt.getText() + "删除数据成功！ " + "\n");
        } else {
            Toast.makeText(NfcDemoActivity.this, "设备与 nfc 卡连接断开，请重新连
接...",
                    Toast.LENGTH_SHORT).show();
        }
    }
```

```
    private NdefRecord createRecord() throws UnsupportedEncodingException {
        String msg = "BEGIN:VCARD\n" + "VERSION:2.1\n" + " + "END:VCARD";

        byte[] textBytes = msg.getBytes();

        NdefRecord textRecord = new NdefRecord(NdefRecord.TNF_MIME_MEDIA,
                "text/x-vCard".getBytes(), new byte[] {}, textBytes);
        return textRecord;
    }

    private MediaPlayer ring() throws Exception, IOException {
        // TODO Auto-generated method stub
        Uri alert = RingtoneManager
                .getDefaultUri(RingtoneManager.TYPE_NOTIFICATION);
        MediaPlayer player = new MediaPlayer();
        player.setDataSource(this, alert);
        final AudioManager audioManager = (AudioManager) getSystemService
   (Context.AUDIO_SERVICE);
        if
(audioManager.getStreamVolume(AudioManager.STREAM_NOTIFICATION) != 0) {
            player.setAudioStreamType(AudioManager.STREAM_NOTIFICATION);
            player.setLooping(false);
            player.prepare();
            player.start();
        }
        return player;
    }

    private void startNFC_Listener() {
        nfcAdapter.enableForegroundDispatch(this, pi,
                new IntentFilter[] { tagDetected }, null);
    }

    private void stopNFC_Listener() {
        nfcAdapter.disableForegroundDispatch(this);
    }

    private void init_NFC() {
        nfcIntent = new Intent(getApplicationContext(), NfcDemoActivity.class)
                .addFlags(Intent.FLAG_ACTIVITY_SINGLE_TOP);
        pi = PendingIntent.getActivity(this, 0, new Intent(this, getClass())
                .addFlags(Intent.FLAG_ACTIVITY_SINGLE_TOP), 0);
        tagDetected = new IntentFilter(NfcAdapter.ACTION_TAG_DISCOVERED);
        tagDetected.addCategory(Intent.CATEGORY_DEFAULT);
    }
}
```

本章小结

本章主要介绍了 Android NFC 开发，核心为 Ndef 类，只要得到后台服务传递的正确 flag，即可通过 Ndef 类提供的读写方法实现对 NFC 卡的操作。

强化练习

动手实践

根据自己的思路编写完成 Android 智能移动终端上的 NFC 开发。

第16章 二维码识别

16.1 二维码概述

16.1.1 二维码简介

二维码（2-dimensional bar code）是用某种特定的几何图形按一定规律在平面（二维方向上）分布的、黑白相间的、记录数据符号信息的图形。二维码在代码编制上巧妙地利用构成计算机内部逻辑基础的0、1比特流的概念，使用若干与二进制相对应的几何形体来表示文字数值信息，通过图像输入设备或光电扫描设备自动识读以实现信息自动处理。它具有条码技术的一些共性：每种码制有其特定的字符集，每个字符占有一定的宽度，具有一定的校验功能等。同时还具有对不同行的信息自动识别及处理图形旋转变化点功能。

二维码作为一种全新的信息存储、传递和识别技术，有以下优点：①高密度编码，信息容量大。②编码范围广。③容错能力强，具有纠错功能。④译码可靠性高。⑤可引入加密措施。⑥成本低，易制作，持久耐用。

上述优点使得二维码自诞生之日起就得到了许多国家的关注。美国、德国、日本等国家不仅已将二维码技术应用于公安、外交、军事等部门对各类证件的管理，而且也将二维码应用于海关、税务等部门对各类报表和票据的管理，商业、交通运输等部门对商品及货物运输的管理，邮政部门对邮政包裹的管理，工业生产领域对工业生产线的自动化管理。

伴随二维码的普及，二维码技术成为手机病毒、钓鱼网站传播的新渠道。所以要提高防范意识，扫描二维码前先判读二维码发布来源是否权威可信。一般来说，正规的报纸、杂志，以及知名商场的海报上提供的二维码是安全的，对网站上发布的不知来源的二维码需要引起警惕。

16.1.2 二维码API简介

在Android中，一般使用Google公司提供的Zxing开源库解析二维码。

使用Zxing时，首先要导入core jar包。导入完成以后，在项目中添加文件RGBLuminanceSource.java。该文件帮助用户调节二维码图片像素的亮度，转换为计算亮度较好的颜色。其中的代码如下：

```
import java.io.FileNotFoundException;
import android.graphics.Bitmap;
import android.graphics.BitmapFactory;
import com.google.zxing.LuminanceSource;
```

```
public class RGBLuminanceSource extends LuminanceSource {
   private final byte[] luminances;
   //类的重构
   public RGBLuminanceSource(Bitmap bitmap) {
      super(bitmap.getWidth(), bitmap.getHeight());
      //得到图片的宽高
      int width = bitmap.getWidth();
      int height = bitmap.getHeight();
      //得到图片的像素
      int[] pixels = new int[width * height];
      //
      bitmap.getPixels(pixels, 0, width, 0, 0, width, height);
      luminances = new byte[width * height];
      //得到图片每点像素颜色
      for(int y = 0; y < height; y++) {
         int offset = y * width;
         for(int x = 0; x < width; x++) {
            int pixel = pixels[offset + x];
            int r = (pixel >> 16) & 0xff;
            int g = (pixel >> 8) & 0xff;
            int b = pixel & 0xff;
            //已经是灰度图像,所以可选择任何通道
            if(r == g && g == b) {
               luminances[offset + x] = (byte) r;
            }
            else {
               luminances[offset + x] = (byte) ((r + g + g + b) >> 2);
            }
         }
      }
   }
   //类的重构
   public RGBLuminanceSource(String path) throws FileNotFoundException {
      this(loadBitmap(path));
   }
   private static Bitmap loadBitmap(String path) throws FileNotFoundException {
      Bitmap bitmap = BitmapFactory.decodeFile(path);
      if(bitmap == null) {
         throw new FileNotFoundException("Couldn't open " + path);
      }
      return bitmap;
   }
   @Override
   public byte[] getMatrix() {
      return luminances;
   }
   @Override
```

```
    public byte[] getRow(int arg0, byte[] arg1) {
        if (arg0 < 0 || arg0 >= getHeight()) {
            throw new IllegalArgumentException(
                    "Requested row is outside the image: " + arg0);
        }
        int width = getWidth();
        if (arg1 == null || arg1.length < width) {
            arg1 = new byte[width];
        }
        System.arraycopy(luminances, arg0 * width, arg1, 0, width);
        return arg1;
    }
}
```

- decode(BinaryBitmap image) : Result - QRCodeReader
- decode(BinaryBitmap arg0, Map<DecodeHintType,?> arg1) : Result - QRCodeReader

第一个方法中需要一个参数 BinaryBitmap，字面理解为二进制字节图片，这就需要接着看 com.google.zxing 包中的 BinaryBitmap 类。

```
BinaryBitmap(Binarizer binarizer)-com.google.zxing.BinaryBitmap
```

这也需要一个参数，按照上面的思路实例化 Binarizer 类时，发现只能处理黑色图片，要求较高。查看其开放的接口类，发现 HybridBinarizer 类混合二进制类可以满足需求，得到最终需要的参数 BinaryBitmap。

第二个方法中需要两个参数，第一个参数获取方法同第一种。第二个参数为 Map 类。其中 Map 含有两个参数，第一个为 DecodeHintType，即解析的类型，根据 Android 中参数键值对存在原则确定；第二个参数为对应的解析结果类型，定义为 String 字符。实例化类 Map<DecodeHintType, String> hints = new HashMap<DecodeHintType, String>()，为实例化的 Map 类 hints 赋值 hints.put(DecodeHintType. *CHARACTER_SET*, "utf-8");。

最后，看到解析结果为 Result。Result 类中提供了 toString():String-Result 方法，可以直接得到 String 字符结果，满足需要。至此，核心解析结束。

16.2 Android 程序设计

16.2.1 Android UI 设计

有了上面的基础，即可以开发一个简单的二维码识别案例。图 16.1 所示为二维码演示案例 UI 界面。

上述界面布局较简单，仅应用了 TextView、EditText、Button 和 ImageView 四个控件，不再详细叙述，让我们直接查看程序源码。

```
<LinearLayout xmlns:android="http://schemas.android.com/apk/res/android"
    android:layout_width="fill_parent"
    android:layout_height="fill_parent"
```

```
    android:orientation="vertical" >

    <LinearLayout
        android:layout_width="match_parent"
        android:layout_height="wrap_content" >

        <TextView
            android:id="@+id/textView1"
            android:layout_width="wrap_content"
            ndroid:layout_height="wrap_content"
            android:text="@string/result" />

        <EditText
            android:id="@+id/editText1"
            android:layout_width="match_parent"
            ndroid:layout_height="wrap_content">

            <requestFocus />
        </EditText>
    </LinearLayout>

    <Button
        android:id="@+id/button1"
        android:layout_width="match_parent"
        android:layout_height="wrap_content"
        android:text="@string/button" />

    <ImageView
        android:id="@+id/imageView"
        android:layout_width="match_parent"
        android:layout_height="wrap_content"
        android:layout_gravity="center"
        android:src="@drawable/ic_action_search" />

</LinearLayout>
```

图 16.1　二维码演示案例 UI 界面

16.2.2　Android 功能实现

（1）在进行二维码开发时，要在项目中的 libs 文件夹下添加 core.jar 文件夹。其为谷歌提供的二维码解析工具包。

（2）MainActivity 类中编写的布局功能代码如下：

```
public class MainActivity extends Activity {
    //声明控件
    private Button button;
    private EditText xian;
    private ImageView imageView;
    //调用系统资源
    private int [] bitmaps={R.drawable.bai,R.drawable.blue,R.drawable.red};
    //int 数组是指数
    private int i=0;
```

```
    @Override
    public void onCreate(Bundle savedInstanceState) {
        super.onCreate(savedInstanceState);
        setContentView(R.layout.activity_main);
        //绑定控件
        button=(Button) findViewById(R.id.button1);
        xian=(EditText) findViewById(R.id.editText1);
        imageView=(ImageView) findViewById(R.id.imageView);
        //监听 button
        button.setOnClickListener(new OnClickListener() {

          @Override
          public void onClick(View arg0) {
              //TODO Auto-generated method stub
              //解析转换类型 UTF-8
              Map<DecodeHintType, String> hints = new HashMap<DecodeHintType,
String>();
              hints.put(DecodeHintType.CHARACTER_SET, "utf-8");
              //转换系统图片资源为 Bitmap 型
              Bitmap mBmp=BitmapFactory.decodeResource(getResources(), bitmaps[i]);
              //为 ImageView 设置图片
              imageView.setImageBitmap(mBmp);
              //数组下标后移
              i++;
              //防止下标越界
              if(i==bitmaps.length){
                 i=0;
              }
              //调用谷歌提供的解析方法
              RGBLuminanceSource source = new RGBLuminanceSource(mBmp);
              //图片资源转换为二进制图片类型
              BinaryBitmap bitmap1 = new BinaryBitmap(new HybridBinarizer(
                      source));
              //解析
              QRCodeReader reader = new QRCodeReader();
              Result result;
              try {
                 result = reader.decode(bitmap1, hints);
                 //result=reader.decode(bitmap1);
                 Log.e("结果: ", result.toString());
                 if(result.toString() != null) {
                     //得到解析后的文字显示
                     xian.setText(result.toString());
                 }
              } catch (com.google.zxing.NotFoundException e) {
                 //TODO Auto-generated catch block
                 e.printStackTrace();
              } catch(ChecksumException e) {
                 //TODO Auto-generated catch block
                 e.printStackTrace();
```

```
            } catch (FormatException e) {
                // TODO Auto-generated catch block
                e.printStackTrace();
            }
        }
    });
}
```

上述功能代码的核心即为二维码解析过程，在其中提前加载了 3 种二维码图片，点击“解析”按钮，图片循环跳转并解析二维码中包含的内容。

本章小结

本章主要介绍了二维码解析开发流程，核心为 core.jar 包中解析类的应用，只要得到解析类需要的参数，即可通过 QRCodeReader 类提供的解析方法实现对二维码的解析。

强化练习

动手实践

根据上面的开发过程，应用 com.google.zxing.multi.qrcode 包中提供的 QRCodeMulti Reader 类实现解析二维码的开发。

第17章 Android 基本网络技术和编程实践

17.1 计算机网络及其协议

网络原指用一个巨大的虚拟画面把所有东西连接起来，计算机网络最初的目的也是将各个独立的计算机连接起来,但是现在的计算机网络所能实现的已远远超出了人们早期的构想。在人们的生活中，计算机网络已经无处不在，如网络视频、网络购物、网络教育等。

17.1.1 计算机网络概述

计算机网络就是用物理链路将各个孤立的工作站或主机连接在一起，组成数据链路，从而达到资源共享和通信的目的。凡将地理位置不同且具有独立功能的多个计算机系统通过通信设备和线路连接起来，并以功能完善的网络软件（网络协议、信息交互方式及网络操作系统等）实现网络资源共享的系统，均可称为计算机网络。简单地说，计算机网络即连接两台或多台计算机进行通信的系统。

计算机网络的功能主要表现在硬件资源共享、软件资源共享和用户间信息交换等方面。

（1）硬件资源共享：可以在全网范围内实现处理资源、存储资源、输入/输出资源等设备的共享，节省投资，也便于集中管理和均衡分担负荷。

（2）软件资源共享：允许互联网上的用户远程获得各类服务，如网络文件传送服务、远地进程管理服务和远程文件访问服务，从而避免软件研制上的重复劳动及数据资源的重复存储，也便于集中管理。

（3）用户间信息交换：计算机网络为分布在各地的用户提供了强有力的通信手段。用户可以通过计算机网络传送电子邮件、发布新闻消息和进行电子商务活动。

（4）提高计算机的可靠性和可用性：网络中的每台计算机都可通过网络相互成为后备机。一旦某台计算机出现故障，它的任务就可由其他计算机代为完成，这样可以避免在单机情况下一台计算机发生故障引起整个系统瘫痪的现象，从而提高系统的可靠性。而当网络中的某台计算机负担过重时，网络又可以将新的任务交给较空闲的计算机完成，均衡负载，从而提高每台计算机的可用性。

（5）分布式处理：通过算法将大型的综合性问题交给不同的计算机同时进行处理。用户可以根据需要合理选择网络资源，就近快速地进行处理。

计算机网络中用于规定信息的格式以及如何发送和接收信息的一套规则称为网络协议或通信协议。网络协议是为计算机网络中进行数据交换而建立的规则、标准或约定的集合。不同计算机之间必须使用相同的网络协议才能进行通信。

17.1.2 网络协议概述

大多数网络都采用分层的体系结构，每一层都建立在它的下一层之上，同时向它的上一层提供一定的服务，而把如何实现这一服务的细节对上一层加以屏蔽。一台设备上的第 *n* 层与另一台设备上的第 *n* 层进行通信的规则就是第 *n* 层协议。在网络的各层中存在许多协议，接收方和发送方同层的协议必须一致，否则一方将无法识别另一方发出的信息。网络协议是网络上所有设备（网络服务器、计算机及交换机、路由器、防火墙等）之间通信规则的集合，它规定了通信时信息必须采用的格式和这些格式的意义。

1. 网路协议的层次结构

由于网络结点之间联系的复杂性，在制定协议时，通常把复杂成分分解成一些简单成分，然后再将它们复合起来。最常用的复合技术就是采用层次结构。网络协议的层次结构如下：

（1）结构中的每一层都规定有明确的任务及接口标准。

（2）把用户的应用程序作为最高层。

（3）除最高层外，中间的每一层都向上一层提供服务，同时又是下一层的用户。

（4）把物理通信线路作为最低层，它使用从最高层传送来的参数，是提供服务的基础。

2. OSI/RM 模型

为了使不同厂家生产的计算机能够相互通信，以便在更大的范围内建立计算机网络，国际标准化组织（ISO）在 1978 年提出了“开放系统互连参考模型”，即著名的 OSI/RM 模型（Open System Interconnection/Reference Model）。它将计算机网络体系结构的通信协议划分为 7 层，自下而上依次为物理层、数据链路层、网络层、传输层、会话层、表示层、应用层。其中，低 4 层完成数据传送服务，上 3 层面向用户。对于每一层，至少制定两项标准：服务定义和协议规范。前者给出了该层所提供的服务的准确定义，后者详细描述了该协议的动作和各种有关规程，以保证服务的提供。

（1）应用层：是开放系统互连环境的最高层。应用层为操作系统或网络应用程序提供访问网络服务的接口。

（2）表示层：为上层用户提供共同的数据或信息的语法表示变换。为了让采用不同编码方法的计算机在通信中能相互了解数据的内容，可以采用抽象的标准方法来定义数据结构，并采用标准的编码表示形式。表示层管理这些抽象的数据结构，并将计算机内部的表示形式转换成网络通信中采用的标准表示形式。数据压缩和加密也是表示层提供的表示变换功能。

（3）会话层：也称会晤层，主要功能是组织和同步不同主机各种进程间的通信（称为对话），负责在两个会话层实体之间进行对话连接的建立和拆除。会话层还提供在数据流中插入同步点的机制，使得数据传输因网络故障而中断后，可以不必从头开始而是仅重传最近一个同步点以后的数据。

（4）传输层：负责数据传送的最高层次。传输层完成同处于资源子网中的两个主机（即源主机和目的主机）间的连接和数据传输，也称端到端的数据传输。

（5）网络层：主要任务是选择合适的路由，使网络层的数据传输单元——分组能够正确无误地按照地址找到目的站。

（6）数据链路层：负责在两个相邻的结点间的线路上无差错地传送以帧为单位的数据，每一帧包括一定的数据和必要的控制信息，在接收点接收到数据出错时要通知发送方重发，直到这一帧无误地到达接收结点。

（7）物理层：定义了为建立、维护和拆除物理链路所需的机械的、电气的、功能的和规程的特性，其作用是使原始的数据比特流能在物理介质上传输。具体涉及接插件的规格、0或1信号的电平表示、收发双方的协调等内容。物理层为上一层的数据链路层提供一个物理连接，通过物理连接透明地传输比特流。所谓同名传输，是指经实际电路传送后的比特流没有变化，任意组合的比特流都可以在这个电路上传输，物理层并不知道比特的含义。

17.1.3 TCP/IP 和 UDP 协议

1. TCP/IP 模型

由于 OSI/RM 模型过于复杂也难以实现，现实中广泛应用的是 TCP/IP 模型。TCP/IP 是一个协议集，是由 ARPA 于 1977—1979 年推出的一种网络体系结构和协议规范。随着 Internet 的发展，TCP/IP 也得到进一步的研究开发和推广应用，称为 Internet 上的“通用语言”。

TCP/IP 模型也是分层模型，分为 4 层。OSI/RM 模型与 TCP/IP 模型参考层次如图 17.1 所示。

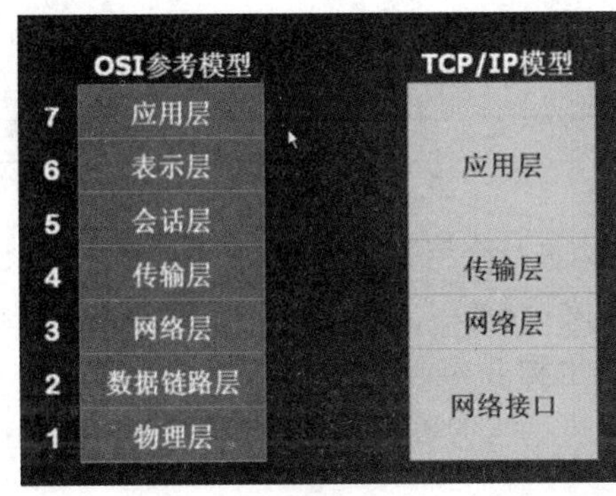

图 17.1　OSI/RM 模型与 TCP/IP 模型参考层次

（1）应用层：应用层是大多数普通与网络相关的程序为了通过网络与其他程序通信所使用的层。在应用层中，数据以应用内部使用的格式进行传送，然后被编码成标准协议的格式。例如，万维网使用的 HTTP 协议、文件传输使用的 FTP 协议、接收电子邮件使用的 POP3 和 IMAP 协议、发送邮件使用的 SMTP 协议，以及远程登录使用的 SSH 和 Telnet 等。用户通常是与应用层进行交互。

（2）传输层：传输层响应来自应用层的服务请求，并向网络层发出服务请求。传输层提供两台主机之间同名的数据传输，通常用于端到端连接、流量控制或错误恢复。这一层的两个最重要的协议是 TCP（Transmission Control Protocol，传输控制协议）和 UDP（User Datagram Protocol，用户数据报协议）。

（3）网络层：提供端到端的数据包交付。换言之，它负责数据包从源发送到目的地，任务包括网络路由、差错控制和 IP 编址等。这一层包括的重要协议有 IP、ICMP 和 IPSec。

（4）网络接口层：是 TCP/IP 参考模型的最低层，负责通过网络发送和接收 IP 数据报；允许主机连入网络时使用多种现成的与流行的技术，如以太网、令牌网、帧中继、ATM、X.25、DDN、SDH、WDM 等。

2. TCP/IP 和 UDP 协议

一个应用层应用一般都会使用到两个传输层协议之一：面向连接的 TCP 传输控制协议和面向无连接的 UDP 用户数据报协议。下面分析 TCP/IP 协议栈中常用的 IP、TCP 和 UDP 协议。

（1）IP 协议。

网际协议（Internet Protocol，IP）是用于报文交换网络的一种面向数据的协议。IP 是在 TCP/IP 协议中网络层的主要协议，任务是根据源主机和目的主机的地址传送数据。为达到此目的，IP 定义了寻址方法和数据报的封装结构。第一个架构的主要版本，现在称为 IPv4，仍然是最主要的互联网协议，如图 17.2 所示。当前世界各地正在积极部署 IPv6。

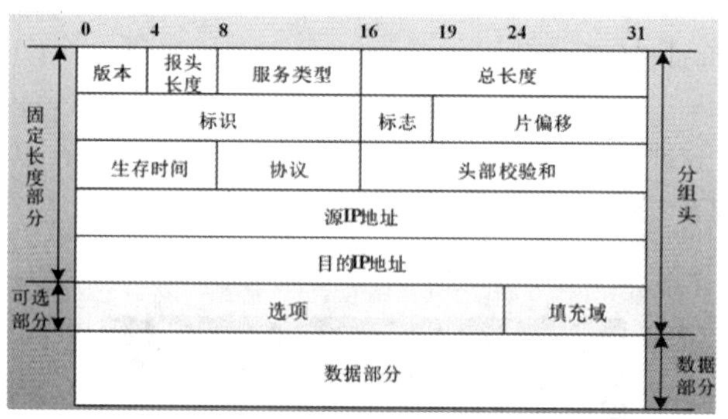

图 17.2　IPv4 协议

下面对 IPv4 协议包的结构进行介绍，包含多个数据域。各个数据域的含义如下：

4 位版本：表示目前的协议版本号，数值是 4 表示版本为 4，因现在主要使用的还是版本为 4 的 IP 协议，所以 IP 有时也称 IPv4。

4 位首部长度：头部的长度，它的单位是 32 位（4 字节），数值为 5 表示 IP 头部长度为 20 字节。

8 位服务类型（TOS）：这个 8 位字段由 3 位的优先权子字段（现在已经被忽略）、4 位的 TOS 子字段以及 1 位保留字段（现在为 0）构成。4 位的 TOS 子字段包含最小延迟、最大吞吐量、最高可靠性以及最小费用，对应为 1 时指出上层协议对处理当前数据报所期望的服务质量。如果都为 0，则表示是一般服务。

16 位总长度（字节数）：总长度字段是指整个 IP 数据报的长度，以字节为单位。如数值为 00 30，换算成十进制为 48 字节，48 字节=20 字节的 IP 头+28 字节的 TCP 头。这个数据报只是传送的控制信息，还没有传送真正的数据，所以总长度就是报头的长度。

16 位标识：标识字段唯一标识主机发送的每一份数据报。

3 位标志：该字段用于标记该报文是否分片，以及后面是否还有分片。

13 位片偏移：指当前分片在元数据报中相对于用户数据字段的偏移量，即在原数据报中的相对位置。

8 位生存时间：生存时间（Time-To-Live，TTL）字段设置了数据报可以经过的最多路由器数目。它指定了数据报的生存时间。TTL 的初始值由源主机设置，一旦经过一个处理它的路由器，它的值就减去 1。可根据 TTL 值判断服务器是什么系统和经过的路由器。例如，TTL 的十六进制初始值为 80H，换算成十进制为 128，Windows 操作系统的 TTL 初始值一般为 80H，

UNIX 操作系统的 TTL 初始值为 FFH。

8 位协议：表示协议类型，6 表示传输层 TCP 协议。

16 位首部校验和：当收到一份 IP 数据报后，同样对首部中的每个 16 位进行二进制反码的求和。由于接收方在计算过程中包含了发送方存在首部中的校验和，因此，如果首部在传输过程中没有发生任何差错，那么接收方计算的结果应该为全 1。如果结果不是全 1，即校验和错误，那么 IP 就丢弃收到的数据报，但是不生成差错报文，而是由上层发现丢失的数据报进行重传。

32 位源 IP 地址和 32 位目的 IP 地址：这是 IPv4 协议中核心的部分。32 位的 IP 地址由一个网络 IP 和一个主机 ID 组成。源地址是指发送数据的源主机的 IP 地址，目的地址是指接收数据的目的主机的 IP 地址。

选项：长度不定，如果没有选项就表示这个字节的域等于 0。

数据：该 IPv4 协议包负载的数据。

（2）TCP 协议。

传输控制协议（Transmission Control Protocol，TCP）是一种面向连接的、可靠的、基于字节流的传输层通信协议。

在 Internet 协议族中，传输层是位于网络层之上、应用层之下的中间层。不同主机的应用层之间经常需要可靠的、像管道一样的连接，但是网络层不提供这样的流机制，其只能提供不可靠的包交换，所以传输层应运而生。

应用层向传输层发送用于网间传输的、用 8 位字节表示的数据流，然后 TCP 协议把数据流分成适当长度的报文段（通常受该计算机连接的网络的数据链路层的最大传送单元 MTU 的限制）。之后 TCP 协议把结果包传给网络层，由它来通过网络将包传送给接收端实体的传输层。TCP 为了保证不发生丢包，给每个包一个序号，该序号也保证了传送到接收端实体的包能按序接收。接收端实体为已成功收到的包发回一个相应的确认（ACK）；如果发送端实体在合理的往返时延（RTT）内未收到确认，那么对应的数据包（假设丢失了）将会被重传。TCP 协议用一个校验和函数来检验数据是否有错误，在发送和接收时都要计算校验和。

TCP 协议头最小长度为 20 个字节，其协议包结构如图 17.3 所示。各个字段的含义如下：

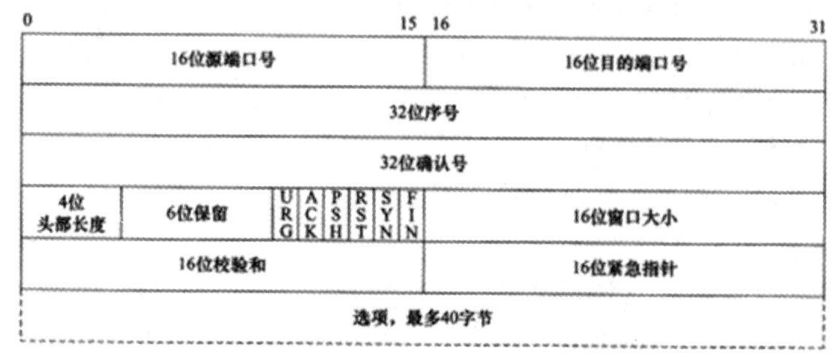

图 17.3　TCP 协议包结构

16 位源端口号：源端口号是指发送数据的源主机的端口号，16 位的源端口中包含初始化通信的端口。源端口和源 IP 地址的作用是标识报文的返回地址。

16 位目的端口号：目的端口号是指接收数据的目的主机的端口号，16 位的目的端口域定义传输的目的地。这个端口指明报文接收计算机上的应用程序地址端口。

32 位序号：TCP 是面向字节流的，在一个 TCP 连接中传送的字节流中的每一个字节都按顺序标号。整个要传送的字节流的起始序号必须在连接建立时设置。首部中的序号字段值则是指本报段所发送的数据的第一个字节的序号。

32 位确认序号：期望收到对方下一个报文段的第一个数据字节的序号，若确认号为 *N*，则表明序号为 *N*–1 为止的所有数据都已正确收到。

4 位数据偏移：指出 TCP 报文段的数据起始处距离 TCP 报文段的起始处有多远，整个字段实际上指明了 TCP 报文段的首部长度。

保留（6 位）：为了将来定义新的用途而保留的位，目前应置为 0。

URG、ACK、PSH、RST、SYN、FIN：6 位标志域，依次对应为紧急标志、确认标志、推送标志、复位标志、同步标志、终止标志。

16 位窗口大小：指的是发送本报文段的一方的接收窗口，以便告诉对方，从本报文段首部中的确认号算起，接收方目前允许对方发送的数据量。因为接收方的数据缓存空间有限，该窗口值可作为接收方让发送方设置其发送窗口的依据。

16 位校验和：源机器基于数据内容计算一个数值，目的机器根据接收到的数据内容也要计算出一个数值，这个数值要与源机器数值完全一样，从而证明数据的有效性。校验和字段校验的范围包括首部和数据两部分，这是一个强制性的字段，由发送端计算和存储，并由接收端进行验证。

16 位紧急指针：在 URG 标志为 1 时其才有效，指出了本报文段中的紧急数据的字节数。

选项：长度可变，最长可达 40 字节。当没有使用选项时，TCP 首部长度是 20 字节。

数据：该 TCP 协议包负载的数据。

在上述字段中，6 位标志域中各标志的功能如下：

URG：紧急标志。该位为 1 表示该位有效。

ACK：确认表示。该位被置位时表示确认序号栏有效。大多数情况下该标志位是置位的。

PSH：推送标志。该位被置位时，接收端不将该数据进行队列处理，而是尽可能快地将数据转由应用处理。在处理 Telnet 或 rlogin 等交互模式的连接时，该标志位总是置位的。

RST：复位标志。该位被置位时表示复位相应的 TCP 连接。

SYN：同步标志。同步标志在连接建立时用来同步序号。当 SYN=1 而 ACK=0 时，表明这是一个连接请求报文段。对方若同意建立连接，则应在响应的报文段中使 SYN=1 和 ACK=1，即 SYN 置位时表示这是一个连接请求或者连接接收报文。

FIN：结束标志，用来释放一个连接。

（3）UDP 协议。

用户数据报协议（UDP）是 TCP/IP 模型中一种面向无连接的传输层协议，提供面向事务的简单不可靠信息传送服务。UDP 协议基本上是 IP 协议与上层协议的接口。UDP 协议使用于端口分别运行在同一台设备上的多个应用程序中。

与 TCP 不同，UDP 并不提供对 IP 协议的可靠机制、流控制及错误恢复功能等，在数据传输之前不需要建立连接。由于 UDP 比较简单，UDP 头包含很少的字节，所以比 TCP 负载消耗少。

UDP 适用于不需要 TCP 可靠机制的情形，如当高层协议或应用程序提供错误和流控制功能的时候。UDP 服务于很多知名应用层协议，包括网络文件系统、简单网络管理协议、域名系统及简单文件传输系统。

UDP 数据报格式包含的字段如下所示。

源端口：16 位，源端口是可选字段。当使用时，它表示发送程序的端口，同时它还被认为是没有其他信息的情况下需要被寻址的答复端口。如果不使用，设置其值为 0 即可。

目的端口：16 位。目标端口在特殊互联网目标地址的情况下具有意义。

长度：16 位。UDP 用户数据报的总长度。

校验和：16 位。用于校验 UDP 数据报的 UDP 首部和 UDP 数据。

数据：包含上层数据信息。

17.2 在 Android 中使用 TCP、UDP 协议

前面介绍了 TCP 和 UDP 的报文结构，每段报文里面除了数据本身，还包含了包的目的地址和端口、包的源地址和端口，以及其他各种附加的校验信息。这些包的长度是有限的，传输的时候需要将其分解为多个包，在到达传输的目的地址后再组合还原。如包有丢失或者破坏需要重传时，则乱序发送的包在到达时需要重新排序。处理这些过程是一项繁杂的工作，需要大量可靠的代码来完成。为了使程序员不必费心于上述这些底层具体细节，人们通过 Socket 对网络纠错、包大小、包重传等进行了封装。

17.2.1 Socket 基础

Socket 通常称为“套接字”。Socket 字面上的中文意思为“插座”。一台服务器可能会提供很多服务，每种服务对应一个 Socket（也可以这么说，每个 Socket 就是一个插座，客户若是需要哪种服务，就将插头插到相应的插座上面），而客户的“插头”也是一个 Socket。Socket 是应用层与 TCP/IP 协议族通信的中间软件抽象层，它是一组接口。Socket 把复杂的 TCP/IP 协议族隐藏在 Socket 接口后面，对用户来说，一组简单的接口就是全部，让 Socket 去组织数据，以符合指定的协议。Socket 用于描述 IP 地址和端口，是一个通信链的句柄，应用程序通常通过套接字向网络发出请求或者应答网络请求。

1. Socket 的基本操作

Socket 的基本操作包括：

（1）连接远程机器。

（2）发送数据。

（3）接收数据。

（4）关闭连接。

（5）绑定端口。

（6）监听到达数据。

2. 在绑定的端口上接收来自远程机器的连接

服务器要和客户端通信，两者都要实例化一个 Socket。服务器和客户端的 Socket 是不一样的，客户端可以实现连接远程机器、发送数据、接收数据、关闭连接等，服务器还需要实

现绑定端口，监听到达的数据，接收来自远程机器的连接。Android 在包 java.net 里面提供了两个类：ServerSocket 和 Socket，前者用于实例化服务器的 Socket，后者用于实例化客户端的 Socket。在连接成功时，应用程序两端都会产生一个 Socket 实例，操作这个实例，完成客户端到服务器所需的会话。

3. **构造客户端** Socket

接下来分析一些重要的 Socket 编程软件接口。首先是如何构造一个 Socket，常用的构造客户端 Socket 的方法有以下几种。

（1）Socket()：创建一个新的未连接的 Socket。

（2）Socket(Proxy proxy)：使用指定的代理类型创建一个新的未连接的 Socket。

（3）Socket(String dstName,int dstPort)：使用指定的目标服务器的 IP 地址和目标服务器的端口号，创建一个新的 Socket。

（4）Socket(String dstName,int dstPort,InetAddress localAddress, int localPort)：使用指定的目标主机、目标端口、本地地址和本地端口，创建一个新的 Socket。

（5）Socket(InetAddress dstAddress,int dstPort)：使用指定的本地地址和本地端口，创建一个新的 Socket。

（6）Socket(InetAddress address,int port,InetAddress address,int port)：使用指定的目标主机、目标端口、本地地址和本地端口，创建一个新的 Socket。

其中，proxy 为代理服务器地址，dstAddress 为目标服务器 IP 地址，dstPort 为目标服务器的端口号（因为服务器的每种服务都会绑定在一个端口上面），dstName 为目标服务器的主机名。Socket 构造函数代码举例如下所示：

```
Socket client=new Socket("192.168.1.23",8080);
//第一个参数是目标服务器的 IP 地址，8080 是目标服务器的端口号
Socket sock=new Socket(new Proxy(Proxy.Type.SOCKS, new InetSocketAddress
("test.domain.org",8080);
//实例化一个 Proxy，以该 Proxy 为参数，创建一个新的 Socket
```

注意：一般 0 ~ 1023 端口位系统保留端口号，如果使用自定义端口号，那么端口号应大于 1023。

4. **构造服务器端** ServerSocket

构造服务器端 ServerSocket 的方法有以下几种。

（1）ServerSocket()：构造一个新的未绑定的 ServerSocket。

（2）ServerSocket(int port)：构造一个新的 ServerSocket 实例并绑定到指定端口。如果 port 参数为 0，端口将由操作系统自动分配，此时进入队列的数目将被设置为 50。

（3）ServerSocket(int port, int backlog)：构造一个新的 ServerSocket 实例并绑定到指定端口，并且指定进入队列的数目。如果 port 参数为 0，端口将由操作系统自动分配。

（4）ServerSocket(int port,int backlog,InetAddress localAddress)：构造一个新的 ServerSocket 实例并绑定到指定端口和指定的地址。如果 localAddress 参数为 null，则可以使用任意地址，如果 port 参数为 0，端口将由操作系统自动分配。

下面举例说明 ServerSocket 的构建方法，代码如下所示：

```
ServerSocket socketserver = new ServerSocket(8080);
//8080 表示服务器要监听的端口号
```

构造完 ServerSocket 之后，需要调用 ServerSocket.accept()方法来等待客户端的请求（因为 Socket 都是绑定在端口上面的，所以知道是哪个客户端请求的）。Accept()方法会返回请求这个服务的客户端 Socket 实例，然后通过返回的这个 Socket 实例的方法，操作传输过来的信息。当 Socket 对象操作完毕之后，使用 close()方法将其关闭。

Socket 一般有两种类型：TCP 套接字和 UDP 套接字。

TCP 和 UDP 在传输过程中的具体实现方法不同。两者都是接收传输协议数据包并将其内容向前传送到应用层。TCP 把消息分解成数据包并在接收端以正确的顺序把它们重新装配起来，TCP 还处理对遗失数据包的重传请求，位于上层的应用层要处理的事情就少多了。UDP 不提供装配和重传请求这些功能，它只是向前传送消息包。位于上层的应用层必须确保消息是完整的，并且是以正确的顺序装配的。

接下来分别详细讨论使用 TCP 和 UDP 通信的一些细节。

17.2.2 使用 TCP 通信

TCP 建立连接之后，通信双方都同时可以进行数据的传输；在保证可靠性上，采用超时重传和携带确认机制；在流量控制上，采用滑动窗口协议。协议中规定，对于窗口内未经确认的分组需要重传；在拥塞控制上，采用慢启动算法。

TCP 通信的原理示意图如图 17.4 所示。

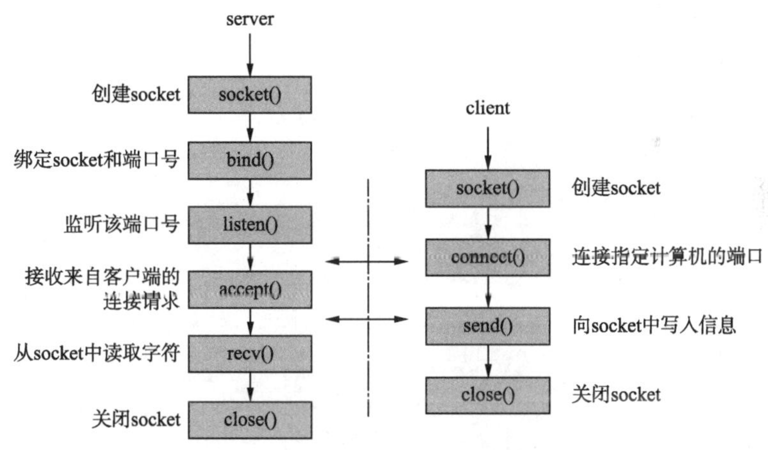

图 17.4　TCP 通信的原理示意图

1. TCP 服务器端工作的主要步骤

步骤 1 调用 ServerSocket(int port)创建一个 ServerSocket，并绑定到指定端口上。

步骤 2 调用 accept()监听连接请求，如果客户端请求连接，则接收连接，返回通信套接字。

步骤 3 调用 Socket 类的 getOutputStream()和 getInputStream()获取输出流和输入流，开始网络数据的发送和接收。

步骤 4 关闭通信套接字。

示例代码如下所示：

```
//创建一个 ServerSocket 对象
ServerSocket serverSocket = null;
```

```
try{
   //TCP_SERVER_PORT 为指定的绑定端口，为 int 类型
   serverSocket  = new ServerSocket(TCP_SERVER_PORT);
   //监听连接请求
   Socket socket = serverSocket.accept();
   //写入读 Buffer 中
   BufferedReader in = new BufferedReader(new
   //获取输入流
   InputStreamReader(socket.getInputStream()));
   //放到写 Buffer 中
   BufferedWriter out = new BufferedWriter(new
   //获取输出流
   OutputStreamWriter(socket.getOutputStream()));
   //读取接收信息，转换为字符串
   String incomingMsg =
 in.readLine()+System.getProperty("line.separator");
   //生成发送字符串
   String outgoingMsg = "goodbye from port "+
 TCP_SERVER_PORT+System.getProperty("line.separator");
   //将发送字符串写入上面定义的 BufferedWrite 中
   out.write(outgoingMsg);
   //刷新，发送
   out.flush();
   //关闭
   socket.close();
}catch(InterruptedIOException e){
   //超时错误
   e.printStackTrace();
}catch(IOException e){
   //IO 异常
   e.printStackTrace();
}finally{
   //判断是否初始化 ServerSocket 对象，如果初始化则关闭 serverSocket
   if(serverSocket != null){
         try{
            serverSocket.close();
   }catch(IOException e){
      e.printStackTrace();
   }
}
}
```

2. TCP 客户端工作的主要步骤

步骤 1 调用 Socket()创建一个流套套接字，并连接到服务器端。

步骤 2 调用 Socket 类的 getOutputStream()和 getInputStream()方法获取输出流和输入流，开始网络数据的发送和接收。

步骤 3 关闭通信套接字。

编写 TCP 客户端代码如下所示。

```
try{
```

```
    //初始化 Socket，TCP_SERVER_PORT 为指定的端口，int 类型
    Socket socket = new Socket("localhost",TCP_SERVER_PORT);
    //获取输入流
    BufferedReader in = new
 BufferedReader(new InputStreamReader(socket.getInputStream()));
    //生成输出流
    BufferedWriter out = new
 BufferedWriter(new OutputStreamWriter(socket.getOutputStream()));
    //生成输出内容
    String outMsg = "TCP connecting to "+
  TCP_SERVER_PORT+System.getProperty("line.separator");
    //写入
    out.writer(outMsg);
    //刷新，发送
    out.flush();
    //获取输入流
    String inMsg =
  in.readLine()+System.getProperty("line.separator");
    //关闭连接
    socket.close();
}catch( UnknowHostException e){
  e.printStackTrace();
}catch(IOException e){
  e.printStackTrace();
}
```

无论是编写 ServerSocket 还是 Socket，都需要在 AndroidManifest 文件中添加以下的权限。

```
<uses-permission android:name ="android.permission.INTERNET">
```

17.2.3 使用 UDP 通信

UDP 有不提供数据报分组、组装和不能对数据包排序的缺点，也就是说，当报文发送之后，是无法得知其是否安全完整到达的。UDP 用来支持那些需要在计算机之间传输数据的网络应用，包括网络视频会议系统在内的众多的客户端/服务器模式的网络应用都需要使用 UDP 协议。UDP 协议的主要作用是将网络数据流压缩成数据报的形式。一个典型的数据报就是一个二进制的传输单位。

1. UDP 服务器端工作的主要步骤

步骤 1 调用 DatagramSocket(int port)创建一个数据报套接字，并绑定到指定端口上。

步骤 2 调用 DatagramPacket(byte[] buf,int length)建立一个字节数组以接收 UDP 包。

步骤 3 调用 DatagramSocket 类的 receive()接收 UDP 包。

步骤 4 关闭数据报套接字。

示例代码如下所示。

```
//接收的字节大小，客户端发送的数据不能超过 MAX_UDP_DATAGRAM_LEN
Byte[] lMsg = new byte[MAX_UDP_DATAGRAM_LEN];
//实例化一个 DatagramPacket 类
DatagramPacket dp = new DatagramPacket(lMsg,lMsg.length);
```

```
    //新建一个 DatagramSocket 类
    DatagramSocket ds = null;
    try{
        //UDP 服务器监听的端口
        ds = new DatagramSocket(UDP_SERVER_PORT);
        //准备接收数据
        ds. Receive(dp);
  }catch(SocketException e){
    e.printStackTrace();
  }catch( IOException e ){
    e.printStackTrace();
  }finally{
    //如果 ds 对象不为空，则关闭 ds 对象
    if( ds != null){
        ds.close();
  }
  }
```


2. UDP 客户端工作的主要步骤

步骤 1 调用 DatagramSocket()创建一个数据报套接字。

步骤 2 调用 DatagramPacket(byte[] buf,int offset,int length,InetAddress address, int port)建立要发送的 UDP 包。

步骤 3 调用 DatagramSocket 类的 send()发送 UDP 包。

步骤 4 关闭数据报套接字。

示例代码如下所示。

```
    //定义需要发送的信息
    String udpMsg = "hello world from UDP client "+UDP_SERVER_PORT;
    //新建一个 DatagramSocket 对象
    DatagramSocket ds = null;
    try{
        //初始化 DatagramSocket 对象
        ds = new DatagramSocket();
        //初始化 InetAddress 对象
        InetAddress serverAddr = InetAddress.getByName("127.0.0.1");
        DatagramPacket dp;
        //初始化 DatagramPacket 对象
        dp = new Datagram

  Packet(udpMsg.getBytes(),udpMsg.length(),serverAddr,UDP_SERVER_PORT);
        //发送
        ds.send(dp);
    }catch( SocketException e){
        e.printStackTrace();
    }catch(UnknowHostException e){
        e.printStackTrace();
    }catch(IOException e){
        e.printStackTrace();
    }catch(Exception e){
        e.printStackTrace();
```

```
    }finally{
        //如果 DatagramSocket 已经实例化，则需要将其关闭
        if(ds!=null){
            ds.close();
        }
    }
```

本章小结

本章主要介绍了 Android 中网络通信技术，核心为 Socket 套接字提供的 TCP 和 UDP 通信协议，讲解 Android 开发中 TCP 通信和 UDP 通信的客户端和服务端的开发步骤。

强化练习

动手实践

根据本章讲解的开发步骤，编写以 TCP 为通信协议的配套客户端和服务端。实现二者的相互通信。

第18章 无线监控案例

18.1 无线监控概述

18.1.1 无线监控简介

无线监控（wireless monitoring）是指利用无线电波来传输视频、声音、数据等信号的监控系统。无线监控由于不需要进行线缆的布防，因此大大降低了初始建造的成本，特别适用于监控区域较大的应用场景。

随着无线技术的日益发展，无线传输技术应用越来越被各行各业所接受。无线监控作为一个特殊使用方式也逐渐被广大用户看好。其安装方便、灵活性强、性价比高等特性使得更多行业的监控系统采用无线监控方式，建立被监控点和监控中心之间的连接。无线监控技术已经在现代化小区、交通、运输、水利、航运、治安、消防等领域得到了广泛的应用。

18.1.2 无线监控知识点

嵌入式智能车型机器人上使用的云台摄像头，属于基于 Web 服务器摄像的简化版。基于 Web 服务器摄像是结合传统摄像机与网络技术产生的新一代摄像机，通过网络协议 HTTP、TCP/IP、UDP、SMTP、PPPoE、Dynamic DNS、DNS Client、SNTP、BOOTP、DHCP、SNMP，只要将摄像机插在网线上（无须计算机），即可将影像通过网络传至地球另一端。在地球上任何一个角落，只要能上网，登录后台，输入账号和密码，就可以实现监控。

2012年Google率先在发布会上发布此产品。Google工作者从飞机跳伞进入发布会场期间，传输画面清晰、真实。传输速率在 320×240 分辨率下高达 30FPS。

此云台摄像头开发案例中主要应用 UDP 和 HTTP 网络协议。

应用 UDP 网络协议实现获取当前摄像头 IP 地址的功能，其中服务器端口为 8600，发送命令 0x44,0x48,0x01,0x01。返回值为 DH..192.168.22.102..255.255.255.0...192.168.22.254..8.8.8.8…类型。需要自己截取需要的 IP。

应用 HTTP 网络协议实现摄像头当前图片的获取和云台的控制。其中，获取当前图片的 URL 路径为"http://"+IP+"：81/snapshot.cgi?loginuse=admin&loginpas=888888"；控制云台移动的 URL 路径为"http://"+IP+"：81/decoder_control.cgi?loginuse=admin&loginpas=888888&" + "command="+command+"&onestep="+onestep+""。

两个路径中都含有 IP 参数，所以在程序中首先应用 UDP 得到摄像头 IP 地址。在云台控制的路径中含有两个参数 command 和 onestep。查看摄像头说明文档得到其参数值。Onestep=0 指明云台操作为单步最大操作，其中 1、2……指明云台操作为 1 步、2 步……Command：操作命令如表 18.1 所示。

表 18.1 操作命令

命 令 字	说 明
0	上
1	上停
2	下
3	下停
4	左
5	左停
6	右
7	右停
25	居中
26	上下
27	下下停
28	左右
29	左右停
30	设置预置位 1
31	通用预置位 1
60	设置预置位 16
61	通用预置位 16
90	左上
91	右下
92	左下
93	右下
94	IO 输出高
95	IO 输出低
255	测试电动机

18.2 Android 程序设计

18.2.1 Android UI 设计

有了上面的基础，就可以开发一个简单的无线监控案例。图 18.1 所示为无线监控演示案例 UI 界面。

上述界面布局较简单，仅应用了 Button 和 ImageView 两个控件，且都是应用的线性布局，此处不再详细叙述。让我们直接查看程序源码。

```
    <LinearLayout
xmlns:android="http://schemas.android.com/apk/res/android"
        android:layout_width="fill_parent"
        android:layout_height="fill_parent"
        android:orientation="vertical" >

        <FrameLayout
            android:layout_width="match_parent"
            android:layout_height="match_parent"
            android:layout_weight="2" >

            <ImageView
                android:id="@+id/imageView"
                android:layout_width="match_parent"
                ndroid:layout_height="match_parent"
                android:src="@drawable/ic_launcher
    "/>
        </FrameLayout>

        <LinearLayout
            android:layout_width="match_parent"
            android:layout_height="match_parent"
            android:layout_weight="4" >

            <Button
                android:id="@+id/up"
                android:layout_width="match_parent"
                android:layout_height="match_parent"
                android:text="@string/up" />
        </LinearLayout>

        <LinearLayout
            android:layout_width="match_parent"
            android:layout_height="match_parent"
            android:layout_weight="4" >

            <Button
                android:id="@+id/left"
                android:layout_width="match_parent"
                android:layout_height="match_parent"
                android:layout_weight="1"
                android:text="@string/left" />

            <Button
                android:id="@+id/right"
                android:layout_width="match_parent"
                android:layout_height="match_parent"
                android:layout_weight="1"
                android:text="@string/right" />
        </LinearLayout>
```

图 18.1 无线监控演示案例 UI 界面

```
<LinearLayout
    android:layout_width="match_parent"
    android:layout_height="match_parent"
    android:layout_weight="4" >

    <Button
        android:id="@+id/down"
        android:layout_width="match_parent"
        android:layout_height="match_parent"
        android:layout_weight="1"
        android:text="@string/down" />
</LinearLayout>

<LinearLayout
    android:layout_width="match_parent"
    android:layout_height="match_parent"
    android:layout_weight="4" >

    <Button
        android:id="@+id/set1"
        android:layout_width="match_parent"
        android:layout_height="match_parent"
        android:layout_weight="1"
        android:text="@string/set1" />

    <Button
        android:id="@+id/call1"
        android:layout_width="match_parent"
        android:layout_height="match_parent"
        android:layout_weight="1"
        android:text="@string/call1" />
</LinearLayout>

<LinearLayout
    android:layout_width="match_parent"
    android:layout_height="match_parent"
    android:layout_weight="4" >

    <Button
        android:id="@+id/set2"
        android:layout_width="match_parent"
        android:layout_height="match_parent"
        android:layout_weight="1"
        android:text="@string/set2" />

    <Button
        android:id="@+id/call2"
        android:layout_width="match_parent"
        android:layout_height="match_parent"
        android:layout_weight="1"
        android:text="@string/call2" />
```

```
    </LinearLayout>
</LinearLayout>
```

18.2.2 Android 功能实现

（1）在进行无线监控时，首先在 AndroidManifest.xml 文件中添加上网权限：

```
<uses-permission android:name="android.permission.INTERNET"/>
```

（2）编写 UDP 工具类，实现摄像头 IP 地址的搜索，功能代码如下所示。

```
public class UDPClient {
    private String IP = null;
    private String TAG = "UDPClient";
    private final int PORT = 3565;
    private final int SERVER_PORT = 8600;
    private byte[] mbyte = { 0x44, 0x48, 0x01, 0x01 };
    private DatagramSocket dSocket = null;
    private byte[] msg = new byte[1024];

    /**
     * 发送信息到服务器
     */
    public String send() {
        InetAddress local = null;
        try {
            local = InetAddress.getByName("255,255,255,255");
            Log.e(TAG, "已找到服务器,连接中...");
        } catch (UnknownHostException e) {
            Log.e(TAG, "未找到服务器.");
            e.printStackTrace();
        }
        try {
            If(dSocket != null) {
                dSocket.close();
                dSocket = null;
            }
            //注意此处要先在配置文件里设置权限,否则会抛出权限不足的异常
            dSocket = new DatagramSocket(PORT);
            Log.e(TAG, "正在连接服务器...");
        } catch (SocketException e) {
            e.printStackTrace();
            Log.e(TAG, "服务器连接失败.");
        }

        DatagramPacket sendPacket = new DatagramPacket(mbyte, 4, local,
                SERVER_PORT);
        DatagramPacket recPacket = new DatagramPacket(msg, msg.length);
        try {
            dSocket.send(sendPacket);
            dSocket.receive(recPacket);
            String text = new String(msg, 0, recPacket.getLength());
            // Log.d("Udp tutorial","msg:" + text.substring(0, 2).equals("DH"));
```

```
        if(text.substring(0, 2).equals("DH"))
            getIP(text);
        Log.e("IP值", IP);
        dSocket.close();
        Log.e(TAG, "消息发送成功!");
    } catch (IOException e) {
        e.printStackTrace();
        Log.e(TAG, "消息发送失败.");
    }
    return IP;
}

private void getIP(String text) {
    try {
        byte[] ipbyte = text.getBytes("UTF-8");
        for(int i = 4; i < 22; i++) {
            if(ipbyte[i] != 0) {
                if(ipbyte[i] == 46)
                    IP += ".";
                else
                    IP += (ipbyte[i] - 48);
            } else
                break;
        }

    } catch(UnsupportedEncodingException e) {
        //TODO Auto-generated catch block
        e.printStackTrace();
    }
}
}
```

（3）在 Activity 类中编写的布局功能代码，即图片获取和云台控制。功能代码如下：

```
public class HttpControlActivity extends Activity {
    private ImageView image=null;
    private Button up=null;
    private Button down=null;
    private Button left=null;
    private Button right=null;
    private Button set1=null;
    private Button set2=null;
    private Button call1=null;
    private Button call2=null;
    private myOnclick e=null;
    //更新UI中的图片
    private Handler phtoHandler=new Handler(){
        public void handleMessage(android.os.Message msg) {
            if(msg.what==100)
            image.setImageBitmap(bitmap);
        };
    };
```

```
//Activity的创建周期
@Override
public void onCreate(Bundle savedInstanceState) {
    super.onCreate(savedInstanceState);
    setContentView(R.layout.activity_http_control);
    init();
    search();
    getThread.start();
}
//控件的绑定和监听方法
private void init(){
   image= (ImageView) findViewById(R.id.imageView);
   up=(Button) findViewById(R.id.up);
   down=(Button) findViewById(R.id.down);
   left=(Button) findViewById(R.id.left);
   right=(Button) findViewById(R.id.right);
   set1=(Button) findViewById(R.id.set1);
   set2=(Button) findViewById(R.id.set2);
   call1=(Button) findViewById(R.id.call1);
   call2=(Button) findViewById(R.id.call2);
   e=new myOnclick();
   image.setOnClickListener(e);
   up.setOnClickListener(e);
   down.setOnClickListener(e);
   left.setOnClickListener(e);
   right.setOnClickListener(e);
   set1.setOnClickListener(e);
   set2.setOnClickListener(e);
   call1.setOnClickListener(e);
   call2.setOnClickListener(e);
}
//监听类
private int command=0;
private int onestep=0;
private class myOnclick implements OnClickListener{

   public void onClick(View v) {
      //TODO Auto-generated method stub
      switch (v.getId()) {
      case R.id.up:
         command=0;
         onestep=1;
         break;
      case R.id.down:
         command=2;
         onestep=1;
         break;
      case R.id.left:
         command=4;
         onestep=1;
```

```
            break;
        case R.id.right:
            command=6;
            onestep=1;
            break;
        case R.id.call1:
            command=33;
            onestep=0;
            break;
        case R.id.set1:
            command=32;
            onestep=0;
            break;
        case R.id.set2:
            command=34;
            onestep=0;
            break;
        case R.id.call2:
            command=35;
            onestep=0;
            break;
        default:
            break;
        }
        //控制摄像头
        httpUrl2 = "http://"+IP+"/decoder_control.cgi?loginuse=admin
&loginpas=888888&" +
                "command="+command+"&onestep="+onestep+"";
        get_flag=true;
    }
  }
  //控制云台命令发送
  private boolean get_flag=false;
  private Thread getThread=new Thread(new Runnable() {

    public void run() {
        //TODO Auto-generated method stub
        while(true){
            if(get_flag){
                getHttp();
                get_flag=false;
            }
        }
    }
 });
  //搜索摄像头 IP 和开启图片获取
  private int SEARCH_TIME=3000;
  private ProgressDialog progressDialog=null;
  private String IP=null;
  private UDPClient udpClient=null;
  private void search(){
```

```
        progressDialog=new ProgressDialog(this);
        progressDialog.setProgressStyle(ProgressDialog.STYLE_SPINNER);
        progressDialog.setMessage(getString(R.string.search));
        progressDialog.show();
        myThread.start();
        myHandler.sendEmptyMessageDelayed(10,SEARCH_TIME);
    }
    //图片的实时获取
    private String httpUrl1=null;
    private String httpUrl2=null;
    private boolean flag=false;
    private Handler myHandler=new Handler(){
        public void handleMessage(android.os.Message msg) {
            if(msg.what==10)
            //得到摄像头图片
            httpUrl1 = "http://"+IP+"/snapshot.cgi?loginuse=admin&loginpas
=888888";
            flag=true;
            phThread.start();
            progressDialog.dismiss();
        };
    };
    //摄像头 IP 搜索线程
    private Thread myThread=new Thread(new Runnable() {

        public void run() {
            // TODO Auto-generated method stub
            while(true){
                udpClient=new UDPClient();
                IP=udpClient.send();
                if(!IP.equals("")&&IP!=null)
                    break;
                else{
                    try {
                        Thread.sleep(500);
                    } catch (InterruptedException e) {
                        // TODO Auto-generated catch block
                        e.printStackTrace();
                    }
                }
            }
            IP=IP+":81";
        }
    });
    //图片实时申请线程
    private Thread phThread=new Thread(new Runnable() {

        public void run() {
            //TODO Auto-generated method stub
            while(flag){
                httpForImage();
```

```
            phtoHandler.sendEmptyMessage(100);
        }
    }
});
//图片申请 HTTP 通信方法
 private Bitmap bitmap=null;
private void httpForImage() {
    URL imageUrl = null;
    try {
        imageUrl = new URL(httpUrl1);
    } catch (MalformedURLException e) {
        // TODO Auto-generated catch block
        e.printStackTrace();
    }
    if(imageUrl != null) {
        try {
            HttpURLConnection httpURLConnection = (HttpURLConnection) imageUrl
                    .openConnection();
            httpURLConnection.setDoInput(true);
            httpURLConnection.connect();
            InputStream in = httpURLConnection.getInputStream();
            bitmap=BitmapFactory.decodeStream(in);
            in.close();
            httpURLConnection.disconnect();
        } catch (IOException e) {
            //TODO Auto-generated catch block
            e.printStackTrace();
        }
    }
}
//云台控制 HTTP 通信方法
private void getHttp() {
    URL getUrl = null;
    try {
        getUrl = new URL(httpUrl2);
    } catch (MalformedURLException e) {
        //TODO Auto-generated catch block
        e.printStackTrace();
    }
    try {
        HttpURLConnection urlConnection = (HttpURLConnection) getUrl
                .openConnection();
        urlConnection.connect();
        @SuppressWarnings("unused")
        InputStream in = urlConnection.getInputStream();
        urlConnection.disconnect();
    } catch (IOException e) {
        //TODO Auto-generated catch block
        e.printStackTrace();
    }
}
```

上述功能代码的核心即为通过 HTTP 网络协议与同一局域网中摄像头通信的操作。需要注意的是在 Android 4.0 以后，访问网络的操作需要单独开启子线程，不能在主线程中访问。在子线程中不能对 UI 做更新，需要应用 Handler 中间类实现对 UI 的更新。

本章小结

本章主要介绍了 UDP 和 HTTP 网络协议的应用，实现对云台摄像头的通信控制，核心为 UDP 通信开发和 HTTP 网络通信开发，只需要知道对应的发送命令，即可实现真实的应用。

强化练习

动手实践

结合第 16 章，编写无线监控代替手机摄像头的功能代码，实现动态扫描二维码案例开发。

第19章 嵌入式智能车型机器人

19.1 项目概述

前面介绍了 Android 基本网络技术通信协议的 Socket 套接字的 TCP 协议和 STM32 的串口通信案例，下面结合两个案例实现 Android 手机无线控制嵌入式智能车型机器人的案例开发。

在开发之前首先介绍 Android 手机编程中 Wi-Fi 的基础知识。

Wi-Fi（Wireless Fidelity）又称 802.11b 标准，是 IEEE 定义的无线网络通信的工业标准。该技术使用的是 2.4 GHz 附近的频段。

（1）Wi-Fi 主要特性如下：

- 速度快，最高带宽为 11 Mbit/s。
- 可靠性高，在信号较弱或有干扰的情况下，带宽可自动调整为 5.5 Mbit/s、2 Mbit/s 或 1 Mbit/s，有效地保障了网络的稳定性和可靠性。
- 距离较远，在开放性区域，通信距离可达 305 m，在封闭性区域，通信距离为 100 m 左右。
- 方便与现有的有线以太网络整合，组网的成本更低。

（2）在 Android 中 Wi-Fi 模块自下向上可以分为 5 层：硬件驱动程序、wpa_supplicant、JNI、Wi-Fi API、Wi-Fi Settings 应用程序。

wpa_supplication 是一个开源库，是 Android 为实现 Wi-Fi 功能的基础。它从上层接到命令后，通过 Socket 与硬件驱动进行通信，操作硬件完成需要的操作。

JNI 实现了 Java 代码与其他代码的交互，使得在 Java 虚拟机中运行的 Java 代码能够与其他语言编写的应用程序和库进行交互。在 Android 中，JNI 可以让 Java 程序调用 C 程序。

Wi-Fi API 使引用程序可以使用 Wi-Fi 功能。

Wi-Fi Settings 应用程序是 Android 中自带的一个应用程序，选择手机的 Settings→Wireless&networks→Wi-Fi，可以手动打开或关闭 Wi-Fi 功能。Wi-Fi 功能打开后，它会自动搜索周围的无线网络，并以列表的形式显示，供用户选择。默认会连接用户上一次成功连接的无线网络。

嵌入式车型机器人与 Android 移动终端通过 Wi-Fi 连接，连接成功后，需要在 Android 应用程序中对 Wi-Fi 进行管理，获得远端设备 IP 地址，以供建立 Socket 通信时使用。

（3）在 Android 中，主要使用 wifiManager 类管理 Wi-Fi 连接。其中定义了如下所述的一些常用方法。

- getConfiguredNetWorks()：该方法用于客户端获取网络连接的状态。
- getConnectionInfo()：该方法用于获取当前连接的信息。
- getDhcpInfo()：该方法用于获取 DHCP 的信息。
- getScanResulats()：该方法用于获取扫描测试的结果。
- getWifiState()：该方法用于获取一个 Wi-Fi 接入点是否有效。
- isWifiEnabled()：该方法用于判断一个 Wi-Fi 连接是否有效。
- pingSupplicant() :该方法用于查看客户后台程序是否有响应请求。
- ressociate()：该方法用于重连到接入点，即使已经连接上了。
- reconnect()：该方法用于在没有 Wi-Fi 连接的情况下重新连接。
- removeNetwork(int netId)：该方法用于移除某一个特定网络。
- saveConfiguration()：该方法用于保留一个配置信息。
- setWifiEnabled(boolean enabled)：该方法用于让一个连接生效或失效。
- startScan()：该方法用于开始扫描。
- updateNetwork(WifiConfiguration config)：该方法用于更新一个网络连接的信息。

需要指出的是，Wi-Fi 网卡的状态是由一系列整型常量来表示的。

- WIFI_STATE_DISABLED：Wi-Fi 网卡不可用，用整型常量 1 表示。
- WIFI_STATE_DISABLING：Wi-Fi 网卡正在关闭，用整型常量 0 表示。
- WIFI_STATE_ENABLED：Wi-Fi 网卡可用，用整型常量 3 表示。
- WIFI_STATE_UNKNOW：未知网卡状态，用整型常量 4 表示。

此外，wifiManager 还提供了一个子类 wifiManagerLock。wifiManagerLock 的作用如下：在普通的状态下，如果 Wi-Fi 的状态处于闲置，那么网络将会暂时中断；如果把当前的网络状态锁上，那么 Wi-Fi 连通将会保持在一定状态，在结束锁定之后，才会恢复常态。

19.2 STM32 设计

编写 Android 程序之前，让我们首先回顾和再次学习 STM32 中应用的技术。

19.2.1 Wi-Fi 转串口通信

嵌入式车型机器人与 Android 智能移动终端是通过核心板上的 Wi-Fi 模块进行连接的。图 19.1 为 Wi-Fi 转串口模块电路原理图。

从 Wi-Fi 转串口模块电路原理图中，可以看出 Wi-Fi 与 STM32 之间是通过串口进行通信的。其中，Wi-Fi 转串口模块的 UART_TX 与 STM32 的 GPIOA10 连接，UART_RX 与 STM32 的 GPIOA9 连接。

在 9.3 节中，已经对串口通信进行过讲解，详情可参考 9.3 节相关内容。

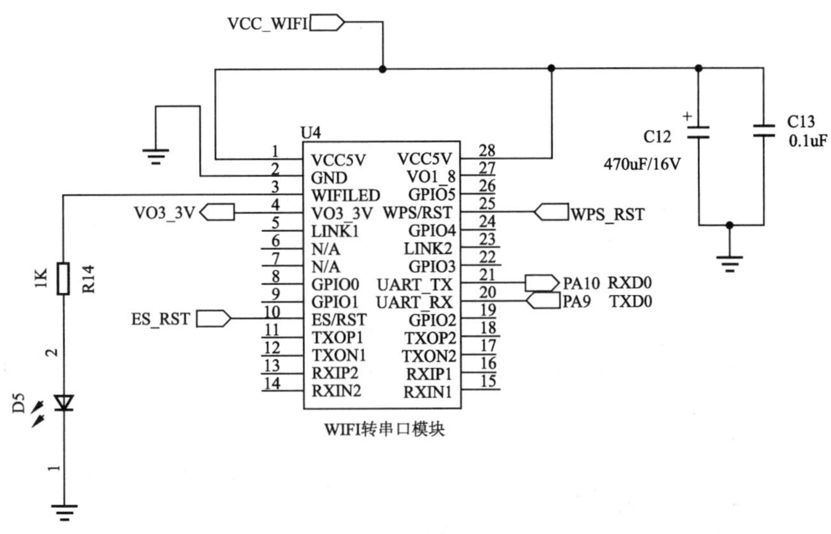

图 19.1　Wi-Fi 转串口模块电路原理图

19.2.2　电动机驱动

如果想要嵌入式智能车型机器人行进，那么就要编写电动机驱动。嵌入式车型机器人电动机的驱动芯片是 L298N，该芯片内部是 H 桥电路，可以控制嵌入式车型机器人电动机的正反转。嵌入式车型机器人的 PWM 驱动是控制转向的必要条件，同时还可通过 PWM 控制小车的速度。

硬件资源连接请参考 2.3 节核心板与驱动板连接。

建立项目工程后，需要将 sys 文件夹、uart 文件夹、delay 文件夹导入项目中。

下面通过代码具体讲解电动机驱动程序是怎么编写的。

（1）在 HARDWARE 文件夹下创建文件夹 DJQD，在 DJQD 文件夹下创建文件 djqd.h。该接口文件的具体代码如下：

```
#ifndef _ _DJQD_H
#define _ _DJQD_H
#include "sys.h"

//电动机驱动端口定义
#define LEFT111 PEout(9)                    //PE9
#define RIGHT112 PEout(10)                  //PE10
#define LEFT112 PEout(11)                   //PE11
#define RIGHT111 PEout(12)                  //PE12
#define LEFT_PWM_Value  TIM1->CCR1
#define RIGHT_PWM_Value TIM1->CCR3
//停车
#define STOP LEFT_PWM_Value=35530;RIGHT_PWM_Value=35530;LEFT111=0;LEFT112=0;RIGHT
112=0;RIGHT111=0;
void DJ_Init(void);                         //电动机初始化
void PWM_Init(u32 frequency,u16 psc);       //PWM 初始化
void Control(int L_Spend,int R_Spend);      //电动机速度控制
#endif
```

（2）在 DJQD 文件夹下创建文件 djqd.c。具体代码如下：

```
#include <stm32f10x_lib.h>
#include "djqd.h"

/**********************************************************
** 函数名: DJ_Init
** 函数描述: 电动机初始化                  返回值: 无
**********************************************************/
void DJ_Init(void)
{
  GPIOE->CRH&=0XFF000000;
  GPIOE->CRH|=0X00333333;   //PE8/PE9/PE10/PE11/PE12/PE13 推挽输出
    GPIOE->ODR|=0X0000;
  LEFT111=1;
  LEFT112=1;
  RIGHT112=1;
  RIGHT111=1;
}

/**********************************************************
** 函数名: PWM_Init
** 函数描述: PWM 初始化                   返回值: 无
** 输入参数:
**            frequency  -  自动重装值
**            psc        -  时钟预分频数
**********************************************************/
void PWM_Init(u32 frequency,u16 psc)
{
  u32 OCLK=72000000;
   //此部分需手动修改 IO 口设置
  RCC->APB2ENR|=1<<11;               //TIM1 时钟使能
  GPIOE->CRH&=0XFF0FFFF0;            //PE8、PE13 输出
  GPIOE->CRH|=0X00B0000B;            //复用功能输出
  AFIO->MAPR&=0XFFFFFF3F;            //清除 MAPR 的[7:6]
  AFIO->MAPR|=1<<7;                  //完全重映像,TIM1_CH1N->PE8
  AFIO->MAPR|=1<<6;                  //完全重映像,TIM1_CH3->PE13
  TIM1->ARR=OCLK/frequency;          //设定计数器自动重装值
  TIM1->PSC=psc;                     //预分频器不分频
  TIM1->CCMR2|=6<<4;                 //CH3  PWM2 模式
  TIM1->CCMR2|=1<<3;                 //CH2 预装载使能
  TIM1->CCMR1|=6<<4;                 //CH1  PWM2 模式
  TIM1->CCMR1|=1<<3;                 //CH1 预装载使能
  TIM1->CR1|=1<<7;                   //ARPE 使能自动重装载预装载允许位
  TIM1->CR1|=1<<4;                   //向下计数模式
  TIM1->CCER|=3<<8;                  //OC3  输出使能
  TIM1->CCER|=3<<2;                  //OC1N  输出使能
  TIM1->EGR |= 1<<0;                 //初始化所有的寄存器
  TIM1->CR1|=1<<0;                   //使能定时器 1
}
/**********************************************************
```

```
** 函数名: Control
** 函数描述: 电动机控制                    返回值: 无
** 输入参数:
**             L_Spend    -  电动机左轮速度
**             R_Spend    -  电动机右轮速度
***************************************************************/
void Control(int L_Spend,int R_Spend)
{
  STOP
  //限制速度参数
  if(L_Spend>=0)
  {
     if(L_Spend>100)
        L_Spend=100;
     if(L_Spend<5)
        L_Spend=5;
     LEFT111=0;
     LEFT112=1;
     //左轮正转计算公式
     LEFT_PWM_Value=L_Spend*600;
  }
  else
  {
     //限制速度参数
     if(L_Spend<-80)
        L_Spend=-80;
     if(L_Spend>-5)
        L_Spend=-5;
     LEFT111=1;
     LEFT112=0;
     //左轮反转计算公式
     LEFT_PWM_Value=L_Spend*600;
  }
  if(R_Spend>=0)
  {
     //限制速度参数
     if(R_Spend>100)
        R_Spend=100;
     if(R_Spend<5)
        R_Spend=5;
     RIGHT112=0;
     RIGHT111=1;
     //右轮正转计算公式
     RIGHT_PWM_Value=R_Spend*600;
  }
  else
  {
     //限制速度参数
     if(R_Spend<-80)
        R_Spend=-80;
```

```
        if(R_Spend>-5)
            R_Spend=-5;
        RIGHT112=1;
        RIGHT111=0;
        //右轮反转计算公式
        RIGHT_PWM_Value=R_Spend*600;
    }
    //开启 OC 和 OCN 输出
    TIM1->BDTR |=1<<15;
}
```

19.2.3 循迹驱动

嵌入式车型机器人的一个重要功能就是循迹。在为其准备的专用地图上，有白底黑线的跑道，黑线的宽度大概为 3 cm。在嵌入式车型机器人循迹板上有 8 个光电对管，当光电对管照到黑白的跑道上面，会输出不同的电平，一般就是高低电平。当照到黑线时输出低电平，照到白线时输出高电平，从而可以识别路线。循迹板上有 8 个指示灯，分别对应 8 个光电对管，当光电对管在黑线上时，对应的指示灯亮。

注意：由于光电传感器的灵敏度和高度不一样，环境光照强度也不一样，所以可通过适当调节传感器上响应的电位器，使其能够在黑线上输出低电平，白线上输出高电平。

关于硬件资源连接，可参考 2.2 节和 2.3 节内容。

建立项目工程后，需要将 sys 文件夹、uart 文件夹、delay 文件夹导入项目中。

下面通过代码具体讲解循迹驱动的实现。

（1）在 HARDWARE 文件夹下创建文件夹 XJ，在 XJ 文件夹下创建文件 xj.h。该接口文件的具体代码如下：

```
#ifndef _ _XJ_H
#define _ _XJ_H
#include "sys.h"
#include "djqd.h"
#include "test.h"

extern u8 gd;
void XJ_Init(void);          //初始化
void Track(void);            //循迹函数

#endif
```

（2）在 XJ 文件夹下创建文件 xj.c。具体代码如下：

```
#include <stm32f10x_lib.h>
#include "usart.h"
#include "xj.h"
#include "djqd.h"
#include "test.h"
u8 gd;

/*************************************************************
** 函数名: XJ_Init
** 函数描述: 循迹初始化                    返回值: 无
```

```
**************************************************************/
void XJ_Init()
{
  GPIOA->CRL&=0X00000000;
  GPIOA->CRL|=0X88888888;   //PA0.PA1.PA2.PA3.PA4.PA5.PA6.PA7 设置成输入
  GPIOA->ODR|=0X00FF;       //PA0.PA1.PA2.PA3.PA4.PA5.PA6.PA7 上拉
}
/**************************************************************
** 函数名: Track
** 函数描述: 循迹函数                    返回值: 无
**************************************************************/
void Track(void)
{
  gd=GPIOA->IDR&0Xff;
  if((gd==0)||(gd==0xff))
  {
     STOP
     Track_Flag=0;
     Stop_Flag=1;
  }
  else
  {
     Stop_Flag=0;
     if(gd==0XE7||gd==0XF7||gd==0XEF)//1.中间 3/4 传感器检测到黑线，全速运行
     {
        LSpeed=Car_Spend;
        RSpeed=Car_Spend;
     }
     if(Line_Flag!=2)
     {
        if(gd==0XF3||gd==0XFB) //2.中间 4、3 传感器检测到黑线，微右拐
        {
            LSpeed=Car_Spend+10;
            RSpeed=-LSpeed;
             Line_Flag=0;
        }
        if(gd==0XF9||gd==0XFD) //3.中间 3、2 传感器检测到黑线，再微右拐
        {
            LSpeed=Car_Spend+20;
            RSpeed=-LSpeed;
            Line_Flag=0;
        }
        if(gd==0XFC)             //4.中间 2、1 传感器检测到黑线，强右拐
        {
           LSpeed=Car_Spend+30;
           RSpeed=-LSpeed;
           Line_Flag=0;
        }
        if(gd==0XFE)             //5.最右边 1 传感器检测到黑线，再强右拐
        {
```

```
            LSpeed=Car_Spend+40;
            RSpeed=-LSpeed;
            Line_Flag=1;
        }
    }
    if(Line_Flag!=1)
    {
        if(gd==0XCF)                    //6.中间 6、5 传感器检测到黑线，微左拐
        {
            RSpeed=Car_Spend+10;
            LSpeed=-RSpeed;
            Line_Flag=0;
        }
        if(gd==0X9F||gd==0XDF)          //7.中间 7、6 传感器检测到黑线，再微左拐
        {
           RSpeed=Car_Spend+20;
            LSpeed=-RSpeed;
            Line_Flag=0;
        }
        if(gd==0X3F||gd==0XBF)          //8.中间 8、7 传感器检测到黑线，强左拐
        {
            RSpeed=Car_Spend+30;
            LSpeed=-RSpeed;
            Line_Flag=0;
        }
        if(gd==0X7F)                    //9.最左 8 传感器检测到黑线，再强左拐
        {
            RSpeed=Car_Spend+40;
            LSpeed=-RSpeed;
            Line_Flag=2;
        }
    }
    if(gd==0xFF)
    {
        if(Line_Flag==0)
        {
            if(count++>1000)
            {
                count=0;
                STOP
                Track_Flag=0;
                Stop_Flag=4;
            }
        }
        if(Line_Flag==1)
        {
            LSpeed=Car_Spend+40;
            RSpeed=-LSpeed;
        }
        if(Line_Flag==2)
```

```
        {
            RSpeed=Car_Spend+40;
            LSpeed=-RSpeed;
        }
    }
    else  count=0;
    if(!Track_Flag==0)
    {
        Control(LSpeed,RSpeed);
    }
  }
}
```

19.2.4 红外发射驱动

红外线属于一种电磁射线，其特性等同于无线电或 X 射线。人眼可见的光波是 380 ~ 780 nm，发射波长为 780 nm ~ 1 mm 的长射线称为红外线。尽管肉眼看不到，但利用红外线发送和接收装置却可以发送和接收红外线信号，实施红外线通信。利用红外线通信无须连线，只需将两设备的红外线装置对正即可。红外线通信方向性很强，适用于近距离的无线传输。

嵌入式车型机器人可通过任务板上的红外发射头，发射红外控制码，已具有控制红外报警器、调节光照强度、控制电子相框翻页和控制隧道风扇的功能。

硬件资源连接，可参考 2.5 节中内容。

建立项目工程后，需要将 sys 文件夹、uart 文件夹、delay 文件夹导入项目中。

下面通过代码介绍红外发射驱动的实现。

（1）在 HARDWARE 文件夹下创建文件夹 HW，在 HW 文件夹下创建文件 hw.h。该接口文件的具体代码如下：

```
#ifndef _ _HW_H
#define _ _HW_H
#include "sys.h"
#define RI_TXD PEout(1) //PE1

void HW_Init(void);
void Transmition(u8 *s,int n);

#endif
```

（2）在 HW 文件夹下创建文件 hw.c。具体代码如下：

```
#include <stm32f10x_lib.h>
#include "delay.h"
#include "hw.h"

/*************************************************************
** 函数名: HW_Init
** 函数描述: 红外初始化              返回值: 无
*************************************************************/
void HW_Init()
{
```

```
    GPIOE->CRL&=0XFFFFFF0F;
    GPIOE->CRL|=0X00000030;           //PE1 推挽输出
    GPIOE->ODR|=0X0002;               //PE1 输出高
    RI_TXD=1;
}

/*************************************************************
** 函数名: Transmition
** 函数描述: 红外发射子程序       返回值: 无
** 输入参数:
**              *s    -  指向要发送的数据
**              n     -  数据长度
*************************************************************/
void Transmition(u8 *s,int n)
{
    u8 i,j,temp;
    RI_TXD=0;
    delay_ms(9);
    RI_TXD=1;
    delay_ms(4);
    delay_us(560);
   for(i=0;i<n;i++)
   {
      for(j=0;j<8;j++)
       {
          temp=(s[i]>>j)&0x01;
          if(temp==0)                 //发射 0
            {
              RI_TXD=0;
              delay_us(560);          //延时 0.56 ms
              RI_TXD=1;
              delay_us(560);          //延时 0.56 ms
            }
         1 if(temp==1)                //发射 1
            {
              RI_TXD=0;
              delay_us(560);          //延时 0.56 ms
              RI_TXD=1;
            delay_ms(1);
              delay_us(690);          //延时 1.69 ms
            }
     .   }
   }
    RI_TXD=0;                         //结束
    delay_us(560);                    //延时 0.56 ms
    RI_TXD=1;                         //关闭红外发射
}
```

19.2.5 主要业务逻辑

完成以上驱动代码编写以后，在项目中创建一个 USER 文件夹，在该文件夹下创建文件 test.c，用于编写主要业务逻辑。具体代码如下：

```
#include <stm32f10x_lib.h>
#include "sys.h"
#include "usart.h"
#include "delay.h"
#include "init.h"
#include "led.h"
#include "test.h"
#include "djqd.h"
#include "xj.h"
#include "hw.h"

#define  NUM  10                                            //定义接收数据长度

void IO_Init(void);                                         //IO 初始化

//u8 mp;
u8 G_Tab[6];                                                //定义红外发射数组
u8 S_Tab[NUM];                                              //定义主返回数据数组


u8 Stop_Flag=0;                                             //状态标志位
u8 Track_Flag=0;                                            //循迹标志位
u8 G_Flag=0;                                                //前进标志位
u8 B_Flag=0;                                                //后退标志位
u8 L_Flag=0;                                                //左转标志位
u8 R_Flag=0;                                                //右转标志位


u16 CodedDisk=0;                                            //码盘值统计
u16 tempMP=0;                                               //接收码盘值
u16 MP;                                                     //控制码盘值
int Car_Spend = 70;                                         //小车速度默认值
int count = 0;                                              //计数
int LSpeed;                                                 //循迹左轮速度
int RSpeed;                                                 //循迹右轮速度
u8 Line_Flag=0;

unsigned Light=0;                                           //光照度

static u8 H_S[4]={0x80,0x7F,0x05,~(0x05)};                  //照片上翻
static u8 H_X[4]={0x80,0x7F,0x1B,~(0x1B)};                  //照片下翻

static u8 H_1[4]={0x00,0xFF,0x0C,~(0x0C)};                  //光源档位加 1
static u8 H_2[4]={0x00,0xFF,0x18,~(0x18)};                  //光源档位加 2
static u8 H_3[4]={0x00,0xFF,0x5E,~(0x5E)};                  //光源档位加 3

static u8 H_SD[4]={0x00,0xFF,0x45,~(0x45)};                 //隧道风扇系统打开

static u8 HW_K[6]={0x03,0x05,0x14,0x45,0xDE,0x92};          //报警器打开
static u8 HW_G[6]={0x67,0x34,0x78,0xA2,0xFD,0x27};          //报警器关闭
```

```
static u8 CP_G1[6]={0xFF,0x12,0x01,0x00,0x00,0x00};
static u8 CP_G2[6]={0xFF,0x13,0x01,0x00,0x00,0x00};

int main(void)
{
   u8 i;
   Stm32_Clock_Init(9);                          //系统时钟设置
   delay_init(72);                               //延时初始化
   uart1_init(72,115200);                        //串口初始化为 115200
   uart2_init(72,115200);                        //串口初始化为 115200
   IO_Init();                                    //IO 初始化

   STOP();
   S_Tab[0]=0x55;
   S_Tab[1]=0xaa;
   while(1)
   {
      LED0=!LED0;                                //程序状态

      if(flag1==1)                               //接收到控制指令
         STOP();
         delay_us(5);
      if(USART1_RX_BUF[1]==0xAA)                 //主车控制
      {
          switch(USART1_RX_BUF[2])
          {
                case 0x01:                       //停止
                   Track_Flag=0;
                   MP=0;
                   Stop_Flag=0;
                   G_Flag=0;
                   B_Flag=0;
                   L_Flag=0;
                   R_Flag=0;
                      STOP();
                   break;
                case 0x02:                       //前进
                   MP=0;
                   G_Flag=1;
                   Stop_Flag=0;
                   tempMP=0;
                   tempMP=USART1_RX_BUF[5];
                   tempMP<<=8;
                   tempMP|=USART1_RX_BUF[4];
                   Car_Spend = USART1_RX_BUF[3];
                   Control(Car_Spend,Car_Spend);
                   break;
                case 0x03:                       //后退
                   MP=0;
```

```
            B_Flag=1;
            Stop_Flag=0;
            tempMP=0;
            tempMP=USART1_RX_BUF[5];
            tempMP<<=8;
            tempMP+=USART1_RX_BUF[4];
            Car_Spend = USART1_RX_BUF[3];
            Control(-Car_Spend,-Car_Spend);
            break;
        case 0x04:                          //左转
            MP=0;
            L_Flag=1;
            Stop_Flag=0;
            Car_Spend = USART1_RX_BUF[3];
            Control(-Car_Spend,Car_Spend);
            break;
        case 0x05:                          //右转
            MP=0;
            R_Flag=1;
            Stop_Flag=0;
            Car_Spend = USART1_RX_BUF[3];
            Control(Car_Spend,-Car_Spend);
            break;
        case 0x06:                          //循迹
            Car_Spend = USART1_RX_BUF[3];
            Track_Flag=1;
            MP=0;
            break;
        case 0x07:                          //码盘值清零
            CodedDisk=0;
            break;
        case 0x10:                          //红外数据前 3 位
            G_Tab[0]=USART1_RX_BUF[3];
            G_Tab[1]=USART1_RX_BUF[4];
            G_Tab[2]=USART1_RX_BUF[5];
            break;
        case 0x11:                          //红外数据后 3 位
            G_Tab[3]=USART1_RX_BUF[3];      //数据第 4 位
            G_Tab[4]=USART1_RX_BUF[4];      //低位校验码
            G_Tab[5]=USART1_RX_BUF[5];      //高位校验码
            break;
        case 0x12:                          //通知小车单片机发送红外线
            Track_Flag=0;
            MP=0;
            Stop_Flag=0;
            G_Flag=0;
            B_Flag=0;
            L_Flag=0;
            R_Flag=0;
               STOP();
```

```
                Transmition(G_Tab,6);
                break;
            case 0x20:                          //转向灯控制
                if(USART1_RX_BUF[3])
                    LED_L=0;
                else
                    LED_L=1;
                if(USART1_RX_BUF[4])
                    LED_R=0;
                else
                    LED_R=1;
                break;
            case 0x30:                          //蜂鸣器控制
                if(USART1_RX_BUF[3])
                    BEEP=0;
                else
                    BEEP=1;
                break;
            case 0x50:                          //红外发射控制照片上翻
                Track_Flag=0;
                MP=0;
                Stop_Flag=0;
                G_Flag=0;
                B_Flag=0;
                L_Flag=0;
                R_Flag=0;
                    STOP();
                Transmition(H_S,4);
                break;
             case 0x51:                         //红外发射控制照片下翻
                Track_Flag=0;
                MP=0;
                Stop_Flag=0;
                G_Flag=0;
                B_Flag=0;
                L_Flag=0;
                R_Flag=0;
                    STOP();
                Transmition(H_X,4);
                break;
             case 0x61:                         //红外发射控制光源强度档位加1
                Track_Flag=0;
                MP=0;
                Stop_Flag=0;
                G_Flag=0;
                B_Flag=0;
                L_Flag=0;
                R_Flag=0;
                    STOP();
                Transmition(H_1,4);
```

```
                    break;
                  case 0x62:                              //红外发射控制光源强度档位加 2
                    Track_Flag=0;
                    MP=0;
                    Stop_Flag=0;
                    G_Flag=0;
                    B_Flag=0;
                    L_Flag=0;
                    R_Flag=0;
                       STOP();
                    Transmition(H_2,4);
                    break;
                  case 0x63:                              //红外发射控制光源强度档位加 3
                    Track_Flag=0;
                    MP=0;
                    Stop_Flag=0;
                    G_Flag=0;
                    B_Flag=0;
                    L_Flag=0;
                    R_Flag=0;
                       STOP();
                    Transmition(H_3,4);
                    break;
                 default:
                    Track_Flag=0;
                    MP=0;
                    Stop_Flag=0;
                    G_Flag=0;
                    B_Flag=0;
                    L_Flag=0;
                    R_Flag=0;
                       STOP();
                    break;
            }
               flag1=0;
         }
      }
   }
```

该程序的功能是：当 Android 智能移动端程序编写好以后，可以通过 Android 智能移动端控制嵌入式智能车型机器人前进、后退、左转、右转、循迹、红外发射等操作。

19.3 Android 软件设计

19.3.1 Android UI 设计

图 19.2 所示为 Android 智能移动终端的应用程序界面。

UI 界面的具体代码如下：

```
    <LinearLayout
xmlns:android="http://schemas.android.com/apk/res/android"
        android:layout_width="fill_parent"
        android:layout_height="fill_parent"
        android:orientation="vertical" >

        <LinearLayout
            android:layout_width="match_parent"
            android:layout_height="wrap_content"
            android:background="#000" >

            <TextView
                android:id="@+id/textView1"
                android:layout_width="match_parent"
                android:layout_height="match_parent"
                android:gravity="center"
                android:text="@string/title"
                android:textColor="#fff"
                android:textSize="30dp" />
        </LinearLayout>
```

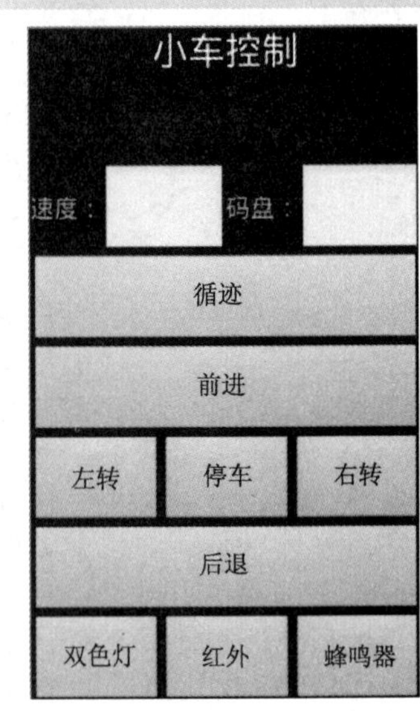

图 19.2　UI 界面

```
        <LinearLayout
            android:layout_width="match_parent"
            android:layout_height="match_parent"
            android:layout_weight="2">

          <TextView
              android:id="@+id/show"
              android:layout_width="match_parent"
              android:layout_height="match_parent"
              android:textSize="20dp"
              />
        </LinearLayout>
         <LinearLayout
            android:layout_width="match_parent"
            android:layout_height="match_parent"
            android:layout_weight="2">
         <LinearLayout
            android:layout_width="match_parent"
            android:layout_height="match_parent"
            android:layout_weight="4">

          <TextView
              android:layout_width="wrap_content"
              android:layout_height="match_parent"
              android:gravity="center"
              android:text="速度: "
              android:textSize="20dp"
              />
          <EditText
```

```
        android:id="@+id/speed"
         android:layout_width="match_parent"
        android:layout_height="match_parent"
        android:textSize="20dp"
        />
</LinearLayout>
<LinearLayout
    android:layout_width="match_parent"
    android:layout_height="match_parent"
    android:layout_weight="4">

    <TextView
        android:layout_width="wrap_content"
        android:layout_height="match_parent"
        android:gravity="center"
        android:text="码盘: "
        android:textSize="20dp"
        />
    <EditText
        android:id="@+id/encoder"
         android:layout_width="match_parent"
        android:layout_height="match_parent"
        android:textSize="20dp"
        />
</LinearLayout>
</LinearLayout>
<LinearLayout
    android:layout_width="match_parent"
     android:layout_height="match_parent"
    android:layout_weight="2">

    <Button
        android:id="@+id/tracking"
        android:layout_width="match_parent"
        android:layout_height="match_parent"
        android:layout_weight="1"
        android:text="@string/tracking" />

</LinearLayout>

<LinearLayout
    android:layout_width="match_parent"
     android:layout_height="match_parent"
    android:layout_weight="2" >

    <Button
        android:id="@+id/go"
        android:layout_width="match_parent"
        android:layout_height="match_parent"
        android:text="@string/go" />
```

```
</LinearLayout>

<LinearLayout
    android:layout_width="match_parent"
     android:layout_height="match_parent"
    android:layout_weight="2">

    <Button
        android:id="@+id/left"
        android:layout_width="match_parent"
        android:layout_height="match_parent"
        android:layout_weight="1"
        android:text="@string/car_left" />

    <Button
        android:id="@+id/stop"
        android:layout_width="match_parent"
        android:layout_height="match_parent"
        android:layout_weight="1"
        android:text="@string/stop" />

    <Button
        android:id="@+id/right"
        android:layout_width="match_parent"
        android:layout_height="match_parent"
        android:layout_weight="1"
        android:text="@string/car_right" />
</LinearLayout>

<LinearLayout
    android:layout_width="match_parent"
     android:layout_height="match_parent"
    android:layout_weight="2" >

    <Button
        android:id="@+id/back"
        android:layout_width="match_parent"
        android:layout_height="match_parent"
        android:text="@string/hou" />
</LinearLayout>

<LinearLayout
    android:layout_width="match_parent"
     android:layout_height="match_parent"
    android:layout_weight="2" >

    <Button
        android:id="@+id/lamp"
        android:layout_width="match_parent"
        android:layout_height="match_parent"
```

```
            android:layout_weight="1"
            android:text="@string/lamp" />

        <Button
            android:id="@+id/infrared"
            android:layout_width="match_parent"
            android:layout_height="match_parent"
            android:layout_weight="1"
            android:text="@string/infrared" />

        <Button
            android:id="@+id/buzzer"
            android:layout_width="match_parent"
            android:layout_height="match_parent"
            android:layout_weight="1"
            android:text="@string/buzzer" />
    </LinearLayout>

</LinearLayout>
```

以上代码实现了 Android 智能移动终端上的 UI 界面显示。这里要注意，界面上显示的文字有部分是在 values 文件下的 strings.xml 文件中定义的。以下为 strings.xml 中的具体代码。

```
<resources>
    <string name="app_name">Control_Car_Command</string>
    <string name="menu_settings">Settings</string>
    <string name="title_activity_main">小车控制</string>
    <!-- 小车控制界面 -->
     <string name="title_activity_car">小车控制</string>
    <string name="title">小车控制</string>
    <string name="wave">超声波</string>
    <string name="light">光照强度</string>
    <string name="save">显示数据</string>
    <string name="tracking">循迹</string>
    <string name="back">倒车</string>
    <string name="speed">速度档</string>
    <string name="go">前进</string>
    <string name="hou">后退</string>
    <string name="car_left">左转</string>
    <string name="car_right">右转</string>
    <string name="stop">停车</string>
    <string name="infrared">红外</string>
    <string name="lamp">双色灯</string>
    <string name="buzzer">蜂鸣器</string>
</resources>
```

19.3.2 Android 功能实现

1. 获取嵌入式车型机器人 IP 地址

嵌入式车型机器人与 Android 智能移动终端是通过 Wi-Fi 进行连接的。连接好以后，需要建立 Socket 通信。建立 Socket 通信的前提是获得嵌入式车型机器人的 IP 地址。以下为获取嵌入式车型机器人 IP 地址的代码段：

```
//获取 wifiManager 类对象
wifiManager=(WifiManager) getSystemService(Context.WIFI_SERVICE);
//获取 DHCP 信息
dhcpInfo=wifiManager.getDhcpInfo();
//通过 DHCP 的网关，获取嵌入式车型机器人 IP 地址
IP=Formatter.formatIpAddress(dhcpInfo.gateway);
```

2. Socket 通信

获得嵌入式车型机器人 IP 地址以后，就可以建立 Socket 通信，传输数据。首先，看一下 Socket 连接方法是如何实现的。具体代码如下：

```
/**
*方法名: connect
*描述: 实现数据通信连接
*参数:
*     context 上下文
*       IP      嵌入式车型机器人 IP 地址
*
*/
public void connect(Context context, String IP) {
   //获取上下文
   this.context = context;
   try {
      //获取 Socket 对象
      socket = new Socket(IP, port);
      //获取字节输出流
      dataOutputStream = new DataOutputStream(socket.getOutputStream());
      //获取字节输出流
      dataInputStream = new DataInputStream(socket.getInputStream());
   } catch (UnknownHostException e) {
      e.printStackTrace();
   } catch (IOException e) {
      e.printStackTrace();
   }
}
```

连接实现以后，就要通过 Socket 发送指令，下面介绍如何实现指令的发送。具体代码如下：

```
/**
*方法名: connect
*描述: 实现数据通信连接
*参数: 无
*
*/
public void send() {
      try {
         //定义指令字节数组
         byte[] sbyte ={0x55,(byte) 0xAA,MAJOR,FIRST,SECOND,THRID};
         //将指令字节数组写入字节输出流
         dataOutputStream.write(sbyte);
```

```
            //刷新字节输出流
            dataOutputStream.flush();
        } catch (UnknownHostException e) {
            e.printStackTrace();
        } catch (IOException e) {
            e.printStackTrace();
        }
    }
```

至此，socket 通信连接建立与通信已经完成。但是需要注意，Android 规定，在 Android 4.0 以后如果使用 Socket 通信，必须使用一个单独线程，以及添加 INTENT 权限。

下面介绍有关控制嵌入式车型机器人的完成代码。首先是 MainActivity.java。

```
package com.bkrcl.control_car_command;

import java.io.IOException;
import android.app.Activity;
import android.app.AlertDialog;
import android.content.Context;
import android.content.DialogInterface;
import android.net.DhcpInfo;
import android.net.wifi.WifiManager;
import android.os.Bundle;
import android.os.Handler;
import android.os.Message;
import android.os.StrictMode;
import android.text.format.Formatter;
import android.util.Log;
import android.view.Menu;
import android.view.View;
import android.view.View.OnClickListener;
import android.widget.Button;
import android.widget.EditText;
import android.widget.TextView;
import android.widget.Toast;
import com.bkrcl.control_car_command.util.Client;

public class MainActivity extends Activity {
    //声明前进、左转、右转、停止、循迹、后退、红外、指示灯、蜂鸣器按键对象
    private Button go,left,right,stop,tracking,back,infrared,lamp,buzzer;
    //声明速度文本输入框对象
    private EditText speed=null;
    //声明码盘文本输入框对象
    private EditText encoder=null;
    //声明速度值变量、码盘值变量
    private int sp_n,en_n;
    //声明点击事件对象
    private myOnclick e;
    //声明 WiFiManager 类对象
    private WifiManager wifiManager;
    //声明 DHCP 信息对象
```

```
    private DhcpInfo dhcpInfo;
    //声明嵌入式车型机器人 IP 地址
    private String IP=null;
    //声明客户端类对象
    private Client client;

    //生命周期回调方法
     @Override
     public void onCreate(Bundle savedInstanceState) {
         super.onCreate(savedInstanceState);
         setContentView(R.layout.activity_main);
         //严苛模式，Android 4.0 以后主线程访问网络必须加上此段代码
         StrictMode.setThreadPolicy(new StrictMode.ThreadPolicy.Builder()
       .detectDiskReads().detectDiskWrites().detectNetwork()
       .penaltyLog().build());
         StrictMode.setVmPolicy(new StrictMode.VmPolicy.Builder()
       .detectLeakedSqlLiteObjects().detectLeakedClosableObjects()
       .penaltyLog().penaltyDeath().build());
         //获取 WiFiManager 类对象
         wifiManager=(WifiManager) getSystemService(Context.WIFI_SERVICE);
         //获取 DHCP 信息对象
         dhcpInfo=wifiManager.getDhcpInfo();
         //获取嵌入式车型机器人 IP 地址
         IP=Formatter.formatIpAddress(dhcpInfo.gateway);
         //初始化，绑定 UI 控件
         init();
       //创建客户端类对象
         client=new Client();
       //调用 Client 类中的 connect 方法建立 Socket 通信连接
         client.connect(this,IP);
     }

   private void init(){
    //以下为绑定控件
    show=(TextView) findViewById(R.id.show);
    speed=(EditText) findViewById(R.id.speed);
    encoder=(EditText) findViewById(R.id.encoder);
    go=(Button) findViewById(R.id.go);
    back=(Button) findViewById(R.id.back);
    left=(Button) findViewById(R.id.left);
    right=(Button) findViewById(R.id.right);
    stop=(Button) findViewById(R.id.stop);
    tracking=(Button) findViewById(R.id.tracking);
    infrared=(Button)findViewById(R.id.infrared);
    lamp=(Button) findViewById(R.id.lamp);
    buzzer=(Button) findViewById(R.id.buzzer);
    //以下为监听事件设置
    e=new myOnclick();
    go.setOnClickListener(e);
    left.setOnClickListener(e);
```

```
 right.setOnClickListener(e);
 stop.setOnClickListener(e);
 tracking.setOnClickListener(e);
 back.setOnClickListener(e);
 infrared.setOnClickListener(e);
 lamp.setOnClickListener(e);
 buzzer.setOnClickListener(e);
}

//监听事件响应
private class myOnclick implements OnClickListener{
 public void onClick(View v) {
    switch (v.getId()) {
       case R.id.go:            //前进
          sp_n=getSpeed();
          en_n=getEncoder();
          client.MAJOR=0x02;
          client.FIRST=(byte) (sp_n&0xFF);
          client.SECOND=(byte) (en_n&0xff);
          client.THRID=(byte) (en_n>>8);
          break;
       case R.id.back:          //后退
          sp_n=getSpeed();
          en_n=getEncoder();
          client.MAJOR=0x03;
          client.FIRST=(byte) (sp_n&0xFF);
          client.SECOND=(byte) (en_n&0xff);
          client.THRID=(byte) (en_n>>8);
          break;
       case R.id.left:          //左转
          sp_n=getSpeed();
          client.MAJOR=0x04;
          client.FIRST=(byte) (sp_n&0xFF);
          client.SECOND=0x00;
          client.THRID=0x00;
          break;
       case R.id.right:         //右转
          sp_n=getSpeed();
          client.MAJOR=0x05;
          client.FIRST=(byte) (sp_n&0xFF);
          client.SECOND=0x00;
          client.THRID=0x00;
          break;
       case R.id.stop:          //停止
          client.MAJOR=0x01;
          client.FIRST=0x00;
          client.SECOND=0x00;
          client.THRID=0x00;
          break;
       case R.id.tracking:      //循迹
```

```
            sp_n=getSpeed();
            client.MAJOR=0x06;
            client.FIRST=(byte) (sp_n&0xFF);
            client.SECOND=0x00;
            client.THRID=0x00;
            break;
         case R.id.infrared:         //红外
            client.MAJOR=0x10;
            client.FIRST=0x00;
            client.SECOND=0x00;
            client.THRID=0x00;
            break;
         case R.id.lamp:             //双色灯
            client.MAJOR=0x40;
            client.FIRST=0x01;
            client.SECOND=0x00;
            client.THRID=0x00;
            break;
         case R.id.buzzer:           //蜂鸣器
            client.MAJOR=0x30;
            client.FIRST=0x01;
            client.SECOND=0x00;
            client.THRID=0x00;
            break;
         default:
            break;
         }
         //指令发送
         client.send();
      }
   }
//获取输入的速度值
 private int getSpeed(){
      int car_speed = 0;
      String sp=speed.getText().toString();
      if(sp==null||sp.equals("")){
         Toast.makeText(MainActivity.this, "不能为空", 1).show();
      }
      else
         car_speed=Integer.parseInt(sp);
      return car_speed;
  }
//获取输入的码盘值
 private int getEncoder(){
      int car_encoder=0;
      String en=encoder.getText().toString();
      if(en==null||en.equals("")){
         Toast.makeText(MainActivity.this, "不能为空", 1).show();
      }
      else
```

```
        car_encoder=Integer.parseInt(en);
    return car_encoder;
  }
}
```

以下为Client类的详细代码：

```
package com.bkrcl.control_car_command.util;

import java.io.DataInputStream;
import java.io.DataOutputStream;
import java.io.IOException;
import java.net.Socket;
import java.net.UnknownHostException;
import java.util.Timer;
import java.util.TimerTask;
import android.content.Context;
import android.os.Handler;
import android.os.Message;

public class Client {
  private Context context;
  public byte MAJOR=0x00;
  public byte FIRST=0x00;
  public byte SECOND=0x00;
  public byte THRID=0x00;
  //端口号60000
  private int port = 60000;
  private Socket socket = null;
  private DataInputStream dataInputStream = null;
  private DataOutputStream dataOutputStream = null;

  //socket连接方法
  public void connect(Context context, String IP) {
     this.context = context;
     try {
        socket = new Socket(IP, port);
        dataOutputStream = new DataOutputStream(socket.getOutputStream());
        dataInputStream = new DataInputStream(socket.getInputStream());
     } catch (UnknownHostException e) {
        e.printStackTrace();
     } catch (IOException e) {
        e.printStackTrace();
     }
  }

  //指令发送
  public void send() {
     try {
        byte[] sbyte ={0x55,(byte) 0xAA,MAJOR,FIRST,SECOND,THRID};
        dataOutputStream.write(sbyte);
        dataOutputStream.flush();
```

```
        } catch (UnknownHostException e) {
            e.printStackTrace();
        } catch (IOException e) {
            e.printStackTrace();
        }
    }
}
```

以上为 Android 智能移动端关于嵌入式车型机器人控制的完整代码。有关控制指令的通信协议，可参考附录 A。

本章小结

本章着重介绍 Android 的 Wi-Fi 和 Socket 通信的开发。同时还介绍了 STM32 的电动机驱动和循迹驱动的开发。

希望大家通过本章学习，能够掌握 Android 控制嵌入式车型机器人这一案例。

强化练习

动手实践

独立完成 Android 智能移动终端控制嵌入式车型机器人。

嵌入式车型机器人综合实现

在掌握前面各个功能模块实现的基础上，本章把前面的功能模块组合到一起，并且介绍如何编写全自动程序。嵌入式车型机器人的硬件及 STM32 程序设计要求如下：

（1）Android 应用程序，可完成手动控制嵌入式车型机器人。

（2）Android 应用程序，可完成自动控制嵌入式车型机器人。

20.1 系统设计

20.1.1 知识点

通过前面的学习，本章需要掌握和了解如下知识。

- Android Wi-Fi 和 Socket 原理及设计。
- Android 线程原理及设计。
- Android 控制摄像头原理及设计。
- Android NFC 开发原理及设计。
- Android 二维码解析原理及设计。
- Android 颜色识别原理及设计。

20.1.2 实现功能

在 Android 智能移动端实现以下功能。

（1）手动控制嵌入式车型机器人前进、后退、左转、右转、循迹。

（2）手动控制嵌入式车型机器人蜂鸣器。

（3）手动控制嵌入式车型机器人云台摄像头。

（4）实现传感器回传数据实时显示。

（5）实现二维码解析。

（6）实现颜色识别。

（7）实现文件存储及读取。

（8）实现全自动。

20.1.3 通信协议

通信协议设计请参考附录 A。

20.2 软件设计

20.2.1 全自动实现

通过编写全自动程序，使嵌入式车型机器人完成全部指定动作。实现思路为“永动机”机制。以下为参考代码：

```
while(true){
   switch(mark){
      case 0:
         mark = 1;
         break;
      case 1:
         mark = 2;
         break;
   }
}
```


在循环语句中根据 mark 值的变化依次往下执行，只要 mark 值有满足的条件语句，小车即可以按规定的动作执行。

20.2.2 程序清单

编写程序，首先是实现 UI 界面。

1. 主界面程序清单

```
<LinearLayout xmlns:android="http://schemas.android.com/apk/res/android"
    android:layout_width="fill_parent"
    android:layout_height="fill_parent"
    android:orientation="vertical" >

    <LinearLayout
        android:id="@+id/title_layout"
        android:layout_width="match_parent"
        android:layout_height="0dp"
        android:layout_weight="1" >

        <TextView
            android:layout_width="match_parent"
            android:layout_height="match_parent"
            android:gravity="center"
            android:text="@string/title"
            android:textSize="25dp" />
    </LinearLayout>

    <FrameLayout
        android:layout_width="match_parent"
        android:layout_height="0dp"
        android:layout_weight="2.5" >
```

```
    <ImageView
        android:id="@+id/showView"
        android:layout_width="match_parent"
        android:layout_height="match_parent"
        android:src="@drawable/ic_launcher" />

</FrameLayout>
<LinearLayout
    android:layout_width="match_parent"
    android:layout_height="0dp"
    android:layout_weight="0.5"
    >
    <EditText
        android:id="@+id/show"
        android:layout_width="match_parent"
        android:layout_height="match_parent"
        android:textSize="8dp"
         android:editable="false"
        />
</LinearLayout>

<LinearLayout
    android:id="@+id/control_layout"
    android:layout_width="match_parent"
    android:layout_height="0dp"
    android:orientation="vertical"
    android:layout_weight="4" >

    <LinearLayout
        android:id="@+id/input_layout"
        android:layout_width="match_parent"
        android:layout_height="wrap_content"
        android:layout_weight="1" >

        <TextView
            android:layout_width="0dp"
            android:layout_height="match_parent"
            android:layout_weight="1"
            android:gravity="center"
            android:text="速度: " />

        <EditText
            android:id="@+id/speedText"
            android:layout_width="0dp"
            android:layout_height="match_parent"
            android:layout_weight="2"
            android:inputType="number"
            android:text="40" />

        <TextView
```

```
            android:layout_width="0dp"
            android:layout_height="match_parent"
            android:layout_weight="1"
            android:gravity="center"
            android:text="码盘: " />

        <EditText
            android:id="@+id/encoderText"
            android:layout_width="0dp"
            android:layout_height="match_parent"
            android:layout_weight="2"
             android:inputType="number"
            android:text="40" />
    </LinearLayout>
    <LinearLayout
        android:id="@+id/action_layout1"
        android:layout_width="match_parent"
        android:layout_height="wrap_content"
        android:layout_weight="1">

<Button
    android:id="@+id/qrbtn"
    android:layout_width="0dp"
    android:layout_height="match_parent"
    android:layout_weight="1"
    android:text="@string/qrtbtn" />

        <ImageButton
            android:id="@+id/upbtn"
            android:layout_width="0dp"
            android:layout_height="match_parent"
            android:layout_weight="1"
            android:scaleType="fitXY"
            android:src="@drawable/up"
            />

         <Button
             android:id="@+id/trackbtn"
             android:layout_width="0dp"
             android:layout_height="match_parent"
             android:layout_weight="1"
             android:text="@string/trackbtn" />

    </LinearLayout>
     <LinearLayout
        android:id="@+id/action_layout2"
        android:layout_width="match_parent"
        android:layout_height="wrap_content"
        android:layout_weight="1">
        <ImageButton
```

```
        android:id="@+id/leftbtn"
        android:layout_width="0dp"
        android:layout_height="match_parent"
        android:layout_weight="1"
        android:scaleType="fitXY"
        android:src="@drawable/left"
        />
    <Button
        android:id="@+id/stopbtn"
        android:layout_width="0dp"
        android:layout_height="match_parent"
        android:layout_weight="1"
        android:text="停止"
        android:textSize="20dp"
        />
    <ImageButton
        android:id="@+id/rightbtn"
        android:layout_width="0dp"
        android:layout_height="match_parent"
        android:layout_weight="1"
        android:scaleType="fitXY"
        android:src="@drawable/right"
        />
</LinearLayout>
 <LinearLayout
    android:id="@+id/action_layout3"
    android:layout_width="match_parent"
    android:layout_height="wrap_content"
    android:layout_weight="1">

    <Button
        android:id="@+id/LEDbtn"
        android:layout_width="0dp"
        android:layout_height="match_parent"
        android:layout_weight="1"
        android:text="@string/ledbtn"
         />

    <ImageButton
        android:id="@+id/downbtn"
        android:layout_width="0dp"
        android:layout_height="match_parent"
        android:layout_weight="1"
        android:scaleType="fitXY"
        android:src="@drawable/down"
        />

     <Button
         android:id="@+id/zigbeebtn"
         android:layout_width="0dp"
```

```
                android:layout_height="match_parent"
                android:layout_weight="1"
                android:text="@string/zigbeebtn" />

        </LinearLayout>
          <LinearLayout
            android:id="@+id/other_layout1"
            android:layout_width="match_parent"
            android:layout_height="wrap_content"
            android:layout_weight="1">
            <Button
                android:id="@+id/infrarebtn"
                android:layout_width="0dp"
                android:layout_height="match_parent"
                android:layout_weight="1"
                android:text="@string/infrared" />
            <Button
                android:id="@+id/buzzerbtn"
                android:layout_width="0dp"
                android:layout_height="match_parent"
                android:layout_weight="1"
                android:text="@string/buzzer" />
             <Button
                 android:id="@+id/lightbtn"
                 android:layout_width="0dp"
                 android:layout_height="match_parent"
                 android:layout_weight="1"
                 android:text="@string/light" />
        </LinearLayout>
    </LinearLayout>

</LinearLayout>
```

2. 结果显示界面程序清单

```
<?xml version="1.0" encoding="utf-8"?>
<LinearLayout xmlns:android="http://schemas.android.com/apk/res/android"
    android:layout_width="match_parent"
    android:layout_height="match_parent"
    android:orientation="vertical" >
    <LinearLayout
        android:layout_width="match_parent"
        android:layout_height="wrap_content"
        >

    <TextView
        android:id="@+id/tv"
        android:layout_width="0dp"
        android:layout_height="match_parent"
        android:layout_weight="1"
        android:gravity="center"
        android:text="@string/digital_title" />
```

```
<Spinner
       android:id="@+id/spinner"
       android:layout_width="0dp"
       android:layout_height="match_parent"
       android:layout_weight="2" />
 <EditText
       android:id="@+id/editText1"
        android:layout_width="0dp"
       android:layout_height="match_parent"
       android:layout_weight="1"
       android:inputType="number" >
     <requestFocus />
   </EditText>
  <EditText
       android:id="@+id/editText2"
       android:layout_width="0dp"
       android:layout_height="match_parent"
       android:layout_weight="1"
       android:inputType="number" >
       <requestFocus />
   </EditText>
   <EditText
       android:id="@+id/editText3"
        android:layout_width="0dp"
       android:layout_height="match_parent"
       android:layout_weight="1"
       android:ems="10"
       android:inputType="number" >
  <requestFocus />
   </EditText>
</LinearLayout>
</LinearLayout>
```

3. 主程序清单

```
package com.bkrcl.carvideo_control;

import java.util.HashMap;
import java.util.Map;
import java.util.Timer;
import java.util.TimerTask;
import android.app.Activity;
import android.app.AlertDialog;
import android.app.AlertDialog.Builder;
import android.content.BroadcastReceiver;
import android.content.Context;
import android.content.DialogInterface;
import android.content.Intent;
import android.content.IntentFilter;
import android.graphics.Bitmap;
import android.net.DhcpInfo;
```

```
import android.net.wifi.WifiManager;
import android.os.Bundle;
import android.os.Handler;
import android.os.Message;
import android.text.format.Formatter;
import android.view.LayoutInflater;
import android.view.MotionEvent;
import android.view.View;
import android.view.View.OnClickListener;
import android.view.View.OnTouchListener;
import android.widget.AdapterView;
import android.widget.AdapterView.OnItemSelectedListener;
import android.widget.ArrayAdapter;
import android.widget.Button;
import android.widget.EditText;
import android.widget.ImageButton;
import android.widget.ImageView;
import android.widget.Spinner;
import android.widget.Toast;
import com.bkrcl.carvideo_control.service.SearchService;
import com.bkrcl.carvideo_control.socket.Client;
import com.bkrcl.carvideo_control.util.RGBLuminanceSource;
import com.bkrcl.control_car_video.camerautil.CameraCommandUtil;
import com.google.zxing.BinaryBitmap;
import com.google.zxing.ChecksumException;
import com.google.zxing.DecodeHintType;
import com.google.zxing.FormatException;
import com.google.zxing.NotFoundException;
import com.google.zxing.Result;
import com.google.zxing.common.HybridBinarizer;
import com.google.zxing.qrcode.QRCodeReader;

public class MainActivity extends Activity implements OnClickListener {
   //前进、后退、左转和右转
   private ImageButton upbtn, downbtn, leftbtn, rightbtn;
   //停止、循迹、指示灯、红外和蜂鸣器、zigbee、LED 灯、二维码、
   //private Button stopbtn, trackbtn, lightbtn, infrarebtn, buzzerbtn,
   //zigbeebtn, ledbtn,qrbtn;
   //速度、码盘和接收数据编辑框
   private EditText speedText, encoderText, show;
   //图片
   private ImageView showView;
   //Wi-Fi 管理器
   private WifiManager wifiManager;
   //服务器管理器
   private DhcpInfo dhcpInfo;
   //小车 IP
   private String IPCar;
   //摄像头 IP
   private String IPCamera;
```

```
//socket 类
private Client client;
//接收传感器
long psStatus = 0;          //状态
long UltraSonic = 0;        //超声波
long Light = 0;             //光照
long CodedDisk = 0;         //码盘值
private byte[] mByte = new byte[11];
//速度与码盘值
private int sp_n, en_n;
//报警器,指示灯,蜂鸣器,红外,颜色
int k = 3, i = 3, h = 1, m = -1, c = -1,zg=-1;
//接收显示小车发送的数据
private Handler rehHandler = new Handler() {
   public void handleMessage(android.os.Message msg) {
      if(msg.what == 1) {
         mByte = (byte[]) msg.obj;
         if(mByte[0] == 0x55 && mByte[1] == (byte) 0xaa) {
            //光敏状态
            psStatus = mByte[3] & 0xff;
            //超声波数据
            UltraSonic = mByte[5] & 0xff;
            UltraSonic = UltraSonic << 8;
            UltraSonic += mByte[4] & 0xff;
            //光照强度
            Light = mByte[7] & 0xff;
            Light = Light << 8;
            Light += mByte[6] & 0xff;
            //码盘
            CodedDisk = mByte[9] & 0xff;
            CodedDisk = CodedDisk << 8;
            CodedDisk += mByte[8] & 0xff;
            //显示数据
            show.setText(" 超声波: " + UltraSonic + "mm 光照: " + Light + "lx"+
                  "\n" + "  码盘: " + CodedDisk + "光敏状态: " + psStatus+
                  "  状态: " + (mByte[2]));
         }
      }
   };
};
//广播名称
public static final String A_S = "com.a_s";
//广播接收器
private BroadcastReceiver myBroadcastReceiver = new BroadcastReceiver() {
   public void onReceive(Context arg0, Intent arg1) {
      IPCamera = arg1.getStringExtra("IP");
      phThread.start();

   }
};
```

```
//图片
private Bitmap bitmap;
//摄像头工具
private CameraCommandUtil cameraCommandUtil;
public boolean flag_camera;
//开启线程接收摄像头当前图片
private Thread phThread = new Thread(new Runnable() {
   public void run() {
      while(true)
         getBitmap();
   }
});
//显示图片
public Handler phHandler = new Handler() {
   public void handleMessage(Message msg) {
      if(msg.what == 10) {
         showView.setImageBitmap(bitmap);
      }
   }
};

public void getBitmap() {
   bitmap = cameraCommandUtil.httpForImage(IPCamera);
   phHandler.sendEmptyMessage(10);
}

//搜索摄像 cameraIP 进度条
private void search() {
   Intent intent = new Intent();
   intent.setClass(MainActivity.this, SearchService.class);
   startService(intent);
}

//创建生命周期
@Override
protected void onCreate(Bundle savedInstanceState) {
   super.onCreate(savedInstanceState);
   setContentView(R.layout.activity_main);
   //注册广播
   IntentFilter intentFilter = new IntentFilter();
   intentFilter.addAction(A_S);
   registerReceiver(myBroadcastReceiver, intentFilter);
   //搜索摄像头图片工具
   cameraCommandUtil = new CameraCommandUtil();
   search();
   //得到服务器的 IP 地址
   wifiManager = (WifiManager) getSystemService(Context.WIFI_SERVICE);
   dhcpInfo = wifiManager.getDhcpInfo();
   IPCar = Formatter.formatIpAddress(dhcpInfo.gateway);
   //控件初始化
```

```
    init();
    //同服务器连接
    client = new Client();
    client.connect(rehHandler, IPCar);
}

private final int MINLEN = 30;
private float x1 = 0;
private float x2 = 0;
private float y1 = 0;
private float y2 = 0;

//初始化方法
private void init() {
    //前后左右
    upbtn = (ImageButton) findViewById(R.id.upbtn);
    downbtn = (ImageButton) findViewById(R.id.downbtn);
    leftbtn = (ImageButton) findViewById(R.id.leftbtn);
    rightbtn = (ImageButton) findViewById(R.id.rightbtn);
    //停循迹
    stopbtn = (Button) findViewById(R.id.stopbtn);
    trackbtn = (Button) findViewById(R.id.trackbtn);
    //其他
    lightbtn = (Button) findViewById(R.id.lightbtn);
    infrarebtn = (Button) findViewById(R.id.infrarebtn);
    buzzerbtn = (Button) findViewById(R.id.buzzerbtn);
    qrbtn = (Button) findViewById(R.id.qrbtn);
    zigbeebtn = (Button) findViewById(R.id.zigbeebtn);
    ledbtn = (Button) findViewById(R.id.LEDbtn);
    //速度和码盘编辑框
    speedText = (EditText) findViewById(R.id.speedText);
    encoderText = (EditText) findViewById(R.id.encoderText);
    //接收到的数据显示框
    show = (EditText) findViewById(R.id.show);
    //摄像头图片
    showView = (ImageView) findViewById(R.id.showView);
    //前进、后退、左右、停止和循迹按钮监听
    upbtn.setOnClickListener(this);
    downbtn.setOnClickListener(this);
    leftbtn.setOnClickListener(this);
    rightbtn.setOnClickListener(this);
    stopbtn.setOnClickListener(this);
    trackbtn.setOnClickListener(this);
    //其他按钮监听
    lightbtn.setOnClickListener(this);
    infrarebtn.setOnClickListener(this);
    buzzerbtn.setOnClickListener(this);
    qrbtn.setOnClickListener(this);
    zigbeebtn.setOnClickListener(this);
    ledbtn.setOnClickListener(this);
```

```
    showView.setOnTouchListener(new OnTouchListener() {
        @Override
        public boolean onTouch(View v, MotionEvent event) {
            switch (event.getAction() & MotionEvent.ACTION_MASK) {
            case MotionEvent.ACTION_DOWN:
                x1 = event.getX();
                y1 = event.getY();
                break;
            case MotionEvent.ACTION_UP:
                x2 = event.getX();
                y2 = event.getY();

                float xx = x1 > x2 ? x1 - x2 : x2 - x1;
                float yy = y1 > y2 ? y1 - y2 : y2 - y1;
                if(xx > yy) {
                    if((x1 > x2) && (xx > MINLEN)) {//左转
                        cameraCommandUtil.postHttp(IPCamera, 4, 1);
                    } else if((x1 < x2) && (xx > MINLEN)) {//右转
                        cameraCommandUtil.postHttp(IPCamera, 6, 1);
                    }
                } else {
                    if((y1 > y2) && (yy > MINLEN)) {//下翻
                        cameraCommandUtil.postHttp(IPCamera, 2, 1);
                    } else if((y1 < y2) && (yy > MINLEN)) {//上翻
                        cameraCommandUtil.postHttp(IPCamera, 0, 1);
                    }
                }
                x1 = 0;
                x2 = 0;
                y1 = 0;
                y2 = 0;
                break;

            }
            return true;
        }
    });
}

// 单击事件处理方法
@Override
public void onClick(View v) {
    sp_n = getSpeed();
    en_n = getEncoder();
    switch(v.getId()) {
    case R.id.upbtn:                //前进
        client.MAJOR = 0x02;
        client.FIRST = (byte) (sp_n & 0xFF);
        client.SECOND = (byte) (en_n & 0xff);
        client.THRID = (byte) (en_n >> 8);
```

```
        client.send();
        break;
    case R.id.downbtn:              //后退
        client.MAJOR = 0x03;
        client.FIRST = (byte) (sp_n & 0xFF);
        client.SECOND = (byte) (en_n & 0xff);
        client.THRID = (byte) (en_n >> 8);
        client.send();
        break;
    case R.id.leftbtn:              //左转
        client.MAJOR = 0x04;
        client.FIRST = (byte) (sp_n & 0xFF);
        client.SECOND = 0x00;
        client.THRID = 0x00;
        client.send();
        break;
    case R.id.rightbtn:             //右转
        client.MAJOR = 0x05;
        client.FIRST = (byte) (sp_n & 0xFF);
        client.SECOND = 0x00;
        client.THRID = 0x00;
        client.send();
        break;
    case R.id.stopbtn:              //停止
        client.MAJOR = 0x01;
        client.FIRST = 0x00;
        client.SECOND = 0x00;
        client.THRID = 0x00;
        client.send();
        break;
    case R.id.trackbtn:             //循迹
        client.MAJOR = 0x06;
        client.FIRST = (byte) (sp_n & 0xFF);
        client.SECOND = 0x00;
        client.THRID = 0x00;
        client.send();
        break;
    case R.id.lightbtn:             //指示灯
        lightController();
        break;
    case R.id.buzzerbtn:            //蜂鸣器
        buzzerController();
        break;
    case R.id.infrarebtn:           //红外线
        Builder infrare_builder = new AlertDialog.Builder(MainActivity
.this);
        infrare_builder.setTitle("红外");
        String[] infrare_item = { "报警器", "图片器", "档位器", "风扇" };
        infrare_builder.setSingleChoiceItems(infrare_item, m,
                new DialogInterface.OnClickListener() {
```

```
                @Override
                public void onClick(DialogInterface dialog, int which) {
                    if(which == 0) {                    //报警
                        policeController();
                    } else if(which == 1) {             //图片
                        pictureController();
                    } else if(which == 2) {             //档位
                        gearController();
                    } else if(which == 4) {             //风扇
                        client.fan();
                    }
                    dialog.cancel();
                }
            });
        infrare_builder.create().show();
        break;
    case R.id.qrbtn:                                    //二维码识别
        qrHandler.sendEmptyMessage(10);
        break;
    case R.id.LEDbtn:                                   //LED灯
        ledController();
        break;
    case R.id.zigbeebtn:                                //zigbee应用
        Builder zg_builder = new AlertDialog.Builder(MainActivity.this);
        zg_builder.setTitle("zigbee");
        String[] zg_item = { "闸门", "数码管" };
        zg_builder.setSingleChoiceItems(zg_item, zg,
                new DialogInterface.OnClickListener() {
                @Override
                public void onClick(DialogInterface dialog, int which) {
                    if(which == 0) {                    //闸门
                        gateController();
                    } else if (which == 1) {            //数码管
                        digitalController();
                    }
                    dialog.cancel();
                }
            });
        zg_builder.create().show();
        break;
    default:
        break;
    }
}

//指示灯遥控器
private void lightController() {
    AlertDialog.Builder lt_builder = new AlertDialog.Builder(
            MainActivity.this);
    lt_builder.setTitle("指示灯");
```

```
    String[] item = { "左亮", "全亮", "右亮", "全灭" };
    lt_builder.setSingleChoiceItems(item, i,
          new DialogInterface.OnClickListener() {

             @Override
             public void onClick(DialogInterface dialog, int which) {
                // TODO Auto-generated method stub
                if(which == 0) {
                   client.light(1, 0);
                   i = 00;
                } else if(which == 1) {
                   client.light(1, 1);
                   i = 01;
                } else if(which == 2) {
                   client.light(0, 1);
                   i = 02;
                } else if(which == 3) {
                   client.light(0, 0);
                   i = 03;
                }
                dialog.dismiss();
             }
          });
    lt_builder.create().show();
 }

 //蜂鸣器
 private void buzzerController() {
    AlertDialog.Builder build = new AlertDialog.Builder(MainActivity.this);
    build.setTitle("蜂鸣器");
    String[] im = { "开", "关" };
    build.setSingleChoiceItems(im, h,
          new DialogInterface.OnClickListener() {
             @Override
             public void onClick(DialogInterface dialog, int which) {
                //TODO Auto-generated method stub
                if(which == 0) {
                   //打开蜂鸣器
                   client.buzzer(1);
                   h = 0;
                } else if (which == 1) {
                   //关闭蜂鸣器
                   client.buzzer(0);
                   h = 1;
                }
                dialog.dismiss();
             }
          });
    build.create().show();
 }
```

```
//报警器
private void policeController() {
   AlertDialog.Builder police = new AlertDialog.Builder(MainActivity.this);
   police.setTitle("报警器");
   String[] item2 = { "开", "关" };
   police.setSingleChoiceItems(item2, k,
         new DialogInterface.OnClickListener() {
            @Override
            public void onClick(DialogInterface dialog, int which) {
               //TODO Auto-generated method stub
               if(which == 0) {
                  //打开报警器
                  //0x03 0x05 0x14 0x45 0xDE 0x92
                  client.infrared((byte) 0x03, (byte) 0x05,
                        (byte) 0x14, (byte) 0x45, (byte) 0xDE,
                        (byte) 0x92);
                  k = 0;
               } else if (which == 1) {
                  //关闭报警器
                  //0x67 0x34 0x78 0xA2 0xFD 0x27
                  client.infrared((byte) 0x67, (byte) 0x34,
                        (byte) 0x78, (byte) 0xA2, (byte) 0xFD,
                        (byte) 0x27);
                  k = 1;
               }
               dialog.dismiss();
            }
         });
   police.create().show();
}

private int pt_index = -1;          //图片指标

private void pictureController() {
   Builder pt_builder = new AlertDialog.Builder(MainActivity.this);
   pt_builder.setTitle("图片遥控器");
   String[] pt_item = { "上翻", "下翻" };
   pt_builder.setSingleChoiceItems(pt_item, pt_index,
         new DialogInterface.OnClickListener() {

            @Override
            public void onClick(DialogInterface dialog, int which) {
               //TODO Auto-generated method stub
               if(which == 0) {
                  client.picture(1);
                  pt_index = 0;
               } else if (which == 1) {
                  client.picture(0);
                  pt_index = 1;
```

```
                }
                dialog.dismiss();
            }
        });
    pt_builder.create().show();
}

//档位控制
private int gr_index = -1;

private void gearController() {
    Builder gr_builder = new AlertDialog.Builder(MainActivity.this);
    gr_builder.setTitle("档位遥控器");
    String[] gr_item = { "光强加1档", "光强加2档", "光强加3档" };
    gr_builder.setSingleChoiceItems(gr_item, gr_index,
            new DialogInterface.OnClickListener() {

                @Override
                public void onClick(DialogInterface dialog, int which) {
                    // TODO Auto-generated method stub
                    if(which == 0) {
                        client.gear(1);
                        gr_index = 0;
                    } else if(which == 1) {
                        client.gear(2);
                        gr_index = 1;
                    } else if(which == 2) {
                        client.gear(3);
                        gr_index = 2;
                    }
                    dialog.dismiss();
                }
            });
    gr_builder.create().show();
}

private String[] itmes = { "1", "2" };
int main, one, two, three;

private void digitalController() {

    AlertDialog.Builder dg_Builder = new AlertDialog.Builder(
            MainActivity.this);
    View view = LayoutInflater.from(MainActivity.this).inflate(
            R.layout.item_digital, null);
    dg_Builder.setTitle("数码管");
    dg_Builder.setView(view);
    Spinner spinner = (Spinner) view.findViewById(R.id.spinner);
    final EditText editText1 = (EditText) view.findViewById(R.id.editText1);
    final EditText editText2 = (EditText) view.findViewById(R.id.editText2);
```

```
final EditText editText3 = (EditText) view.findViewById(R.id.editText3);
ArrayAdapter<String> adapter = new ArrayAdapter<String>(
    MainActivity.this, android.R.layout.simple_spinner_item, itmes);
spinner.setAdapter(adapter);
spinner.setOnItemSelectedListener(new OnItemSelectedListener() {

  @Override
  public void onItemSelected(AdapterView<?> parent, View view,
      int position, long id) {
    //TODO Auto-generated method stub
    main = position + 1;
  }

  @Override
  public void onNothingSelected(AdapterView<?> parent) {
    //TODO Auto-generated method stub

  }
});
dg_Builder.setPositiveButton("确定",
    new DialogInterface.OnClickListener() {

      @Override
      public void onClick(DialogInterface dialog, int which) {
        //TODO Auto-generated method stub
        String ones = editText1.getText().toString();
        String twos = editText2.getText().toString();
        String threes = editText3.getText().toString();
        if(ones.equals(""))
          one = 0x00;
        else
          one = Integer.parseInt(ones) / 10 * 16
              + Integer.parseInt(ones) % 10;
        if(twos.equals(""))
          two = 0x00;
        else
          two = Integer.parseInt(twos) / 10 * 16
              + Integer.parseInt(twos) % 10;
        if(threes.equals(""))
          three = 0x00;
        else
          three = Integer.parseInt(threes) / 10 * 16
              + Integer.parseInt(threes) % 10;
        client.digital(main, one, two, three);
      }
    });
dg_Builder.setNegativeButton("取消",
    new DialogInterface.OnClickListener() {

      @Override
```

```
            public void onClick(DialogInterface dialog, int which) {
               // TODO Auto-generated method stub
               dialog.cancel();
            }
         });
   dg_Builder.create().show();

}

private int ld = -1;

private void ledController() {//LED灯
   AlertDialog.Builder builder1 = new AlertDialog.Builder(
         MainActivity.this);
   builder1.setTitle("LED灯");
   String[] item1 = { "亮绿灯", "亮红灯" };
   builder1.setSingleChoiceItems(item1, ld,
         new DialogInterface.OnClickListener() {

            @Override
            public void onClick(DialogInterface dialog, int which) {
               //TODO Auto-generated method stub
               if(which == 0) {
                  client.lamp((byte) 0xAA);
                  ld = 0;
               } else if(which == 1) {
                  client.lamp((byte) 0x55);
                  ld = 1;
               }
               dialog.dismiss();
            }
         });
   builder1.create().show();
}

private int g = -1;

//闸门方法
private void gateController() {
   Builder gt_builder = new AlertDialog.Builder(MainActivity.this);
   gt_builder.setTitle("闸门控制");
   String[] gt = { "开", "关" };
   gt_builder.setSingleChoiceItems(gt, g,
         new DialogInterface.OnClickListener() {
            @Override
            public void onClick(DialogInterface dialog, int which) {
               //TODO Auto-generated method stub
               if(which == 0) {
                  //打开闸门
                  client.gate(1);
```

```
                        g = 0;
                    } else if(which == 1) {
                        //关闭闸门
                        client.gate(2);
                        g = 1;
                    }
                    dialog.dismiss();
                }
            });
        gt_builder.create().show();
    }

    private Timer timer;
    private String result_qr;
    //二维码、车牌处理
    Handler qrHandler = new Handler() {
        public void handleMessage(Message msg) {
            switch (msg.what) {
            case 10:
                timer = new Timer();
                timer.schedule(new TimerTask() {
                    @Override
                    public void run() {
                        //TODO Auto-generated method stub
                        Result result = null;
                        RGBLuminanceSource rSource = new RGBLuminanceSource(
                                bitmap);
                        try {
                            BinaryBitmap binaryBitmap = new BinaryBitmap(
                                    new HybridBinarizer(rSource));
                            Map<DecodeHintType, String> hint = new HashMap<
  DecodeHintType, String>();
                            hint.put(DecodeHintType.CHARACTER_SET, "utf-8");
                            QRCodeReader reader = new QRCodeReader();
                            result = reader.decode(binaryBitmap, hint);
                            if(result.toString() != null) {
                                timer.cancel();
                                result_qr = result.toString();
                                qrHandler.sendEmptyMessage(20);
                            }

                        } catch (NotFoundException e) {
                            //TODO Auto-generated catch block
                            e.printStackTrace();
                        } catch (ChecksumException e) {
                            //TODO Auto-generated catch block
                            e.printStackTrace();
                        } catch (FormatException e) {
                            //TODO Auto-generated catch block
                            e.printStackTrace();
```

```
                }
            }
         }, 0, 200);
         break;
      case 20:
         Toast.makeText(MainActivity.this, result_qr, 1).show();
         break;
      default:
         break;
      }
   };
};

//速度和码盘方法
private int getSpeed() {
   String src = speedText.getText().toString();
   int speed = 40;
   if(!src.equals("")) {
      speed = Integer.parseInt(src);
   } else {
      Toast.makeText(MainActivity.this, "请输入速度值", Toast.LENGTH_LONG)
            .show();
   }
   return speed;
}

private int getEncoder() {
   String src = encoderText.getText().toString();
   int encoder = 70;
   if(!src.equals("")) {
      encoder = Integer.parseInt(src);
   } else {
      Toast.makeText(MainActivity.this, "", Toast.LENGTH_SHORT).show();
   }
   return encoder;
}
}
```

4. Client 类程序清单

```
package com.bkrcl.carvideo_control.socket;

import java.io.DataInputStream;
import java.io.DataOutputStream;
import java.io.IOException;
import java.net.Socket;
import java.net.UnknownHostException;
import java.util.Timer;
import java.util.TimerTask;
import android.os.Handler;
import android.os.Message;
```

```
public class Client {
   private int port = 60000;
   private DataInputStream bInputStream;
   private DataOutputStream bOutputStream;
   private Socket socket;
   private byte[] rbyte = new byte[512];
   private Timer timer;
   public byte TYPE=(byte) 0xAA;
   public byte MAJOR = 0x00;
   public byte FIRST = 0x00;
   public byte SECOND = 0x00;
   public byte THRID = 0x00;
   public static byte[] openbyte = new byte[6];
   public static byte[] closesbyte = new byte[6];
   private Thread reThread = new Thread(new Runnable() {
      @Override
      public void run() {
         //TODO Auto1-generated method stub
         while(socket != null && !socket.isClosed()) {
            try {
               bInputStream.read(rbyte);
            } catch (IOException e) {
               //TODO Auto-generated catch block
               e.printStackTrace();
            }
         }
      }
   });

   public void connect(final Handler handler, String IP) {
      try {
         socket = new Socket(IP, port);
         bInputStream = new DataInputStream(socket.getInputStream());
         bOutputStream = new DataOutputStream(socket.getOutputStream());
         reThread.start();
         Message message = new Message();
         message.obj = rbyte;
         timer = new Timer();
         timer.schedule(new TimerTask() {
            @Override
            public void run() {
               Message message = new Message();
               message.obj = rbyte;
               message.what = 1;
               handler.sendMessage(message);
            }
         }, 0, 500);
      } catch(UnknownHostException e) {
         //TODO Auto-generated catch block
         e.printStackTrace();
```

```
    } catch (IOException e) {
        //TODO Auto-generated catch block
        e.printStackTrace();
    }
}

public void send() {
    try {
        //发送数据字节数组
        byte[] sbyte = { 0x55, (byte) TYPE, MAJOR, FIRST, SECOND, THRID };
        bOutputStream.write(sbyte, 0, sbyte.length);
        bOutputStream.flush();
    } catch (IOException e) {
        e.printStackTrace();
    }
}
//红外
public void infrared(byte one, byte two, byte thrid, byte four, byte five,
        byte six) {
    MAJOR = 0x10;
    FIRST = one;
    SECOND = two;
    THRID = thrid;
    send();
    yanchi(1000);
    MAJOR = 0x11;
    FIRST = four;
    SECOND = five;
    THRID = six;
    send();
    yanchi(1000);
    MAJOR = 0x12;
    FIRST = 0x00;
    SECOND = 0x00;
    THRID = 0x00;
    send();
    yanchi(2000);
}

//双色 LED 灯
public void lamp(byte command) {
    MAJOR = 0x40;
    FIRST = command;
    SECOND = 0x00;
    THRID = 0x00;
    send();
}

//指示灯
public void light(int left, int right) {
```

```
    if(left == 1 && right == 1) {
        MAJOR = 0x20;
        FIRST = 0x01;
        SECOND = 0x01;
        THRID = 0x00;
        send();
    } else if(left == 1 && right == 0) {
        MAJOR = 0x20;
        FIRST = 0x01;
        SECOND = 0x00;
        THRID = 0x00;
        send();
    } else if(left == 0 && right == 1) {
        MAJOR = 0x20;
        FIRST = 0x00;
        SECOND = 0x01;
        THRID = 0x00;
        send();
    } else if(left == 0 && right == 0) {
        MAJOR = 0x20;
        FIRST = 0x00;
        SECOND = 0x00;
        THRID = 0x00;
        send();
    }
}
//蜂鸣器
public void buzzer(int i) {
    if(i == 1)
        FIRST = 0x01;
    else if(i == 0)
        FIRST = 0x00;
    MAJOR = 0x30;
    SECOND = 0x00;
    THRID = 0x00;
    send();
}

public void picture(int i) {     //图片上翻和下翻
    if(i == 1)
        MAJOR = 0x50;
    else
        MAJOR = 0x51;
    FIRST = 0x00;
    SECOND = 0x00;
    THRID = 0x00;
    send();
}

public void gear(int i) {         //光照档位加
```

```
    if(i == 1)
        MAJOR = 0x61;
    else if(i == 2)
        MAJOR = 0x62;
    else if(i == 3)
        MAJOR = 0x63;
    FIRST = 0x00;
    SECOND = 0x00;
    THRID = 0x00;
    send();
}
public void fan(){                //风扇
    MAJOR = 0x70;
    FIRST = 0x00;
    SECOND = 0x00;
    THRID = 0x00;
    send();
}
public void gate(int i){          //闸门
    if(i==1){
        TYPE=0x03;
        MAJOR = 0x01;
        FIRST = 0x01;
        SECOND = 0x00;
        THRID = 0x00;
        send();
    }
    else if(i==2){
        TYPE=0x03;
        MAJOR = 0x01;
        FIRST = 0x02;
        SECOND = 0x00;
        THRID = 0x00;
        send();
    }
    TYPE=(byte) 0xAA;
}
public void digital(int i,int one,int two,int three){//数码管
    TYPE=0x04;
    if(i==1){
        MAJOR=0x01;
        FIRST = (byte) one;
        SECOND = (byte) two;
        THRID = (byte) three;
    }
    else if(i==2){
        MAJOR=0x02;
        FIRST = (byte) one;
        SECOND = (byte) two;
        THRID = (byte) three;
```

```
        }
        send();
        TYPE=(byte) 0xAA;
    }
    //沉睡
    public void yanchi(int time) {
        try {
            Thread.sleep(time);
        } catch (InterruptedException e) {
            //TODO Auto-generated catch block
            e.printStackTrace();
        }
    }
}
```

5. SearchService 类程序实现清单

```
package com.bkrcl.carvideo_control.service;

import android.app.Service;
import android.content.Intent;
import android.os.Handler;
import android.os.IBinder;
import android.os.Message;

import com.bkrcl.carvideo_control.MainActivity;
import com.bkrcl.control_car_video.camerautil.SearchCameraUtil;

public class SearchService extends Service{
    //搜索摄像头 IP 类
     private SearchCameraUtil searchCameraUtil=null;
   //摄像头 IP
     private String IP=null;
    @Override
    public IBinder onBind(Intent arg0) {
        //TODO Auto-generated method stub
        return null;
    }
    @Override
    public void onCreate() {
        //TODO Auto-generated method stub
        super.onCreate();
              thread.start();

    }
    private Thread thread=new Thread(new Runnable() {

        public void run() {
            //TODO Auto-generated method stub
            while(IP==null||IP.equals("")){
                searchCameraUtil=new SearchCameraUtil();
                IP=searchCameraUtil.send();
```

```
            try {
               Thread.sleep(1000);
            } catch (InterruptedException e) {
               //TODO Auto-generated catch block
               e.printStackTrace();
            }
         }
         handler.sendEmptyMessage(10);
      }
   });
   private Handler handler=new Handler(){
      public void handleMessage(Message msg) {
         if(msg.what==10){
            Intent intent=new Intent(MainActivity.A_S);
            intent.putExtra("IP", IP+":81");
            sendBroadcast(intent);
            SearchService.this.stopSelf();
         }
      };
   };
   @Override
   public int onStartCommand(Intent intent, int flags, int startId) {
      //TODO Auto-generated method stub
      return super.onStartCommand(intent, flags, startId);
   }
   @Override
   public void onDestroy() {
      //TODO Auto-generated method stub
      super.onDestroy();
   }

}
```

其余程序可参考前面章节自行编写。

本章小结

本章着重介绍了手动嵌入式智能车型机器人和自动嵌入式智能车型机器人的开发，包括Android Wi-Fi和Socket原理及设计，Android 线程原理及设计，记忆 Android 控制摄像头原理及设计等。

希望大家通过本章学习，能够编写全自动程序嵌入式车型机器人的硬件及 STM32 程序设计。

强化练习

动手实践

1. 独立完成 Android 智能移动终端嵌入式智能车型机器人的自动控制，可以根据实际情况完成一些其他任务。

2. 通过编写 Android 和 stm32 程序，控制沙盘中的标志物，完成一些功能。

通信协议

平板向小车发送命令的数据结构如表 A.1 所示。

表 A.1 平板向小车发送命令的数据结构

0x55	0xAA	0xXX	0xXX	0xXX	0xXX	0xXX	0xBB
包头		主指令	副指令			校验和	包尾

数据由 8 位字节组成，前两位字节为数据包头固定不变，第 3 位字节为主指令，第 4~6 位字节为副指令，第 7 位为主指令和 3 位副指令的直接求和并对 256 取余得到校验值（以下校验和均是这样定义），第 8 位为数据包尾固定不变。

注意：在本协议中数据格式若无特殊说明，一般默认格式为十六进制。

主指令及说明如表 A.2 所示。

表 A.2 主指令及说明

主 指 令	说　　明	主 指 令	说　　明
0x01	竞赛平台停止	0x20	指示灯
0x02	竞赛平台前进	0x30	蜂鸣器
0x03	竞赛平台后退	0x40	双色 LED 灯
0x04	竞赛平台左转	0x50	相框照片上翻
0x05	竞赛平台右转	0x51	相框照片下翻
0x06	竞赛平台循迹	0x61	光源档位加 1
0x07	码盘清零	0x62	光源档位加 2
0x10	前 3 字节红外数据	0x63	光源档位加 3
0x11	后 3 字节红外数据	0x80	竞赛平台上传运输标志物数据
0x12	发射 6 字节红外数据		

主指令对应副指令功能如表 A.3 所示。

表 A.3 主指令对应副指令功能

主 指 令	副 指 令		
0x01	0x00	0x00	0x00
0x02	速度值	码盘低 8 位	码盘高 8 位
0x03	速度值	码盘低 8 位	码盘高 8 位
0x04	速度值	0x00	0x00

续表

主 指 令	副 指 令		
0x05	速度值	0x00	0x00
0x06	速度值	0x00	0x00
0x07	0x00	0x00	0x00
0x10	红外数据[1]	红外数据[2]	红外数据[3]
0x11	红外数据[4]	红外数据[5]	红外数据[6]
0x12	0x00	0x00	0x00
0x20	0x01/0x00（开/关） 左灯	0x01/0x00（开/关） 右灯	0x00
0x30	0x01/0x00（开/关）	0x00	0x00
0x40	0x55/0xAA（红灯/绿灯）	0x00	0x00
0x50	0x00	0x00	0x00
0x51	0x00	0x00	0x00
0x60	0x00	0x00	0x00
0x61	0x00	0x00	0x00
0x62	0x00	0x00	0x00
0x63	0x00	0x00	0x00
0x80	0x01/0x00（允许/禁止）	0x00	0x00

注：速度值取值范围为 0~100；码盘值取值范围为 0~65 635。

平板控制从车数据结构如表 A.4 所示。

表 A.4　平板控制从车数据结构

0x55	0x02	0xXX	0xXX	0xXX	0xXX	0xXX	0xBB
包头		主指令	副指令			校验和	包尾

说明：平板控制从车，其指令结构除去包头不完全一致之外，主指令和副指令是完全一致的。

平板控制道闸数据结构如表 A.5 所示。

表 A.5　平板控制道闸数据结构

0x55	0x03	0x01	0x01/0x02 （打开/关闭）	0x00	0x00	0xXX	0xBB
包头		主指令	副指令			校验和	包尾

说明：主指令 0x01 代表一号道闸，第一位副指令 0x01 控制道闸打开，0x02 控制道闸关闭，后两位副指令保留不用。

平板控制数码管发送数据结构如表 A.6 所示。

表 A.6　平板控制数码管发送数据结构

0x55	0x04	0xXX	0xXX	0xXX	0xXX	0xXX	0xBB
包头		主指令	副指令			校验和	包尾

说明：本组数据由 8 个字节构成，包括两字节固定包头，一字节主指令，三字节副指令，一字节校验和，一字节包尾。

控制数码等显示标志物主指令及说明如表 A.7 所示。

表 A.7　控制数码管显示标志物主指令及说明

主指令	说　明
0x01	数据写入第一排数码管
0x02	数据写入第二排数码管
0x03	数码管显示标志物进入计时模式
0x04	数码管显示标志物第二排显示距离

控制数码管显示标志物主指令对应副指令如表 A.8 所示。

表 A.8　控制数码管显示标志物主指令对应副指令

主指令	副指令		
0x01	数据[1]、数据[2]	数据[3]、数据[4]	数据[5]、数据[6]
0x02	数据[1]、数据[2]	数据[3]、数据[4]	数据[5]、数据[6]
0x03	0x00/0x01/0x02（关闭/打开/清零）	0x00	0x00
0x04	0x00	0x0X	0xXX

说明：数码管显示标志物在第二排显示距离时，第二位和第三位副指令中的 X 代表要显示的距离值（注意：距离显示格式为十进制）。

码盘信息附加表如表 A.9 所示。

表 A.9　码盘信息附加表

车轮旋转圈数	电动机旋转圈数	脉冲数	车轮直径/mm	路程/mm
1	80	160	68	213.52

小车向平板发送参数的数据结构如表 A.10 所示。

表 A.10　小车向平板发送参数的数据结构

0x55	0xAA	0xXX	0xXX	0xXX	0xXX	0xXX	0xXX	0xXX	0xXX
包头		小车运行状态	光敏状态	超声波低 8 位	超声波高 8 位	光照低 8 位	光照高 8 位	码盘低 8 位	码盘高 8 位

此数据由 10 个字节组成。其中前两个字节为固定值，属于包头；第 3 个字节为可变的数据，属于小车循迹过程中的当前状态值；第 4 位字节为可变的数据，数据变化范围为 0 或者 1，属于任务板上当前光敏状态；第 5 位与第 6 位字节为可变的数据，属于当前超声波数据；第 7 位与第 8 位字节为可变的数据，属于当前环境中光照强度数据；后两位字节为可变的数据，属于当前码盘值。

小车运行状态表如表 A.11 所示。

表 A.11　小车运行状态表

小车运行状态值	状态说明
0x00	循迹状态
0x01	十字路口状态
0x02	转弯完成
0x03	倒车完成
0x04	出循迹线
0x05	道闸打开完成

附录B Wi-Fi 配置

在这里以嵌入式车型机器人 16 号为例，讲解 Wi-Fi 的有线配置方法。

嵌入式车型机器人的初始化 Wi-Fi 模块的 ID 为 BKRC_CAR 加数字，初始化的密码为 13245678。据此，通过计算机 Wi-Fi 与嵌入式车型机器人进行连接。连接成功后，在浏览器中输入 192.168.16.254（说明：IP 的命名规则为 192.168.车编号.254），在这里的登录用户名为 admin，密码为 admin。成功登录后进入图 B.1 所示的初始化页面。

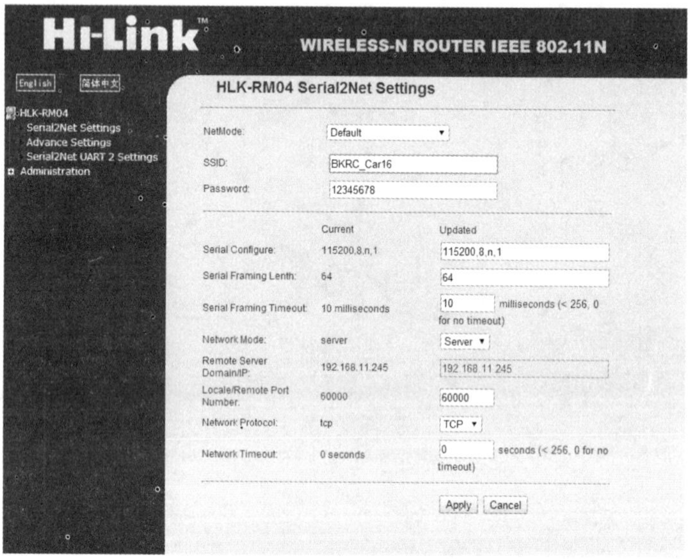

图 B.1　初始化界面

在这里，网络模式选择默认模式。同时，可以在 Password 中输入自设的密码，其他不需要设置。在以上所有设置成功后 Wi-Fi 模块会自动重启。

在 Wi-Fi 设置成功以后，需要在 PC 端查看摄像头。此时，需要将配带的网线一端插入摄像头的网口，另一端插入 PC 端的网口。要注意摄像头上电。打开软件 app-find-vstarcam.exe，在“网络摄像机-查找器”窗口的软件摄像机列表下面会显示当前连接的摄像头，以及摄像头的 IP 地址，如图 B.2 所示。

再确定摄像头 IP 地址的网段。这里是 192.168.16 网段的，所以下面设置本地连接时的 IP 地址也应是 192.168.16 网段的，这样才能确保 PC 可以访问到摄像头。接下来设置 PC 本地连接的 IP 地址，在“我的电脑”→“网络”→“网络和共享中心”→“更改适配器设置”→“本地连接”→“Internet 协议版本 4（TCP/IPv4）”中进行设置。需要大家注意的是，IP 地址应该与当前摄像头位于相同的网段，本例中的IP网段是192.168.1.16，产品的网段规则为192.168.车编号网段。然后，关闭 PC 的防火墙。关闭 app-find-vstarcam.exe。重新打开，选择图 B.3 所示的模式，双击图中方框圈出的位置。

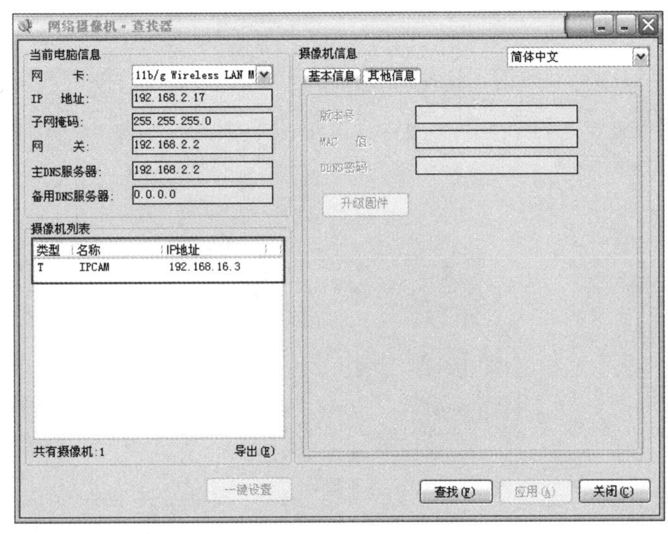

图 B.2　查看摄像机列表

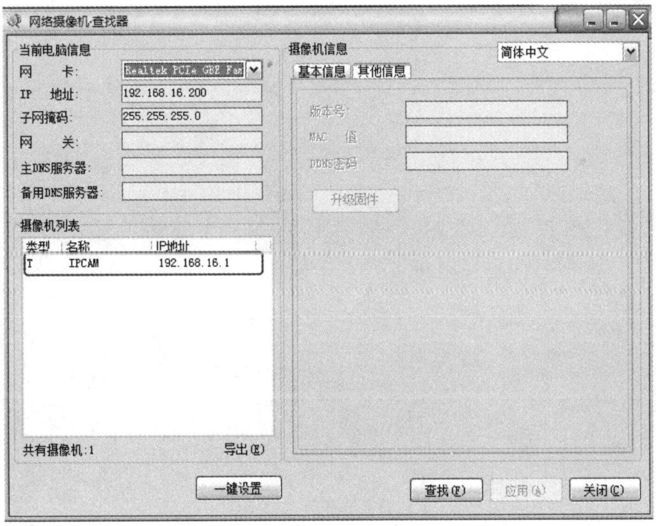

图 B.3　选择模式

在摄像头管理页面，选择 IE 浏览器登录模式，查看摄像头是否正常显示画面，以及是否可以正常转动。登录时，用户名为 admin 密码为 888888。进入摄像头管理页面后，单击“设置”按钮，进入摄像头设置页面，依次选择“网络设置”→“无线局域网设置”→“搜索”，选中刚刚设置好的 Wi-Fi 模块，然后输入自己设置的密码。设置成功后摄像头会自动重启。拔掉连在摄像头上的网线，即可完成摄像头重新绑定 Wi-Fi 模块。